U0610887

华 惠 ◎主编

辅国良臣

忠谏人生

魏徵

辽宁人民出版社

ⓒ 华惠 2016

图书在版编目（CIP）数据

忠谏人生——魏徵 / 华惠主编. —沈阳：辽宁人民
出版社, 2017.4
（辅国良臣）
ISBN 978-7-205-08947-4

Ⅰ.①忠… Ⅱ.①华… Ⅲ.①魏徵（580-643）-传记
Ⅳ.①K827=421

中国版本图书馆 CIP 数据核字（2017）第 017799 号

出版发行：辽宁人民出版社
　　　　地址：沈阳市和平区十一纬路 25 号　邮编：110003
　　　　电话：024-23284321（邮　购）　024-23284324（发行部）
　　　　传真：024-23284191（发行部）　024-23284304（办公室）
　　　　http://www.lnpph.com.cn
印　　刷：北京晨旭印刷厂
幅面尺寸：710 mm×1000mm
印　　张：15.75
字　　数：230 千字
印　　数：1～6000
出版时间：2017 年 4 月第 1 版
印刷时间：2017 年 4 月第 1 次印刷
责任编辑：陈　昊
封面设计：侯　泰
版式设计：桃　子
责任校对：解炎武
书　　号：ISBN 978-7-205-08947-4
定　　价：43.80 元

　　魏徵，字玄成，钜鹿人，唐朝政治家。曾任谏议大夫、左光禄大夫，封郑国公，以直谏敢言著称，是中国史上最负盛名的谏臣。他自幼父母双亡，家境贫寒，父亲魏长贤，曾为隋朝官吏，素有贤名。魏徵喜爱读书，不理家业，曾出家当过道士。有妻裴氏，有三子，名叔玉、叔璘、叔瑜。魏徵的一生就是传奇，被俘虏了四次，凭借自己的才学，一心为主、一心为民的政治思想，得到了"政敌"的器重，成了一代名相。

　　关于魏徵35岁前的事，史料不详。魏徵从道观出来之后，开始踏入政治生涯。隋大业末年，魏徵被隋武阳郡（治所在今河北大名东北）丞元宝藏任命为书记。元宝藏举郡归降李密后，他又被李密任命为元帅府文学参军，专掌文书卷宗。唐高祖武德元年（618），李密失败后，魏徵随其入关降唐，但久不见用。次年，魏徵自请安抚河北，诏准后，乘驿驰至黎阳（今河南浚县），劝喻李密的黎阳守将徐世勣归降唐朝。不久，窦建德攻占黎阳，魏徵被俘。窦建德失败后，魏徵又回到长安，被太子李建成引用为东宫僚属，在太子门下任洗马官。魏徵看到太子与秦王李世民的冲突日益加深，多次劝李建成要先发制人，及早动手。玄武门之变以后，李世民由于早就器重他的胆识才能，非但没有怪罪于他，而且还把他任为谏官之职，并经常引入内廷，询问政事得失。魏徵喜逢知己之主，竭诚辅佐，知无不言，言无不尽，加之性格耿直，往往据理抗争，从不委曲求全。

有一次，唐太宗曾问魏徵："何谓明君、暗君？"魏徵回答说："君之所以明者，兼听也，君之所以暗者，偏信也。以前秦二世居住深宫，不见大臣，只是偏信宦官赵高，直到天下大乱以后，自己还被蒙在鼓里；隋炀帝偏信虞世基，天下郡县多已失守，自己也不得而知。"太宗对这番话深表赞同。贞观元年（627），魏徵被升任尚书左丞。这时，有人奏告他私自提拔亲戚做官，唐太宗立即派御史大夫温彦博调查此事，结果，查无证据，纯属诬告。但唐太宗仍派人转告魏徵说："今后要远避嫌疑，不要再惹出这样的麻烦。"魏徵当即面奏说："我听说君臣之间，相互协助，义同一体。如果不讲秉公办事，只讲远避嫌疑，那么国家兴亡，或未可知。"并请求太宗要使自己做良臣而不要做忠臣。太宗询问忠臣和良臣有何区别，魏徵答道："使自己身获美名，使君主成为明君，子孙相继，福禄无疆，是为良臣；使自己身受杀戮，使君主沦为暴君，家国并丧，空有其名，是为忠臣。以此而言，二者相去甚远。"唐太宗点头称是。

贞观十六年，魏徵染病卧床，唐太宗所遣探视的中使道路相望。魏徵一生节俭，家无正寝，唐太宗立即下令把为自己修建小殿的材料，全部为魏徵营构大屋。公元643年，魏徵病逝家中，太宗亲临吊唁，痛哭失声，说："夫以铜为镜，可以正衣冠；以古为镜，可以知兴替；以人

魏徵

为镜，可以知得失。我常保此三镜，以防己过。今魏徵殂逝，遂亡一镜矣。"并亲书碑文。魏徵葬礼按其死后遗愿，极其简单。但之后不久，唐太宗认为其可能与侯君集有联系，亲自至魏徵坟前，将其墓碑推倒，并取消衡山公主与其长子魏叔玉的婚姻。其留有《魏郑公文集》与《魏郑公诗集》，《全唐诗》录存其诗一卷。

为什么太宗对死后的爱卿魏徵恨得如此深切？据陈寅恪先生考证后分析，在唐太宗心目中，因魏徵既非山东贵族，又非山东武人，其责任仅是接洽山东豪杰，监视山东贵族及关陇集团，以供分合操纵诸政治集团之妙用。如果魏徵的行动越过唐太宗赋予的这种权力，就犯了唐太宗大忌。

魏徵推荐杜正伦为相，而杜正伦出自山东之盛门，则太宗赋予魏徵监视山东贵族之作用消失，转过来有联合山东社会文武两大势力之嫌疑。侯君集这人在两唐书本传中虽没有详载其家世，只说他是个武将，据陈寅恪考证，侯君集与太宗都属于六镇胡汉关陇集团，史书上说，他的才能出将入相没有问题，魏徵举荐杜侯二人，等于集合了当时东西文武三大社会势力，而他自己身为其枢纽，这是太宗最不能容忍的。

贞观十八年初，李世民君臣在商议是否对高丽用兵时，再次提到已经去世一年多的魏徵。李世民自负地说，魏徵生前劝他不要东征高丽是个错误，过后很快就后悔了。李世民东征高丽失败后耳边重又响起自己大言不惭地批评魏徵的话，十分丢面子，不得不对群臣说出了"如果魏徵在，绝不会让我有今天"的反省话，一边承认错误，一边又下令重修了魏徵墓，并且让魏徵的儿子承袭了国公的爵位。

魏徵在李世民心中有很高的地位，是因为他爱君，能全心全意为君王办事，帮其巩固江山；在人民心中也一直享有美名，是因为他爱民，能全心全意为百姓做实事，帮其过好生活。关于魏徵有很多传奇故事，也有很多美德是值得我们学习的。

　　关于魏徵故乡一直存在争议，史书中较普遍的记载是"钜鹿曲城人"，后来迁居到相州内黄，他的家族到了魏徵父亲时就开始败落了。

　　魏徵凭借自己的才能，受到李密的赏识，却得不到重用，意见得不到采纳，他深深地意识到自己的从政生涯才刚刚起步，瓦岗败落后，一次次地被俘虏，也许这就是人们常说的好事多磨吧！

第三章
化险为夷引器重

　　魏徵四次被俘，原本以为自己会跟那些乱臣贼子一样被打入天牢，再处死，让他意外的是唐太宗不但没有处死他，反而让他继续任官职，并且非常器重他。

第四章
贞观年间辅唐皇

　　唐初贞观之治二十三年间太平盛世的出现可以说是唐太宗李世民和他的臣子们联手打造的结果，魏徵更是喜逢知己之主，于是竭诚辅佐，知无不言，言无不尽，为贞观之治立下了汗马功劳。

忠谏人生

第五章

忠言纳谏无畏惧（上）

魏徵性格耿直，往往据理抗争，从不委曲求全。据史书统计，魏徵在职期间，向唐太宗进谏达二百多次，而且很多时候不分时间、地点和场合。

第六章

忠言纳谏无畏惧（下）

魏徵的谏言虽然多被采纳，可是并不是每次谏言都会被太宗欣然接受，有时还动了杀他之心。但是魏徵从不畏惧，忠心耿耿，一心为国，犯颜直谏。

唐太宗分封诸侯，遭到魏徵的极力反对。实行分封制，必定增加大批官员，官员的俸禄都是从老百姓那得来。国家如果少收赋税，官府财力则困难；如果增加赋税，老百姓又受不了，要是硬性催征，就很容易发生动乱……

所谓伴君如伴虎，虽然唐太宗提倡和鼓励大臣谏言，可是触犯龙颜是很危险的，国家安稳后，唐太宗的帝王专制本能日益显现，也日益骄逸，魏徵总在他旁边不厌其烦地说教，并巧妙地让太宗接受谏言。

忠谏人生

魏徵在唐太宗心中的地位越来越高，很多大臣对他产生不满和嫉妒，总想找到突破口陷害他，却没想到挖了个陷阱，自己掉进去了，反而让魏徵既得到了太宗的赏赐又挣回了面子。

魏徵

第十章
委派太师著朝典

魏徵在唐朝的政治上功不可没，修史博文，以古为镜，检讨和归纳身亡国灭的沉痛教训，太宗对魏徵非常信任，任命他为太师，授业太子。

第十一章
以民为本执政事

魏徵在整个从政过程中，一直把治理民众、安定民生，视为君主政治的首要任务。他主张帝王要重民传统、畏民，阐发了"国以民为本"的传统思想，并付诸政治领域。

第十二章
死后遭唾怜碑文

魏徵临死前还不忘太宗，太宗甚是感动。魏徵死后，太宗甚是难过。可是就在魏徵死后不久，太子的造反和大臣们的搬弄是非，引起了太宗对魏徵的恨意，于是，太宗下令推倒魏徵的墓碑，并且磨掉了碑文。

忠谏人生

第 一 章
故里存疑家世赫

　　关于魏徵故乡一直存在争议，史书中较普遍的记载是"钜鹿曲城人"，后来迁居到相州内黄，他的家族到了魏徵父亲时就开始败落了。

故里存疑，史料有载

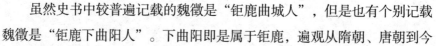

　　魏徵是我国初唐伟大的政治家、思想家和杰出的历史学家。据史料记载而推算，魏徵出生年份应是公元580年，即北周静帝大象二年、南朝陈国太建十二年、后梁天宝十九年。

　　那么魏徵故里位于何处？对于这个问题，一直存在争议，史书中较普遍的记载是"钜鹿曲城人"，后来迁居到相州内黄。据学者考证，钜鹿曲城即今河北省晋州市，相州内黄即今河南省内黄县。由此可得出结论，魏徵的祖籍为河北晋县，这个地方在河北省中部偏西，滹沱河流域，德石铁路经过境内。汉置下曲阳县，隋改鼓城县，明入晋州，1913年改晋县。

　　虽然史书中较普遍记载的魏徵是"钜鹿曲城人"，但是也有个别记载魏徵是"钜鹿下曲阳人"。下曲阳即是属于钜鹿，遍观从隋朝、唐朝到今天，历代政府所设钜鹿郡钜鹿县的辖境都在邢台市范围，而且唐时的馆陶和晋县不属于钜鹿郡钜鹿县管辖。

　　唐代吴兢《贞观政要》中记载：魏徵，钜鹿人也，近徙家相州之内黄。唐代欧阳询书《唐京兆开元寺钟铭》碑刻铭文中记载：秘书监检校侍中钜鹿郡魏徵撰。唐代杜淹《文中子世家》中记载：门人自远而至，河南董常、太山姚义、京兆杜淹、赵郡李靖、南阳程元、扶风窦威、河东

魏徵

忠谏人生

魏徵

薛收、中山贾琼、清河房玄龄、钜鹿魏徵、太原温大雅、颖川陈叔达等，咸称师，北面受王佐之道焉。《九成宫醴泉铭》也记载魏徵为钜鹿人。唐宪宗时魏徵玄孙魏稠生活贫困，欲卖掉太宗时赐给魏徵在京师的房子，节度使李师道想买，白居易劝朝廷买下后又重新赐给其玄孙魏稠。

五代后晋时官修的《旧唐书·魏徵本传》中记载：生于周大象庚子，名徵，字玄成，钜鹿（今河北钜鹿）人。

《太平寰宇记》中记载：魏徵钜鹿人。《资治通鉴》也记载魏徵为钜鹿人。

元人虞集所撰《顺德路魏文贞公宋文贞公祠堂记》中记载：魏文贞公征，钜鹿人。元代王守正所编《道德真经衍义手抄》中记载：宰相魏徵，钜鹿人也，时上疏谏之。元代王守正所编《道德真经衍义手抄》记载：宰相魏徵，钜鹿人也，时上疏谏之。钜鹿即为今邢台钜鹿。

明代《魏相祠记》中记载：此钜鹿为公桑梓，铜马之墟，印垄榛莽。明代《顺德府志》《钜鹿县志》记载魏徵为钜鹿人。

清代台州市《魏氏宗谱》记载魏徵为顺德府钜鹿人，"魏徵厥里居固直隶顺德府钜鹿县人"，直隶顺德府钜鹿县即为今河北省邢台市巨鹿县。浙江省台州市魏玉生先生于2004年给邢台巨鹿县来信谈：我在一份资料上看到有关魏徵故里的争议，现将我们台州魏氏族谱中的记载，提供参考。

1. 台州魏氏在清光绪十年（1884）修谱序言中记载："魏徵厥里居固直隶顺德府钜鹿县人"（河北省邢台市巨鹿县）。

2. 台州魏氏始祖魏宗谅是魏徵的曾孙，也是钜鹿县人。其《魏氏族谱》中记载：魏徵子叔瑜、孙华、曾孙宗谅。族谱中记载魏宗谅的家乡是"直隶顺德府钜鹿县"。

这封信已明白无误地告诉人们：魏徵故里是现今之河北省邢台市巨鹿县。同时也揭开了一个谜，即《贞观政要·魏徵传》载"魏徵钜鹿人也，近徙家相州之内黄"，其"近"在何时。据查《贞观政要》约成书于720年，而魏宗谅于710年之任台州刺史，由此推断则徙家当为710年至720年之间，方可谓"近"。

二、清代光绪年间兰溪市《魏氏家谱》明确记载，兰溪魏姓始祖系唐代名臣魏徵，出于钜鹿郡（唐代钜鹿郡为今邢台市），这套家谱共分四卷，前三卷为清光绪年间的印刷本，后一卷为手写本。据介绍，该家谱最后一次重修是在清代光绪二十四年，家谱记载了初唐至清朝光绪年间兰溪游埠魏家村魏姓家族的繁衍、生息情况。家谱中不但有魏徵等家族中名人的介绍及画像，还收录了清代皇帝对魏家所下的诏书。据家谱记载，魏姓最早出于河北钜鹿郡，而兰溪魏姓则是在宋代由福建建宁迁入。

民国时期邢台钜鹿古城发掘出的唐代时期的魏徵祠堂和魏徵铁像也证明魏徵是邢台巨鹿人。

1918年，河北邢台巨鹿县遇大旱，漳河水干，民众打井自救，无意中挖出大批古陶瓷，顿时引起国内外轰动，知识界与考古界极为震惊，天津博物院于1920年亲临巨鹿进行考古调查，1921年，北京历史博物馆对钜鹿故城三明寺进行正式发掘。

考古发现：钜鹿南门内路东靠北有一处唐代建筑物"魏徵祠堂"，祠堂内有唐代所铸的魏徵铁像。有人要发掘该祠堂，因南门外有一小村村民皆姓魏，言称为魏徵后人，前来阻止发掘，所以保存未毁。魏徵像于唐代用铁铸成。

忠谏人生

1999年版《辞海》对魏徵词条记："魏徵，唐初政治家。字玄成，巨（钜）鹿人，后移居相州内黄（今河南内黄西）。"依据不是《新唐书》也不是《旧唐书》，而是《贞观政要》，可以说还了邢台巨鹿一个清白。

《旧唐书》中关于钜鹿的记载：

邢州上 隋襄国郡。武德元年，改为邢州总管府，管邢、温、和、封、蓬、东龙六州。邢州领龙岗、尧山、内丘三县。四年，平窦建德，罢总管府。割内丘属赵州，仍省和、温、封三州，以其所领南和、沙河、平县三县来属。又立任县。五年，割赵州之内丘、柏仁来属。天宝元年，改为钜鹿郡。乾元元年，复为邢州。旧领县九，户二万一千九百八十五，口九万九百六十。天宝，户七万一百八十九，口三十八万二千七百九十八。在京师东北一千六百五十五里，至东都八百五十七里。

龙冈汉襄国县，隋改为龙冈，州所治也。

沙河隋分龙冈县置。武德元年，置温州。四年，州废，属邢州。

南和汉县，后周置南和郡，隋废州为县。武德元年，置和州。四年州废，县属邢州。

钜鹿隋于汉南㴻故城置钜鹿县。武德元年，置起州并白起县。四年，废起州，钜鹿属赵州。仍省白起，并入钜鹿。贞观元年，属邢州。旧治东府亭城。嗣圣元年，移于今所。

平乡汉钜鹿郡，故郡城在今县北十一里。古钜鹿城，即今治也。隋改平乡县。

任汉南地。晋置任县，后废。武德四年，复置。旧治苑乡城。

尧山汉柏仁县，至隋不改。武德元年，置东龙州，领柏仁县。四年，平窦建德，县属赵州。贞观初，属邢州。天宝元年，改为尧山。

内丘汉中丘县。隋改为内丘县，属赵州。贞观初，还属邢州。

（《旧唐书》志第十九 地理二）

《新唐书》中关于钜鹿郡所辖范围的记载：

邢州钜鹿郡上。本襄国郡，天宝元年更名。土贡：丝布、磁器、刀、文石。户七万一百八十九，口三十八万二千七百九十八。县八：

龙冈，上。武德元年析龙冈、内丘置青山县，开成五年省入焉。

沙河，上。武德元年置温州，四年州废来属。有铁。

南和，紧。武德元年置和州，四年州废来属。

钜鹿，上。武德元年置起州，并析置白起县。四年州废，省白起，以钜鹿隶赵州。贞观元年来属。有大陆泽；有咸泉，煮而成盐。

平乡，上。武德元年置封州，四年州废，来属。贞元中，刺史元谊徙漳水，自州东二十里出，至钜鹿北十里入故河。

任，中。武德四年置。

尧山，上。本柏仁。武德元年置东龙州，四年州废，隶赵州，五年来属。天宝元年更名。

内丘，上。武德四年隶赵州，五年来属，有铁。（《新唐书》志第二十九　地理三）

有大量历史记载和民间传说，也证明魏徵出生于剑阁（今广元市剑阁县）。

剑阁武连镇现存一块清代石碑，碑高约一丈，宽四尺，正中刻有"唐魏文贞公故里"（魏徵谥号文贞）七个大字。在武连镇十五公里处的天字山下，也有一唐朝时代的建筑——"魏公祠"。

《保宁府志》卷27记载："文贞书院在剑阁武连驿。元泰定年间迁县治于梓潼，监察御史忽鲁大都与亚中大夫李义甫以魏徵生此，因改旧学建书院，今废。"这说明在元朝时，武连镇为纪念魏徵丞相出生于此曾办起一座文贞书院。

忠谏人生

明隆庆五年出生的著名史学家曹学（人全）所著的《蜀中名胜记》卷26记载："《志》云逍遥楼废址，在武连旧镇，唐颜真卿书三大字碑刻在焉，元改武连县学为魏公书院，以魏徵所生之地也，学正王惠为之记。"魏公书院即后来的"文贞书院"。据《蜀中名胜记》成书年代推测，《志》书当为明代或明以前之作，因此可更进一步断定，在元明之时，已经有了魏徵生于剑阁武连的记载。

清朝雍正时，知县李梅宾所撰《剑州志》记载："唐魏徵，州之西凤凰山，传为徵之生处。"清同治年间，翰林李榕所辑的《剑州志》记："凤凰山在武侯坡东，传为魏徵生处。"

民国初年剑阁知事张政于武连驿栅门题的对联也可以看出魏徵出生于此，其联文：

"千万古不改溪山是秦蜀通衢晋唐旧县　数百家自成村落愿文贞再出诸葛重来"

魏徵

清朝光绪时，武连丞李树在其《月楼诗抄》《登寿中即景》中有这两句："凤凰山下宿曤，魏公往业绍蜀山。"另还有一副对联，前四字风化脱落："……先后问睽魏谏议，余生也晚往来唯拜武乡侯。"可见武连乡人把魏公祠的魏徵和武侯坡的诸葛亮的遗址常常提到，如果没有乡土感情，愿"文贞再出"和"诸葛重来"的诗句是无论如何写不出来的。

但后来经多方考证，剑阁是魏徵的祖籍。

魏徵的先世

关于魏徵的先世无从详考，在《魏书》和《北齐书》中都没有关于他先世事迹的记载，只有唐代李延寿所撰的《北史》卷56有他父亲魏长贤的传，该传称魏长贤是北魏著名史学家魏收的族叔。如果这一说法可靠的话，那么魏收的先世也就等于是魏徵的先世了。据魏收的自序，他们的有史可考的祖宗可追溯到汉代的高良侯魏无知，魏无知的儿子叫魏恢，魏恢的儿子魏彦，当过本郡的太守，魏彦的儿子魏悦，曾当过济阴太守，以善政著称。魏悦子魏子建，曾任太尉从事中郎、东盖州刺史，并在平定甘肃天水、秦安一带的莫折念生、武都、成县一带的氏帅韩祖香的战事中，善用安抚和镇压并重的政策，"前后斩获甚众，威名赫然"。结果北魏孝明帝龙颜大悦，"诏子建兼尚书行台，刺史如故。于是威震蜀土，其梁、巴、二益、两秦之事，皆所节度"。后来，返回洛阳，累迁卫尉卿，除右光禄大夫。后历左光禄大夫，加散骑常侍、骠骑大将军。史称魏子建出为藩牧，董司山南，居脂膏之中，遇天下多事，正身洁己，不以财利经怀，"及归京师，家人衣食，常不周赡，清素之迹，著于终始。性存重慎，不杂交游"（以上均引自《北史·魏收列传》）。于永熙二年春（533）去世，终年60岁。

魏收即是魏子建的大儿子，而魏徵的父亲魏长贤，与魏子建是族兄弟的关系。长贤的祖父为魏钊，本名显义，字弘理，钊为魏世祖所赐。史称他雅性俊辩，博涉群书，有当世才，兼资文武，知名梁、楚、淮、泗间。魏世祖准备征伐江南，闻魏钊之名而特别召见，交谈一番后非常高兴，大为赏识，对魏钊说："我这次南伐，正是你建功立业之日，希望你好好跟我干，不愁不富贵。"任命他为贴身随从，不离左右。南伐军打到淮南地区，一度南进受阻，许多城始终攻克不下，魏钊及时进计说："陛下百万之军，风行电扫，攻城略地，所向无前，虽有智者，莫能为计。然而师次淮南，已经累日，义阳诸城，犹敢拒守，此非不惧亡灭，自谓必可保全也。但陛下卒徒果锐，杀掠尚多，人皆畏威，来甚怀惠，恐一旦降下，妻子不全，所以迟疑，未肯先发。臣请间入城内，见其豪右，宣达圣心，示以诚信，必当大小相率，面缚请罪。陛下拔其荚楚，因而任之，此外诸城，可不劳兵而自定。"世祖非常赞同这种做法。魏钊于是当夜潜入城中，大搞"统战"宣传工作，结果收效甚著，城中大小欣悦，第二天早晨就开城门投降了北魏。此后往南许多城，纷纷归降。魏世祖对魏钊说："卿之一言，逾于十万之师。"后为表彰魏钊的功劳，授予他义阳太守、陵江将军的职务，不久又升为建忠将军。正当皇帝对他格外看好并准备进一步重用时，魏钊得了风疾，虽然有御医的竭力抢救，最后还是无效，在征途之中病逝，终年64岁。

魏徵的祖父叫魏彦，字惠卿，也很博学，善写文章。魏彦年轻的时候，赵郡王和广陵王都邀请他去当幕府的秘书长，他都谢绝了。公元497年，氐帅杨灵珍造反叛魏，河南尹李崇被孝文帝任命为都督陇右诸军事，率兵数万前往镇压。李崇邀请魏彦为镇西参军事，魏彦从前线回来之后，请求当著作郎，希望能够撰写一部《晋书》，以树不朽之业。可是，魏彦不久又被彭城王邀请为秘书，兼知主客郎中，再次进入政界，他的从文之理想终究没有实现。彭城王被杀后，他也退归家乡。北魏孝明帝初年，拜骠骑长史，不久又转为光州刺史，68岁时去世。

忠谏人生

魏徵

家庭变故

魏徵的父亲魏长贤，青年时代一直在洛阳官府学校里读书。公元534年，北魏权臣高欢进入洛阳，大杀魏之大臣，孝武帝被迫逃往长安。不久，高欢立清河王世子元善见为帝，是为孝静帝，时年十一岁，改元天平，迁都于邺（今河北省磁县），史称东魏，北魏至此灭亡。这一年，魏长贤也随迁到邺都，他以博涉经史、辞藻清华的名声被举为秀才，当了淮南王元悦的参谋长。北齐政权建立，建都邺城，滞留于邺的魏长贤又被北齐平阳王高淹辟为法曹参军，转著作佐郎。在当著作佐郎时，他重新拿起史笔，想撰写《晋书》，以继承和实现先人的遗志和夙愿。

正当他投身于史书中，北齐河清年间（562—564），魏长贤向齐世祖武成皇帝高湛上书，讥讽当时的政策，对当朝权贵的种种违法犯罪行为大加揭露和攻击，大大触犯了幸臣，引起当权者们的极大不满和怨恨。但所幸的是皇帝高湛刚即位不久，出于收买人心、照顾舆论的政治考虑，他没有开杀戒，而只是将魏长贤贬出京城，安排到上党郡屯留县（今山西屯留县）当县令。

这一变故发生后，魏长贤的所有亲戚朋友几乎都在责怪或埋怨他不识时务，不知分寸，一个小小的著作佐郎，在兵荒马乱、人人自危的暴政年月，为何还要写什么《晋书》？潜心著你的书，倒也罢了，你为何突然要冒出来，不管不顾地向皇帝上一道疏，对人人畏惧的当朝权贵幸权臣们猛烈开火、大加争讨？这不是自不量力，以卵击石吗？你这样做有什么好处呢？自己受罚挨贬，还连累亲戚故旧，又何苦来哉？

然而，倔强的魏长贤，在众多亲友的规劝和责怪中，并没有认为自己有何错误，而始终坚持谁有错有罪应该揭露，正义必须起来与邪恶作斗争的鲜明立场，一点儿也没有因为这次挫折而变得世故起来。这一点，从他给亲友们的著名答复信中，可以看得出来。

魏长贤回信，抒建功立业忠于朝廷之志，表怀才不遇愤世嫉俗之情："大臣尸位素餐没有一个进谏言，小官害怕干犯宪则不敢讲，徒然痛心朝廷的危难，白白哀叹君王的耻辱，'有犯无隐'，没有见过那样的人。""何况我的祖先，世代以讲学为业，用做儿女的道理教诲我、侍奉君主的礼节劝勉我呢？""居官低下而毁谤在上的，希望有所裨益反而招致损失。我委实不才，以致造成亲近人的耻辱，无声无息地苟且容忍下去，又不是平生的志向。因此，希望能够锄掉那茅草，驱逐这鸟雀，铲除一恶，树立一善，这样没有违背先人的旨趣，使其泯没于九泉之下。求仁得仁，难道能怨恨谁吗？""言与不言在我，用与不用在时，若国道方屯，时不我与，以忠获罪，以信见疑，贝锦成章，青蝇变色，良田败于邪径，黄金铄于众口，穷达运也，其如命何！"

这封信发出后，朝中很多人为之惋惜，纷纷为他打抱不平。对于人们的同情，魏长贤表示理解，但他并不消沉，反而泰然自若。这种遇挫不失志、宠辱皆不惊的品格，深受当时人们的称许。而他则心底平静，处之怡然，其刚直不阿的浩然正气在世人中留有声望。他的这种脾气和个性，对日后出世的儿子魏徵影响极大，从魏徵一生的行迹中，可以清楚地看到乃父留在他身上的烙印是何等的深刻而长久！

在被贬出都城，迁往屯留县后，北齐武平年间（571—576），魏长贤以病辞职，从此后再也没有出来做官。但是，在他一生的最后若干年里，他却看见北齐灭亡（公元577年），北周统一了北方，也看见了周武帝死后，隋国公杨坚的弄权发迹，看见了唯一的宝贝儿子魏徵的降生（公元580年）。老来得子，这一天大的喜事使得他的晚年顿生无穷的乐趣和充实，但同时又为襁褓中儿子的未来担忧着：眼见了多少政权更迭和人事沉浮的他，对社会的前景和自家的未来忧心忡忡，一片茫然无奈。当他在弥留之际，向在病榻边跪侍着的幼子魏徵作生死长诀，也

忠谏人生

魏徵

许在微弱无力的嗫嚅中，也许是他昏黯失神的目光注视下，对自己唯一的爱子，作了最真诚最美好的祈祷和期待：自己生逢凶乱之世，危难多艰，以致家道衰落，窜身荒陬，贫穷终身，死不足惜。唯愿下一代能幸逢明主盛世，不但家道兴旺，国家也昌盛，武运长久，文运也永驻的美好时代！

魏长贤卒年74岁，贞观七年（633）被追赠定州刺史。

比魏徵年纪稍小的另外一群人物，总的特点是政治上挫折较少，升迁极快，而且颇蒙唐太宗和唐高宗的重用，像杜如晦、尉迟敬德、李勣、马周等等。总之，与魏徵基本上处于同一历史时期的绝大多数著名人物，还没有哪一位像魏徵这样少年历经过这样多的艰辛和磨难，青年时代像他这样的默默无闻，完全是个平民百姓；也没有哪一位像他这么晚才进入真正的仕途，好不容易才受到统治者的信用。所以，我们比较了众多著名人物的青年时代的情况，发现魏徵的身世和自身的经历，总有一缕无法挥抹而去的悲剧色彩和沉郁基调，即使我们注意到他在贞观年间的有限岁月里的叱咤风云，却也无法使人在纵观他一生的遭际后能得出"幸运魏徵"的结论，而是恰恰相反，让人至今仍在替他叹惜和不平：如此的英才，如此的人物，为什么让他迟迟才登上历史舞台呢？为什么扮演主角的机会如此短暂，简直可以说是稍纵即逝呢？

导致这一切的原因当然是多方面的、极其复杂的，我们撇开表浅层次的社会环境、政治时机、个人际遇等不说，单说魏徵青少年时期所处的社会，正是中国门阀士族占统治地位的残存时期。关于门阀制度，说来话长，概括地讲，这一制度的形成和发展，经历了四个阶段：东汉末至曹魏时期为萌芽阶段。东汉末年，虽然社会上已形成了许多名门大族，但他们主要是走通经察举的途径入仕为官，朝廷取官的主要依据是个人的儒学修养和德才，而不是看其门第和家族社会地位的高低，不过，社会上已经出现了凭借家族阀阅入仕的风气。西晋时期为门阀制度的初步形成阶段。表现在朝廷取官开始参照门第和出身，以门阀取官不再仅仅是社会风气，而是形成了制度，不过较之东晋和南北朝初期，门阀制度尚处在初步形成阶段，尚未确立。东晋、南北朝前期为门阀制度的确立和典型阶段。这一阶段，以先辈血统高贵与否来确定门第等级，社会门阀制度将人们列为高门、次门和寒门三个阶层，朝廷取官完全为门阀制度所操纵。南北朝后期为门阀制度的转型阶段。此阶段的主要特征是士族阶层在官吏选拔制度中逐渐失去特权，高门大族垄断人事宦途的局面逐渐弱化，以考试取官为基础的科举制度已经萌芽。

魏徵生于北周，长于隋朝，正逢门阀制度的转型时期。虽然高门望族不像东晋宋齐梁代那么兴旺发达，不可一世，但百足之虫，死而不僵，存在了数百年的门阀制度怎么可能迅速退出历史舞台？恰恰相反，它在隋代，甚至唐朝的相当一段时期里，由制度转化为风气而严重地左右着人才的选拔任用，严重地影响着社会生活尤其是每个人的政治前途和生命！另外的那些人中，年轻时命运较好，宦途顺者，莫不是因为先世父辈的门第和地位在起作用。例如，裴寂的祖父裴融为司木大夫，父亲裴瑜是绛州刺史；刘文静的祖父刘懿是石州刺史，父亲刘韶是"战没之烈士"，被赠为"上仪同三司"；唐俭的祖父唐邕是北齐尚书左仆射，位至宰相，父亲唐鉴是隋朝戎州刺史；长孙顺德的祖父是秦州刺史，父亲也为隋开府；刘弘基的父亲刘升为隋代河州刺史；刘政会的祖父刘环隽为北齐中书侍郎；柴绍的祖父柴烈是北周骠骑大将军，父亲柴慎是隋朝的太子右内率，祖父、父亲皆为公爵；屈突通的父亲是北周的邛州刺史；窦威的父亲窦炽是隋朝的太傅，家世尤其高贵；高士廉的祖父高岳，是北齐的侍中、左仆射、太尉、清河王，父亲高励，也是左仆射、乐安王；长孙无忌，家世更是显赫，几代贵胄关中，父亲长孙晟乃是隋朝右骁卫将军；杜如晦祖父杜徽，为北周河内太守，父亲二度为隋朝的昌州长史；李靖的祖父李崇义是后魏的殷州刺史、永康公，父亲李诠是隋代的赵郡太守，舅舅韩擒虎更是隋朝灭陈的主要功臣和赫赫名将；王瑾的祖父王僧辩，是梁朝太尉、尚书令，父亲王颙，是北齐乐陵太守……可以说，当时绝大多数人的家庭和家族都要比魏徵"高

忠谏人生

魏徵

级""清贵"得多。现代著名唐史专家汪篯先生在分析魏徵家世时论道:"在《魏书》和《北齐书》中皆无有关他先世事迹的记载,只有李延寿所撰的《北史》卷56有他父亲魏长贤的传。李延寿修《北史》约在贞观年间,其时魏徵正大蒙太宗宠信,故其叙事恐多溢美。其所言长贤即魏收族叔,似亦不可信。魏徵一家,照推测应是一小族。"又在同一文中另一处写道:"上面分析的结果,张亮的家门是最低的,本来是一个农夫。自此而上,魏徵、戴胄、马周、张行成的家门都甚为寒微。"(《汪篯隋唐史论稿·唐太宗之拔擢山东徽族与各集团人士之并进》)魏徵是否与魏收这样的权贵大族为同一支系,已经值得怀疑,而从魏徵确凿无疑的祖辈情况来看,是典型的衰败破落官僚之家。父亲魏长贤,终生只当过区区一著作佐郎和小小屯留县令,而且最后的结局是"辞疾去职,终于齐代,不复出仕"。如果盖棺定论,不过是个普通老百姓。再从魏氏的郡望在钜鹿曲阳,而魏长贤已迁徙至魏郡的内黄这一事实上看,魏徵一家早已潦倒败落。所以在魏徵的幼年、少年乃至青年时期,在门阀士族仍占统治地位的历史时代,无依无靠,无产无业,甚至无亲无助,只有在乱世中遁入道观,出家当一名道士,以维持最基本的生存条件。

魏徵传说之赵魏村

晋县赵魏村,是"天下第一相"魏徵的故里。很早很早以前,这里原是一片空地,没有人住。后来,有一个姓赵的和一个姓魏的人结伴路过,见这儿土地肥沃,就留在这块空地上开荒种田,建房造屋,生儿育女。没过多少年,这里就成为一个有二百多户人家的村庄,因为多数是这两位开荒人的后代,在村中就形成了赵、魏两个大姓。

那时,这个村庄并没有名字,姓赵的人们愿叫赵家庄,姓魏的人们愿叫魏家庄，为了这事儿，两大家族闹了别扭，互相不服气，都想把对方压倒。

为了显示各自的威风，姓赵的人们修建了一个高高大大的祠堂。姓魏的人们也不甘落后，火速集资动工，也盖了一个大祠堂。

赵姓祠堂盖好后，有人提出要在大门上挂一副气派的对联，把姓魏的压倒。写什么呢？族长便把几个能人叫在一块商量，可这些能人不懂文墨，都想不出好联来。倒是这位老族长读过几年私塾，思索了一会儿，说道："诸家后生休笑，老朽倒有一联，明天是端午节，我就以此为题编一副对联，把魏姓压倒。"众能人听后，都拍手称好。于是，他们在祠堂大门上悬挂了一副大字楹联：

> 榴花彩绚朱明节
> 蒲叶香浮绿醑樽

魏姓家族的人看了这副对联，很不服气。全族人在一起商量如何压倒对方，为魏姓争气。可是人们一到齐，你瞅瞅我，我看看你，谁也想不出好联来，正在为难的时候，走来一位十岁左右的小孩，对大伙说："诸位长辈，不必为此事发愁，我有一副好联，能把赵姓的楹联压住！"

大伙一看，是他们族中魏长贤的儿子魏徵，都摇摇头，意思是说你这个小小的顽童，能有什么好联？魏徵见大家不相信自己，接着又说："他们的对联是七个字，我的对联是八个字，比他们多一个，这样就压倒他们啦！"大伙一听，还是不信。魏徵便拿起毛笔，在魏家祠堂写了一副楹联：

> 书鼓朱旗锦标竞夺
> 粉团角黍绮序欣逢

魏氏家族的人看了，个个拍手叫好。赵氏家族的人瞅见后，人人目瞪口呆，说不出一句话来，赵家族长更是不服气，心想，这魏家还真有能人！他连夜就又写了一副有关庙祠的对联挂在赵氏祠堂上：

　　　　神之格思临下有赫
　　　　绥以多福惠我无疆

　　魏氏家族人看后，也不示弱，忙请小魏徵写一对联，悬挂在魏氏祠堂上：

　　　　殿宇辉煌地灵人杰
　　　　神功浩荡物阜民康

　　赵家的老族长看了这副楹联后，心中很是佩服，就千方百计打听魏家祠堂上的对联出自何人之手。有人告诉他，这是只有十岁的魏徵写的，便不由得心中一惊，哎呀，此人莫非是神仙下凡，要不这样小的年纪，怎么会有如此大的学问？就绞尽脑汁，在赵家祠堂上又写出了一副长联：

　　　　风清云静，
　　　　友天下士，
　　　　真学问从五伦做起，
　　　　玉节金和浑然元气。

　　魏家的人看后，忙告诉魏徵，魏徵稍加思索，就在魏家祠堂回对了一副长联：

　　　　日暖花香，

谈古人书，

大文章自六经得来，

礼耕义种大有丰年。

赵家老族长知道后，赶忙又写了一联：

藏古今学术，

文境高山流水，

春来也鱼龙变化。

魏徵闻讯后，又答写一联：

聚关地精华，

心肠铁壁铜城，

时至矣桃李芳菲。

就这样，赵魏两家的祠堂联对，成了全村人的议论中心。正巧魏徵的母亲外出串亲戚，没在村中。这天，魏母刚一进村，就听到人们的议论，对儿子答对的做法很不满意，连忙回到家中，把魏徵叫过来问："儿呀，这魏家祠堂的对联可是你做的？"

魏徵觉得这几天他与赵氏家族祠堂联对占了上风，心中十分欢喜，见母亲问起，就满口承认是他做的。

魏母听后，搬来一个凳子，让儿子坐下，温声温气儿地对他说："徵儿呀！你做了一件错事。"

"娘，我做对联，给咱魏氏家族长长威风，出出气，有什么不对呀？"

"徵儿，你年幼无知，眼光不远。你想一想，咱这村里赵魏两姓，几百年来就亲如一家，你帮我浇水，我替你锄地。现在，光为争个村名

忠谏人生

魏徵

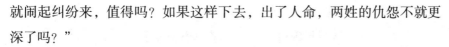

就闹起纠纷来，值得吗？如果这样下去，出了人命，两姓的仇怨不就更深了吗？”

魏徵听罢，觉得自己是不该与赵氏家族联对比高低，忙向母亲认了错，说：“娘，我这事是办错了，那以后怎么办呢？”

魏母想了一会儿，说：“你去赵家族长那里赔个不是，这纠纷就可以化解啦！”

魏徵像

在赵族长家，魏徵向他赔了不是，又说两姓要和睦相处。赵族长听了十分高兴，说：“你虽然年纪轻轻，却能深明大义，赵魏两姓总这样闹纠纷，咱们村谁家的日子也过不安宁呀！”

“老爷爷，你看这事儿怎么办好呢？”

“魏徵呀！我的意思是要把各自的祠堂拆掉，今后谁也不要压服谁，都好好种田过日子。咱村的村名叫啥，我看你有学问，很聪明，就请你起个名字吧！”

“赵爷爷你说得对！我回去告诉我们家族的人们，把祠堂拆掉。至于村名，您老经历多、见识广，还是请您起吧！”

“别推辞了，还是你起吧！”

魏徵想了一会儿说：“赵爷爷，你看‘赵魏村’这个名字怎么样啊？”

“好！这个村名起得好！”赵家族长大拇指一翘，说，“把我们的‘赵’放在头里，不错！”

“既然赵爷爷同意，这村名的事我回去告诉我们的族长，大伙要是没有意见，那咱们村就叫'赵魏'了。"

"好，好，就叫赵魏村吧！"一老一小全笑了。

从此，这个村有了名儿——赵魏，一直叫到如今。

忠谏人生

第 二 章

军中落魄命运舛

魏徵凭借自己的才能，受到李密的赏识，却得不到重用，意见得不到采纳，他深深地意识到自己的从政生涯才刚刚起步，瓦岗败落后，一次次地被俘虏，也许这就是人们常说的好事多磨吧！

文才和智慧受赏识

关于魏徵在35岁以前的行迹，任何史书都是记载阙如或者语焉不详。综合各种史料后，推断出他在隋炀帝大业六年（610）以前，可能在内黄家中闲居，主要是在今河南、河北、山东三省交界之数县范围内流浪、闯荡，交结了一些朋友，但大部分时间仍是在家中读书习文，父亲和祖父虽然没有给他遗下什么家财，但却留下了为数不少的古今图书典籍。一个没有其他出路的青年，在穷极无聊又暂无指望的混乱社会，读书无疑是他最自然、最合适的选择。从他发蒙识字时（起码不晚于8岁）起，到大业六年止，这段时期不短于二十年。所以，二十年的读书生活，对魏徵以后的人生，其方方面面的影响，实在太大了。大约在大业七年，魏徵31岁那年，他出家当了道士，从此离开了内黄县的家乡，开始了他艰难的政治生涯。这一年，不仅对魏徵是个重要的转折点，而且对隋帝国来说，也是个由盛转衰、由治变乱的分水岭，其最鲜明的界限就是隋炀帝在这年下诏攻打高丽。

隋炀帝好大喜功，为了对外耀武扬威，发动了并无多少实际意义的侵略高丽的战争。为了进行这场战争，他做了长期的准备。早在大业五年，他在涿郡就修建了临朔宫，作为行辕，以便亲自指挥战争。大业六年，又下令幽州总管元弘嗣，限期赶造出三百艘大船，在山东掖县的造船工地里，船工们被迫站在齐腰深的水里，不分昼夜地拼命工作，由于长期泡在水中，致使大量船工腰部以下都腐烂生蛆。过度的折磨使船工们大批病倒，平均每十人中就有四人死亡。为了制造陆路的运输工具，隋炀帝又勒令江南、淮南、河南等地人民，制造装载衣甲帐幕的戎车五万辆，并送到湖北，限期未制造或未送到指定地点者，即以误延军机

020

忠谏人生

魏徵

而处以残酷的刑罚。七月份，又征江淮以南广大地区的民夫和他们自己的船只，到黎阳和洛口来运送军粮到涿郡，溽暑炎天的盛夏季节，千余里的水道和陆路上，全是运载军粮和战争辎重的人流、船流和车流。几十万人星夜疲于奔命，道路阻塞，人们互相践踏，饿死累死热死病死者沿路皆是，尸体满野遍地，腐臭气盈路熏天。牛车征发完了，又征发人力推车，车夫六十余万，二人共推一辆车，载米三石。由于路途遥远而多险阻，等车推到目的地，车上的米还不够车夫一路所吃，车夫无法交账，只好逃亡。加之旱灾频繁，田园荒芜，米价已哄抬腾涨，东北地区更是一斗米值数百钱，使一般民夫难以承受。各地各级的官吏又贪婪凶残，乘备战之机，大肆贪污谋私，克扣、谎报、盘剥、摊派、勒索、强征、受贿等不法的勾当尽行运用，广大百姓不堪重负，终于导致了隋末农民大起义。

起义的结果是官军镇压，兵荒马乱。刚过而立之年的魏徵因此受到巨大的刺激，他再也不能悠闲自适地披阅把玩先人留下的经籍坟典了，他也不再是投入全部的热忱和心血去读书，而是去探究和追索一个现实性极强的巨大谜底：隋帝国这位年轻的巨人，为何突发急病？病因是什么？医治这个大病的药方是什么？

可以说，隋末农民大起义爆发以后，魏徵就开始以一个政治家、思想家的态度和方式生活在这个社会了。内黄县的四周，已经没有一寸平静的土地，揭竿而起的造反者及其武装行动，迫使道士魏徵必须走出道观，去面对眼前的现实。

可是，投身兵戎之后的魏徵，在如火如荼的政治风暴中，等待他的是什么样的命运呢？

刚出山的魏徵，虽然年已三十好几了，而且饱读诗书，满腹经纶，有了丰富的人生经验，然而，由于他身份低微，生活的范围太局限，交往的圈子也就无法扩大，他的人际关系很难进入到上层社会。所以，当时势逼迫他走出安静无争的道观、投身兵戎相见的战争之中时，他只有选择他所熟悉的人和环境。于是，他出山的第一站，就是投奔到他的朋友、武阳郡（今河北大名县）郡丞元宝藏手下，魏徵所居住的内黄县，就属于武阳郡管辖。当时元宝藏看到李密所领导的瓦岗军夺取了洛口仓（在今河南巩义市），威震中原的时候，也应时顺世，率本郡农民起兵响应，一起反隋。为了统一反隋的斗争步骤，更好地保存自己这支刚刚揭竿而起的队伍，元宝藏迫切需要与李密所在的瓦岗军联系，以图有个托附和依靠。恰好这时，魏徵能够应邀而来，元宝藏大喜过望，文才韬略俱佳的昔日好友的加盟，无异于老天爷给自己送来了一位理想的秘书、参谋、顾问。于是，元宝藏对魏徵的到来表示了真诚的欢迎，并且立即重用他，与李密的联络信这样重要的文件也毫不犹豫地让魏徵执笔起草。

以后，魏徵就留在元宝藏的起义军中，专门负责文书工作，所有的信件和文章都由他草拟。与李密联系上了以后，元宝藏与瓦岗军之间便有了频繁的书信和情报交流。李密每次读完元宝藏军队送上的函件，总是被文中的道理和见解深深地打动，而且对文章的优美和流畅也赞不绝口。起初，李密忙于繁忙的军务，还没有特别留意，看多了以后，就加深了印象，便特意给元宝藏写信询问这些函文到底是何人所写。元宝藏便实话实说都是出自魏徵之手，李密对魏徵的文才和智慧非常赏识，便把他从元宝藏那里要了过去，让他当自己的文书。

✒ 虽赏识却无重用

魏徵的人生第二站就是给李密当部下，成为瓦岗起义军的一员。不过这一站的路程很短。李密虽然很欣赏魏徵，但当魏徵郑重其事地将自己对时局的看法、分析的结果、应变的策略连续写成十篇文章送上时，李密却没有采纳，只是觉得魏徵人才难得，表扬了一番而已。"士为知己者死"，魏徵刚从元宝藏那里被李密召过来，以为李密能赏识自己，

忠谏人生

魏徵

进而能重用自己，故而就倾其所知，尽其所能，不遗余力地献计献策。岂料李密是个自视甚高的人，他自幼出身高门，是大贵族子弟，幼年时便在首都长安的官僚子弟中以识见雄远、足智多谋而著名，连隋炀帝也被他气貌所震慑，认为他是个不简单的人物，从而对他有了戒心，不让他在宫廷警卫部队里任职。隋朝权臣宇文述也曾对李密私下评价道："李公子才学极佳，终当大显于世，混在警卫部队里有什么前途？"李密更加充满了自信，便辞去归家，发奋读书，然后又前往缑山（今河南偃师东部）跟随著名学者包恺深造，重点攻读《汉书》，常以项羽自许。宰相杨素也对李密称赞不已，对儿子杨玄感说："我观察李密的见识和阅历，大大超过你们，要留心向他学习呀！"杨玄感牢记父亲的嘱咐，倾心结交李密，两人很快互相欣赏，成为政治上的密友。后来，杨玄感乘隋炀帝远在辽东的机会，在黎阳起兵反隋，并且派人去长安把李密接了过来，共同策划篡夺隋朝江山的大计。

　　李密当然乐意与好友共创大业，于是立即向杨玄感献上上、中、下三计，让杨玄感去选择。上计是：挥师北上，截住隋炀帝的归路，使他前有高丽，后有我等，前后夹击，隋炀帝不过十天半月就弹尽粮绝，其部众必叛，我们乘机招降纳叛，再杀掉他，传檄而南，天下便成了我们的；中计是：夺取关中，占领长安；下计是：就近攻下东都洛阳，与隋军硬对硬拼一场，决个高下胜负。令人遗憾的是杨玄感的想法恰恰与李密相反，认为李密的下计正是他的上策，他的理由是，隋朝百官大臣的家庭大多数在洛阳，我们攻克了洛阳，足以使百官思想动摇。况且眼前的重镇过而不打下它，何以显示我们的力量和威风？就这样，杨玄感没有采纳李密正确的决策，不幸兵败而死，李密在逃亡中被隋军逮捕。半路上，李密跟另外十几个在押的人偷偷商量，把大家随身暗藏的金银财宝全部送给押送的隋兵，供他们吃喝。隋兵受了贿赂，饮酒作乐，防备就渐渐松懈了。李密等人乘隋兵酒醉之机，跳墙逃跑了。李密逃出去后，浪迹江湖，生活如同乞丐，并且不得不隐姓埋名，靠在乡下教读孩童度日。最后历经风险，辗转来到了翟让领导的农民起义军所在地——

瓦岗寨。

李密一进入瓦岗军，很快便使农民军的首领们对他十分钦佩和信任，从而迅速成为瓦岗军的决策人物。在他的谋划下，瓦岗军攻破了要塞金堤关（今河南滑县南），拿下荥阳附近的几个县城，直逼荥阳城下，在荥阳战役中，李密显示出惊人的军事才能，大败隋军名将张须陀，并于次年春天攻占了隋朝最大的粮食储备基地——洛阳附近的兴洛仓，从而使瓦岗军声威大震，在短短的几个月里，发展成几十万人的强大军队。李密的威望也迅速提高，成了中原起义军的实际领袖。

魏徵正是在李密连战连捷、志得意满的时候给李密上策献计的，李密尽管欣赏魏徵，但这只是一种大英雄对小文人式的赏识，其实李密并未把魏徵放在平等的战友般的地位上看待，甚至连个谋士的身份也算不上，他充其量只参考像裴仁基、郑颖、祖君彦等隋朝的一班降官降将们的建议和意见，压根儿瞧不起这位内黄乡下的读书人魏徵。

魏徵的十道建议书未被李密采纳，已经使他意识到自己在大名鼎鼎的李密心中的分量是微不足道的。这当然使他很懊丧，很伤心，他也很自卑地感到了自己一介寒儒与高门贵胄的李密之间存在着的差别和距离。但生性耿直好强的魏徵，并不气馁，并未灰心，他仍然要以自己的真知灼见去说服别人，并且最终证明自己的正确。无法使高高在上的李密一见倾心，那就退而求其次吧，通过一种迂回的办法，比如说服李密所信用的郑颋等人，再让他们去打动李密，效果不也一样吗？

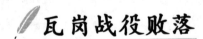

瓦岗战役败落

大业十四年（618）三月，宇文化及在江都（今江苏扬州）发动了宫廷政变，杀死了隋炀帝，自称大丞相，立秦王杨浩为皇帝，率领隋朝的残兵败将十多万人北上，想要打回东都。已经在东都称帝的越王杨侗，

忠谏人生

魏徵

生怕自己的皇位被宇文化及抢走,守城大将王世充又屡次与起义军交战都吃了败仗。在这种情况下,他接受了大臣元文都的计策,决定招降李密,让李密去打宇文化及。而此时的李密也处在围困东都久攻不下,士气低落、军心摇动的局势之下,又听说宇文化及已经北上要来攻打东都,便更加着急。杨侗派来的使者把意图一说:"只要李密打退叛贼宇文化及,解东都之围,一定封他为太尉,执掌军政大权。"李密非常高兴,就倒向了杨侗集团,下令攻打洛阳的部队撤兵,在洛阳以南地区严阵以待,替杨侗去打宇文化及。经过黎阳、童山两个战役后,李密打败了宇文化及,回到洛口城,准备向杨侗邀功请赏。这时候,东都洛阳内发生了政变,王世充杀掉了执政的元文都,掌握了大权。而王世充与瓦岗军之间曾多次交手,均以惨败告终,所以他恨透了瓦岗军,与李密更是势不两立。王世充掌了权,李密入朝执政的美梦也就破灭了。

在这之前的几个月,瓦岗军内部发生了一次严重的内讧事件。瓦岗军首领翟让有个心腹部将王儒信,见李密的威望日益提高,以致取代了翟让而号称魏公,俨然称帝建国一般。而且太原留守李渊在儿子李世民的帮助下,也已起兵入关,并且所向披靡,攻克了首都长安。作为翟让的老部下,见到本军内部的形势和全国的局势都对他们不利,便极力催促翟让采取行动,否则将来隋朝灭亡了,自己这一帮人也得不到江山,皇帝位子要么被李密抢走,要么由李渊夺去,当务之急,是要翟让重新夺回对瓦岗起义军的控制权,这样,当时的全国最大一支起义军——瓦岗军还有可能与李渊抗衡,一较高低,夺得江山,当上皇帝。翟让听信这番道理,但慑于李密的威信,还不敢下定决心。翟让的哥哥翟弘与王儒信自然是一个立场,更急不可耐地劝翟让:"天子你应该自己当,凭什么让给别人,你要不想当皇帝,那我就当!"但翟让依旧犹豫不决,迟迟未采取行动。李密得知了他们的密谋后,不觉大惊,当即决定先下手为强,以设宴为名,引出翟让兄弟及王儒信等一帮旧部,在宴席上突然采取行动,尽行斩杀。从此,瓦岗军旧部与李密等人之间产生了无法弥合的裂痕和矛盾,这种后果很快在王世充的进攻中暴露出来。

当时，王世充对李密欲发起强有力的进攻，在这种形势下，李密召集了一次高级将领会议，研讨对策。

魏徵当时在军中的地位很低，没有资格参加这次重要会议。但他认为此次与王世充的决战极其重要，其成败决定着瓦岗军的前途和命运。可是，自己区区一个元帅府记室，只不过一位小秘书而已，无法出席大会参加决策，这让魏徵焦急万分。他在军帐外不安而关切地等候着会议的结果，这时，中途休会期间，元帅府长史（即李密的秘书长）郑颋走出军帐休息，魏徵连忙上前去打听会议情况，郑颋心情沉重地告诉这个部下："大家意见不一，争论激烈，到现在还没有决定怎么打这一仗。"魏徵听罢，连忙将自己深思熟虑过的对这次决战的想法和盘托出："李密虽然在前几次大战中都取得了胜利，但是将士伤亡很多，钱财粮草也很紧张；加上立过战功的将士们并没有得到规定好的论功行赏，影响了他们再次拼死出战的士气。从这两点看，不可以与王世充去打对攻的硬仗。最好的办法是，挖沟筑垒，打持久战和防御战。双方对峙久了，敌人粮尽，可不打自退。这时再乘机追击，必然会取得胜利。从对方的角度上看，王世充盘踞的东都吃的东西已快耗尽了，他不能坐而饿死，为了搞到粮食，必然会殊死拼命与我们一战。老话讲：'穷寇难与争锋'，死到临头的人是最疯狂的。我们千万不能出战啊！"郑颋原来是隋朝的监察御史，投降李密后很受重用，他根本不把魏徵这样的小官放在眼里，听罢魏徵的建议后，便讥笑道："这不过是些老生常谈。"魏徵很生气地反驳道："这是我反复思考后的奇谋妙计，凭什么说它是老生常谈？"郑颋也懒得再搭理，留下激动不已的魏徵，转身走进开会的军帐中。

见自己的一番苦心不被重视，反而受到轻蔑和奚落，站在军帐外的魏徵身上的热血顿然冷却下来。他伤透了心，寒透了心。他似乎已经意识到自己与李密不可能有政治机缘了，与瓦岗军的关系也到此为止，他已经料到李密的失败，和瓦岗军的灭亡。

果然，李密在众多部将要求出战的影响下，决定与王世充速战。加之开战之后，又有麻痹轻敌之心，自己亲率大军驻扎在金墉师城北，列营而不设垒，结果在王世充的火攻和奇袭下，溃不成军。守卫洛口仓的部将又叛变，使王世充及时补充了最缺乏的粮饷，乘胜猛击李密，李密最后被王世充打败，瓦岗军——这支全国最大的农民起义军，就这样被消灭了。

李密召开的会议，没有邀请魏徵参加，也没有采纳他的意见，这对刚刚走进政治生涯的魏徵来说，无疑是巨大的打击。这似乎是对一个年轻的政治家在厉声警告："政治是残酷的，现实是无情的，投身到现实政治中，你不要指望一帆风顺，不要期待一蹴而就。长路漫漫，坎坷无尽，受不起顿挫和折磨，你只有重归道观。路漫漫其修远兮，你需要一个人去冷静地探索，执著地追求，不懈地努力，永恒地奋斗！"

被俘踏入长安

魏徵冷静下来了。当他默默地跟着归降李渊的瓦岗残军，踏上进入关中的旅途时，凝望夕阳沐浴下的长安城，魏徵强烈地意识到，这不过是他艰难人生的开始。在这天翻地覆的乱世，个人的荣辱与沉浮，甚至每一个人的生命，显得多么的渺小，多么微不足道啊！于是，他由此也强烈地意识到，既然命运决定了自己生逢动荡之世，那么坎坷磨难的遭际就是一种必然。对自己在未来的一切命运，他有了充分准备。只是对于年近四十的他来说，人生如白驹过隙，稍纵即逝。时间对他太宝贵了，大器晚成的魏徵，深深地感到了紧迫，时不我待！

唐高祖武德元年十月，当大唐帝国刚刚建立五个月的时候，魏徵以归降的俘虏身份，首次进入了国都长安。

当初李密在入关归唐前，曾有过较美妙的期待。他虽然也是以败将

魏徵故里晋州

忠谏人生

身份降唐，但认为自己曾经拥众百万，在山东一带的广大地盘上，也是个称王称霸的盖世豪杰。而今解甲归唐，山东连城数百，知我在此，也会归随，就像汉代的窦融一样，功勋绝对小不了，李渊念我这功勋和身份，谅他也不会小瞧我，最起码也得给我个宰相当一当。可是，等他到了长安，见到李渊后，却只被授予一个光禄卿的官职。这是李密所万万没有想到的，大失所望之后，他又萌生叛唐之心。后来，李密主动请求以本部兵往黎阳去招抚过去的部下，唐高祖欣然同意。朝中群臣多劝谏高祖："李密狡猾好叛，如今让他东去，恰似投鱼入水，放虎归山，必一去不返，成为我大唐的劲敌了。"高祖却充满自信地笑道："帝王自有天命，不是小人们所能取得的，即使他叛变逃跑了，也没什么可怕的。我让他去与山东的贼人打架，我们坐收渔人之利，这应该是眼下最佳的一个方案。"于是，李密与心腹旧友王伯当和贾润甫迅速离开了长安，直奔桃林县。他们杀掉县令，占据县城，掳掠了许多人口财物和畜产，顺着南山往东逃窜，准备先到瓦岗旧部现为刺史的张善相那里，暂时栖身，然后恢复旧帜，重聚力量，以图东山再起。可是，当他们一行路经熊耳山时，被熊州行军总管盛彦师埋伏击败，李密和王伯当当场毙命，他俩的首级被割下来，送往长安。从李密起兵到此，总计六年就失败，一代枭雄的一生，就这样结束了。

李密叛逃事件发生之时，魏徵正默默无闻地待在首都长安。等到平定了事件后，可能是由此开展了对瓦岗旧部进行大清查的活动，于是，几乎被人遗忘的魏徵重新像一件不起眼的过时衣服一样，被人翻拣出来。魏徵接到唐高祖的召见命令，以为被处置的时刻已经来临，便做好了赴死的准备，与战友们挥泪诀别。不料进宫谒见之后，皇上并没有让他去死，而是安抚有加，并以极大的信任感派他去黎阳招降瓦岗旧将徐世勣。魏徵深知此行是戴罪立功的性质，假如能劝降了徐世勣归降唐朝，自然是立功受奖；假如做不到这一点，那么他的命运将会与老上级李密一样，只有死路一条。然而，此时此刻，魏徵已别无选择，在这生死关头，他像押注的赌徒一般，只好孤注一掷了。兴许此行能够完成使命，把悍将徐世勣说动，那么不但保住了性命，可能从此命运转折，否极而泰来哩！

魏徵以刚刚被任命的秘书丞的身份启程了。当他骑着马，疲惫不堪地在崎岖的山路奔波了数天以后，终于来到了黎阳（今河南浚县），终于要面对决定命运的对手徐世勣了。能不能说服这位骁勇善战的农民军首领，魏徵心里并无十足的把握，为此，刚刚在黎阳传舍里住下的他，心中十分地忐忑不安。

劝降徐世勣

徐世勣，就是后来唐朝赫赫有名的大将李勣。他本名徐世勣，后来，因归降唐朝，且战功卓著，被赐姓李。又因"世"字犯唐太宗名讳，所以改单名叫李勣。徐世勣是山东曹州离狐（今山东东明县）人，出身于一个大地主家庭，家多财产，乐善好施，经常赈济贫民，故而在家乡树有较高的声望。隋末农民战争爆发后，他年仅十七岁，跟随翟让举兵起义。首次与隋军交战，就斩杀了大将张须陀，从此声名大振。隋炀帝大业十二年（616），李密来到了瓦岗寨。李密出身望族，很有才能，在他的策划和指挥下，取得了荥阳大海寺战役的胜利，又攻下了兴洛仓，立下许多战功。徐世勣与王伯当等商量，说服翟让，公推李密为瓦岗寨起义军的首领。李密建立了农民政权后，徐世勣被封为右武侯大将军、东海郡公。在徐世勣的建议下，瓦岗军先后打败王世充和宇文化及，兵力发展到二十万人。唐高祖武德二年（619），李密归降唐朝后，瓦岗军所控制的山东广大地区，仍然由徐世勣占据着。为了表示对李密的耿耿忠心，徐世勣将所占据的所有州县的户籍、田册名单一齐送给李密，让李密去交给唐高祖。唐高祖对徐世勣的行为大加赞赏，感动地说："徐世勣感德推功，真是个纯臣！"于是下诏授徐世勣为黎阳总管、上柱国，封莱国公，后又改封曹国公，加授右武侯大将军，赐姓李氏。命李勣率兵总理河南、山东前线军务，负责消灭王世充。当驻扎在黎阳的李勣听说李密叛唐被杀的消息后，非常哀痛，为昔日的领袖身首异处、尸抛野岭而失声恸哭。他不避嫌疑，不顾个人安危，上表请求收葬李密，高祖被他的忠诚和义气所感动，欣然同意。李勣便将李密的尸体从熊耳山山沟中取回，入殓，并且披麻戴孝，率领全军沉痛地追悼李密，为他送葬。不久，河北起义军领袖窦建德率领大军进攻李勣，李勣寡不敌众，力屈而降。窦建德抓住李勣的父亲李盖为人质，令李勣归降自己，驻扎在黎阳，以抗拒唐军东进。

忠谏人生

魏徵

魏徵所要劝降的李勣，正是由于以上的背景，眼下作为窦建德的部下，正驻军在黎阳。在对李勣的经历和目前的时局做了一番周密的调查和分析之后，魏徵渐渐有了信心，他自信李勣是可以被说服归唐的。于是，他从容地写了一封信，寄给李勣。信是这样写的：

"自从隋末天下大乱以来，群雄竞起，角力争强，跨州连郡，不可胜数。魏公李密反叛隋炀帝，奋臂一呼，四方响应，万里风驰，云合雾聚，很快有了数十万之众。大军的威力影响了半个天下，在洛口大败王世充，在黎山摧毁宇文化及，那个时候，瓦岗军真是傲视群雄，势不可当。正当西进关中，直捣京师，扬大旗于西北，饮战马于渭川之际，瓦岗军却迅速由盛转衰，昔日有百战百胜威风的李密，转眼间成了奔投关中的败将战俘。看来，天下政权的归属，是自有天定的，而不是靠任何武人凭力气拼搏得到的。所以李密魏公深知这层道理，感到上帝所认定的天子在西方，是唐帝李渊，而不是他李密，于是便毫不犹豫地率部入关，归服了大唐。生于天下扰攘之时，对昔日的战友和领袖怀有深厚的情义，这是可以理解的。在主子已归降的严峻关头，您还能坚持到底，纠合残部，坚守一方，这种大无畏的气概和坚忍不拔的意志，更令我钦佩和感动。因为有了您，王世充尽管是乘胜之军，也停止了东进行动；窦建德由于怕与你硬碰硬而吃败仗，也不敢南下，这些足以证明您的威名和势力，对时局产生了重大的影响，在各派势力中占了沉甸甸的分量。然而，有多少人开始是非常了不起的人物，威风一时，不可一世，可有几个人能够有较好的结局？如今，您的去就选择，已经维系着未来的安危命运。若是将您的雄兵和重镇委托在大唐帝国身上，那前途是极光明的，您及亲戚九族都将荣华富贵，子孙享福无尽；若您选择错了道路，跟随了窦建德，那么前途将是黑暗的，别说亲眷子孙，恐怕您自己的性命也难保住啊！历史上类似的教训很多，您也应该很明白。目前您处于兵家必争的要塞之地，应迅速做出决定，当机立断，而不应再犹豫迟疑，错失良机。倘若当断不断，坐观成败，恐有些凶狡之辈，先下手为强，那么您就被动了，您的一生恐怕就从此葬送了！"

李勣收到这封信，认真地看过数次，被魏徵合情合理的分析所打动，毅然决定率部归唐，并且立即开仓运粮，支援正在河南打仗的李世民的叔父、淮南王李神通的军队。正当魏徵欣喜万分地庆幸自己使命完成、大功告成之时，不料风云突变，窦建德带领河北起义军打到黎阳，一夜之间，县城被占领，准备回长安复命的魏徵，行装已打点好，正准备突围出城，但还是被河北农民军抓获，落入窦建德的手中。此时的魏徵身份刚刚相反，作为唐朝的使臣，成了农民军的俘虏，这是魏徵生平第二次当俘虏。

魏徵再次被俘虏

窦建德捉住了魏徵后，对他反叛瓦岗军，并且充当唐朝皇帝的说客，先后劝服了元宝藏部队和李勣部队的行为，大为恼恨，本想立马杀死他而后快，但部下苦苦劝说窦建德，请他念在魏徵昔日追随反隋义军，如今降唐也不是他做的主，有迫不得已的苦衷，况且他才华出众，足智多谋，能言善辩，留他在农民军中，肯定会有大用。窦建德便饶了魏徵一死，转而好言慰抚，把他留在军中，并任命他为起居舍人。

窦建德在当时也是个名震天下的大豪杰。他出生于北周武帝建德二年（573），故取名建德。其父母世代务农，他少年时有胆气，有勇力，讲义重信，在乡间颇有名声。他当过里长，仗义疏财，也犯过法。他的乡亲孙安祖被兵役逼得造反一事，牵连到窦建德，官府杀掉了他的家属，这样，窦建德也忍无可忍，带着二百多个被强行征来的新兵一起举起义旗，投奔高鸡泊起义军首领高士达，任司兵。大业十二年（616）提升为军司马，率兵击杀涿郡留守郭绚。后来，高鸡泊起义军的首领们，有的在内部火并中死去，有的跟隋军交战时牺牲。窦建德得以脱颖而出，受到大家的拥戴。尤其是他凭借军事才能，不失时机地攻占了饶阳，收编余部，安葬阵亡的农民军将士，使得士气大振，不久发展到十几万人，攻占了河北地区的许多郡县。他一跃成为河北起义军的总首领。公元617年，窦建德在乐寿（今河北献县）称长乐王，改年号为丁丑，建立官职，逐渐有了规模。次年，在取得了隋末农民战争中著名的河间（今属河北）七里井大捷后，窦建德称夏王，建国号为夏，改年号为五凤，建都于乐寿，后迁都洺州（今河北永年），杀掉称帝的宇文化及，威震全国。从此以后，全国形成了三

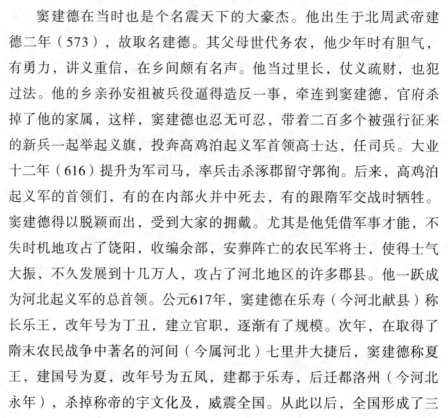

032

忠谏人生

大势力，除窦建德的河北政权外，河南地区有王世充占据洛阳，建国号为郑，关中的李渊也称帝，建国号为唐。三个方面都在隋朝灭亡后，决心要与对手一较高低，争夺天下。

魏徵在黎阳被窦建德抓获，从而成为河北割据势力——夏国的一名中层官员，这时，他刚好四十岁。

被救免反加封

武德三年（620）七月，唐朝李世民带兵出关，攻打洛阳。河南的大部分郡县已经被唐军占领，洛阳成了孤城。王世充两次派遣使者向窦建德求援，窦建德企图先跟王世充合作，击败唐兵，然后再找机会消灭王世充，并进一步西进灭唐，夺取天下，因而接受了王世充的请求，亲率三十万大军，水陆并进，援救东都。次年三月，窦建德与李世民之间爆发了"虎牢关大战"，年轻的李世民在此战中显示了卓越的军事天才，以少胜多，打败了兵力强大的窦建德，窦建德本人在战斗中受伤落马，被唐军俘虏，押送唐都长安，不久被杀。作为窦建德的部下文臣，魏徵自然又一次成了唐朝军队的俘虏。不过，在形式上恰与上次入长安一样，不是在战场上被士兵生擒押送，而是与窦建德的几位主要文臣齐善行、裴矩、曹旦等人以及窦的妻子儿女一起，举夏国所有土地和传国玉玺、亩属向唐朝投降。魏徵在窦建德手下干了近两年之后，又一次以降臣的身份进入了长安城。

唐武德四年，魏徵与裴矩等人两入长安后，唐高祖已经基本上控制了全国的局面，初步实现了统一。王世充见窦建德兵败，深知大势已去，也投降了唐朝。敌对势力只有江陵地区的小国萧铣政权和窦建德的故将刘黑闼在河北边境的游击部队，唐朝已经算是夺取了天下。朝廷中，自建国至今的四年里，相继受到唐高祖信任和重用的，多半是追随他在太原起兵的故吏和旧友，如裴寂、刘文静等，也有一批原隋朝的有名文臣，如萧瑀、窦威等，另外，登上宰相位置的重臣还有封德彝、陈叔达、杨恭仁、宇文士及等人。当然，真正掌握大权的，除唐高祖外，就要数太子李建成和秦王李世民了。李建成经常在首都长安，辅佐李渊处理军国大事。次子秦王李世民却常领兵出征，不断平定割据势力，镇压各地农民军，以扩大唐帝国的占领区，功劳巨大，威望甚高。但李建成是长子，按照宗法制度，他应是皇帝李渊的权力继承者。秦王李世民既有战功，野心也大，加之他富有极高的政治才能，所以也想当皇帝，因此他们兄弟间争夺皇位的斗争越来越激烈。在双方斗争中，齐王李元吉是站在太子一边的。他们双方为了自己的利益，都积极采取措施壮大自己，巩固自己，瓦解对方，打击对方。首先，他们各自都拉拢朝中高级官员，争取他们的支持。在宰相里面，裴寂和封德彝支持太子，而陈叔达和萧瑀却支持李世民。在地方上，太子李建成和秦王李世民也都设法培植自己的势力，李世民在平定王世充和镇压农民军时，积极招纳山东豪杰和富有政治经验的文人，如房玄龄、杜如晦、温彦博、李勣、高士廉、虞世南、褚亮、姚思廉、李玄道、蔡允恭、薛元敬、颜相时、苏勖、于志宁、苏世长、薛收、李守素、陆德明、孔颖达、盖文达、许敬宗等。太子李建成在河北作战时，也极力拉拢罗艺，利用他在河北发展势力。因此，在中央政府中，太子李建成处于有利地位，而在地方势力和人才储备上，则李世民要胜过一筹。

忠谏人生

魏徵

　　秦王李世民于武德四年平定窦建德，凯旋回京后，政治威望更加提高了。唐高祖为了表彰李世民的丰功，特地加授他为"天策上将"，位在王公之上，并且领司徒，兼尚书令。而且在当年十月开府置官属，收纳了秦王府一大批心腹亲信。没过几天，又在天策上将府开馆延士，将上述一大批著名文人学士收归自己帐下，这就是秦王府文学馆的"十八学士"。太子李建成见到李世民这相继实行的举措，分外敏感和不安，他感到了来自秦王府的巨大威胁，在争夺人才和收揽人心上，他已经知道自己处于劣势。于是，李建成开始格外注意物色和收罗人才。恰在这个时刻，魏徵来到了长安，正在无所归依的情况下，被用人心切的太子李建成马上挖了过去，魏徵经过一番可能性和必要性的考虑后，决定投靠太子。太子李建成非常高兴，立即招他为太子洗马，负责管理太子东宫的经籍图书和文秘工作。太子洗马在唐代官制中，属于太子东宫官属，由詹事府管理，詹事府各级官员多以儒臣兼领，虽然在名义上有辅导太子之责，实际上与翰林院的性质没有什么太大的区别，是专以用来做文学侍从之臣，因此，詹事府没有什么具体职掌，空有府名，并不成为一种真正意义上的机构。詹事府官员有许多种名称，由高往低依次是：詹事、少詹事、左春坊左庶子、右春坊右庶子、左春坊中允、右春坊中舍人、左春坊赞善大夫、右春坊赞善大夫、司经局洗马、詹事主簿、詹事府令史，可见洗马之职在太子东宫官制系统中，地位很低微，大概只能够得上从五品，属中下级官员之列。可是，数度作为俘虏和降臣的魏徵，在自己极不得志的时候，被太子李建成招用，哪怕官职不高，仍然是有感激之情的。何况，作为一介寒儒，又是降臣的身份，即使不满足这低微闲散之职，又能怎么样呢？他没有权利和资格挑三拣四，能有人要他、安排他就算很幸运的了。当然，魏徵虽然有凄惶之感，但他并不是没有政治头脑和经略抱负之辈，更不是有个栖身之地就浑浑噩噩度日混事的人，他尤其清楚唐朝帝国的政局态势和上层人物间的权力斗争以及种种人事纠葛和矛盾。简言之，魏徵虽然任太子府洗马之职有被动无奈的意味，但他是以清醒的政治头脑和充分的思想准备应职上任的，从这一点说，魏徵投靠太子李建成仍然是带有主动选择的性质。

当时的政局态势是，李渊为大唐皇帝，他有三个嫡出的儿子，即李建成、李世民、李元吉。李渊建唐称帝之后，即立长子李建成为太子，次子李世民为秦王，幼子李元吉为齐王。按照嫡长子继承皇位的传统，李建成是当然的人选，这好像是没有什么争议的问题。但在太原起兵、统一全国的一系列战争中，李世民的功业远远超过了哥哥李建成，而李世民本人又气度不凡，具有远大的政治抱负，他不满足于仅仅做一个诸侯亲王，必然要力图登上权力的顶峰。至于齐王李元吉，无论从身份、功劳、能力等哪方面看，是不可能有资格参与最高权力的争夺的，因此，李建成和李世民之间势必会展开一场争夺皇位继承权的殊死斗争。这场斗争是当时唐朝高层政治活动的主旋律，任何人自觉或不自觉地都要牵涉和卷入到这场斗争中来。

在这场大搏斗中，以李世民为一方，以李建成、李元吉为另一方，形成了对垒形势。那么魏徵为什么要选择李建成这一方呢？其原因是：

第一，李建成早已立为太子，高祖李渊虽然这几年在李建成和李世民的选择上常常处于两难之间，但他毕竟没有明确表示过废掉李建成而另立太子的意图，而嫡长子继位又属名正言顺，所以一般无特殊政治背景的人，把赌注下在李建成一边，是非常自然的，而且觉得把握更大一些。

第二，李世民手下虽然有很多骁将精卒，但东宫和齐王府联合起来，与秦王府较量，再加上李渊倾向于太子，他们在力量上应处于绝对的优势。

第三，据史料记载，站在李建成、李元吉一边的还有其他许多小王的母亲，如高祖正宠爱着的张婕妤、尹德妃等。《通鉴》说："（李渊）晚年多小内宠，小王且二十人，其母竞交结诸长子以自固，李建成与李元吉曲意事诸妃嫔，谄谀赂遗，无所不至，以求媚于上。"这部分后宫势力，是绝对不可轻视和忽略的。

第四，魏徵是在黎阳出差时落入农民军首领窦建德手里的，并且在窦的手下做了近两年事，而窦建德作为河北地区的最大政治军事势力，是唐朝统霸天下的过程中最大的对手和障碍。唐朝出关东进的主要敌人就是窦建德，唐政权与窦建德政权之间进行的大决战——虎牢关战役，是隋末战争中最大的战役之一，而唐朝进行这个战役的指挥者正是秦王李世民。换句话说，消灭窦建德、荡平河北，正是李世民的最大功勋和主要政治资本之一，那么，作为窦建德的臣下，魏徵怎么也不敢想象他会被李世民所容纳。即使李世民再怎么胸怀宽广，充其量对魏徵不计较而已，绝无信任和重用之可能。而李建成与魏徵之间就不存在这种历史的芥蒂和隔膜，况且李建成与李世民在利害关系上已同水火之势，那么李建成就按照"敌人的敌人等于朋友"这一人所固有的思路，自然而然地把魏徵拉了过来，并且"甚礼之"了。

第五，封建正统伦常观念的作用，使魏徵做出拥护太子的选择。魏徵出身于一个传统的封建士大夫家庭，自幼受儒家学术的培育熏陶，他所认定的天地伦常秩序，无非是应该君君、臣臣、父父、子子、兄兄、弟弟、夫夫、妇妇、师师、徒徒而已。李建成是嫡长子，而且确已被立为太子，他又没有犯什么大的过失，皇上没有废除之意，那就应该遵守这个既成的决议，并且去维护他。而不能凭谁的功劳大一点儿，就要僭越逾矩；谁的能力强一些，就可以不服从现存秩序而造反，否则，那就跟隋朝的炀帝杨广的行径没有什么两样了。杨广当年就是阴谋勾结隋文帝的宠臣越国公杨素，收买太子杨勇的亲信姬妾，设计使隋文帝废黜了太子杨勇，从而夺取了皇太子的地位，然后又乘隋文帝病重，与杨素同谋，派亲信杀害了文帝，登上了帝位，爬上了权力的顶峰。这种害兄弑父的形象，不仅仅只是魏徵的道德观念所根本否定的，恐怕一般平民百姓都会认为是大逆不道的禽兽行径。所以，只要不是李世民的特殊圈子中人，谁都会在道义上站在太子李建成这一边。

第六，不管魏徵自己愿意与否，他都无法与李世民阵营联系在一起。一方面是由于魏徵没有任何关系和渠道进入秦王的圈子，另一方面是秦王府没有用他的必要性。李世民各方面的人才都很多，而且质量均很高，关系又极深厚可靠。且不说完全令秦王放心的长孙无忌、高士廉等人，他们分别是李世民的妻兄和舅父，当然是最可信赖的人。即使没有这层亲缘人际关系的其他文士武将，也个个与李世民的关系非同一般，像房玄龄、杜如晦、尉迟敬德、程知节、段志玄、侯君集等，说他们是李世民的死党一点儿也不夸张和过分。人才济济而且渊源深久的秦王集团，也就根本不会用也用不着魏徵这种既陌生又平凡的普通文人。

在这样的形势下魏徵身不由己地卷入了唐朝最高权力斗争的旋涡之中。这场斗争由唐高祖武德四年（621）拉开序幕，到后来愈演愈烈，直至武德九年发展成为喋血的武装政变，长达五年之久。魏徵在这场最上层的政治争斗中，只不过扮演了一个小小的配角，在舞台上的表演并不多，但后来的现实历史，却又把命途本已多舛的魏徵再一次推到失败者一边，再一次以悲剧形象去听候"贞观天子"的发落。

魏徵进入太子东宫之后，按照他的性格和为人处世原则，开始了他兢兢业业的本职工作，而且他不怨不尤，在宫中的司经局里，将太子的所有图书典籍整理收拾得有条不紊，随时恭候着太子的阅读和查询。短短的几个月后，宫中图籍一扫封尘，灿然可观。李建成对魏徵的勤勉和能力十分欣赏，由于魏徵的影响，原来并不很爱看书的太子，也喜欢上了这窗明几净的图书室，喜欢上室内宁静雅致的气氛，更喜欢上室主人魏徵渊涵睿智的风度和使人深刻明智的谈吐。魏徵自知官微分小，在太子府不可能经常陪侍太子左右，更难以参加太子府的重大决策。所以，只要当太子来到司经局，魏徵总是调整精神，全身心投入地接待他。日理万机而且忧心忡忡的李建成，当然不是来这里优哉游哉闲翻古书的，他是想从魏徵这里获得一些应付和操纵当前政局的方略和技能，满腹韬略、博通经史的魏徵当然不会令太子失望，况且他年已四十，老成持重，严谨真诚的性格和知无不言、言无不尽的作风，更使太子大生好感，日益信任。魏徵的学问很深，思谋也很丰富，但他发言说话从不漫无边际地一味炫博夸饰，而永远是针对现实面临的矛盾主题，进行分析论证，然后得出明确的结论。纵观他的一生言论和著述，给人印象最为强烈的就是有极鲜明的针对性和强烈的现实性，似乎他一生永远在做着一个标题的文章，一部很大很大的作品。

魏徵是如何分析当时的时局的呢？这一点我们可从诸多史籍中归纳叙述一下，借以介绍玄武门之变的本末以及魏徵在这次历史事件中的主要行迹。

李建成以嫡长子的身份居太子之尊，又在攻克京师长安的重大活动中屡建功勋，同时担任起协助父皇开国建制的重任，多次留守京师领导文武百官，处理朝廷政务。还有父皇李渊以及重臣裴寂、封德彝等一直

038

忠谏人生

支持自己，倾向自己，小弟齐王李元吉也是站在他这一边的，这都是他有利的一面。但在另一方面，如上文所述，在统一全国的战争中，他的贡献与二弟李世民相比，就不免瞠乎其后了。为了在今后的兄弟角逐中多捞些政治资本，改善自己的地位，李建成需要打几个漂亮仗，争取在功绩上不输给李世民。恰好这时窦建德旧部刘黑闼再度引突厥兵南下，魏徵与太子府中的同僚王珪便不失时机地建议太子抓住这次机会，立个战功，做些表现给人看看。

刘黑闼是窦建德早年的好友，隋末逃亡到郝孝德那里据山为盗，后投奔李密为裨将。李密的瓦岗军失败后，刘黑闼被王世充俘虏，成为王世充手下一员健将。李勣曾在窦建德手下为将军，一次与王世充打仗时，在新乡活捉了刘黑闼。从此，刘黑闼就留在窦建德军中，任将军，他作战勇敢，计谋也多，于是很快受到重用。窦建德的许多战役都是刘黑闼"发奇兵，出不意，多所摧克"，在起义军中素以"神勇"著称。

武德四年，窦建德被李世民消灭后，刘黑闼逃亡到漳南躲了起来。唐高祖召窦建德的旧部范愿、董康买、曹湛、高雅贤等到京师，准备按才录用，各授以职。可这批起义军将领政治警惕性颇高，他们怀疑唐高祖骗他们至长安，是为了对窦建德的势力斩草除根，一网打尽，于是重新聚兵造反，经过算命先生的卜测，认为姓刘的人应该当领袖，这批人就去漳南找到了刘黑闼，推他为主。从此，他们先占领了漳南，然后又打下贝州、魏州、瀛州、定州、浩州，各地的故旧士兵和老百姓纷纷起兵响应，不到半年，军势大振，恢复了窦建德原来拥有的河北故地。他们又与北方的突厥联合起来，形成了唐朝在北方的最大威胁，刘黑闼也就成了唐帝国在军事上的头号强敌了。秦王李世民、齐王李元吉相继亲率大军征讨过，但均无法消灭掉刘黑闼，反而使其兵势更盛。武德五年，刘黑闼攻下相州，便建立了政权，称东汉王，定都洺州。三月份，李世民发动大军，在沼水之战中，采用奇计终于大败刘黑闼，迫使刘逃往突厥。可是，"野火烧不尽，春风吹又生"，刘黑闼像草原上的野草一般，生命力极强，不出三个月，又从突厥南下，卷土重来，很快又拿下定州、沼州、瀛州等广大河北地区，直接威胁着关中的长安。在这样的时刻，魏徵认为应该是皇太子出山的时候了，于是，他在武德五年十一月向李建成提出如下的建议："殿下但以地居嫡长，爰践元良，功绩既无可称，仁声又未遐布。而秦王功业克隆，威震四海，人心所向，殿下何以自安？今黑闼率破亡之余，众不盈万，加以粮运阻绝，疮痍未磨，若大军一临，可不战而擒也。愿请讨之，且以立功，深自封植，团结山东英俊。"（《旧唐书·隐太子建成列传》）

这番话虽短，含义却极丰富。先是毫不掩饰地明确指出了目前的不利形势，即太子在功绩和人心上与李世民相比，处于劣势。解决的办法是唯有立大战功，出大风头，才能扭转颓势，压倒李世民。这里，魏徵已经明白地将李世民当作头号敌手，一切行动都是围绕着如何压倒李世民、斗败李世民，这是根本目的。而达到这个目的的正确手段和最佳方案就是建立战功，树立威信。要想立战功，树威信，就应该立即向皇上申请率兵出征，去打刘黑闼。刘黑闼虽然势头锐猛，但毕竟是纠集过去被唐军打败击散的残兵亡众，而且人数尚不多，加之河北地区经济遭受严重破坏，生产不能自给，从外地运粮到河北的路线，又被唐军截断，所以，刘黑闼的经济保障是极为空虚有限的。我们派大军打到那儿，是完全有胜利把握的。希望太子出兵立功，何况在打仗过程中，还可增加自己的指挥才能，广结天下豪杰，更可以乘机结纳和拉拢山东英俊，削弱李世民的人才基础。一举数得，太子殿下完全应该出马！

李建成接受了魏徵的意见，立即进见李渊，请兵出征。李渊遂命李建成为陕东道大行台及山东道行军元帅，河南、河北诸州一律受他领导，以齐王李元吉为副元帅，出兵征讨刘黑闼。唐朝大军开到昌乐县，与刘黑闼展开了决战。在战争进程中，魏徵一直在太子身边，帮太子分析军情，献计献策。他提出采用瓦解对方军心的办法，宣布除刘黑闼外，其他人只要放下武器，一律不加追究。于是，太子用这个方法很快就瓦解了刘黑闼的军队，众多将士纷纷放下武器投降。一个月之后，刘

040

忠谏人生

魏徵

黑闼在逃往饶阳时被活捉，押送到洺州被太子处决了。这次太子出征，不但消灭了刘黑闼，而且乘机在河北一带安插了许多亲信，收买了不少豪强，使之成为自己争夺皇位继承权的有力外援。

魏徵建议的战略和技术，均取得了圆满的成果。李建成在魏徵的帮助下，继续为皇位的最终到手进行着不懈的努力。

武德七年夏季，太子和秦王之间的斗争逐渐白热化和公开化了。太子预感到兄弟仇杀不可避免，于是开始积极进行政变准备。他首先募集两千多人为东宫卫士，驻扎在东宫左右的长林门，号称"长林兵"。又派人到幽州招募了突厥的三百骑兵，进驻东宫中。不料机事不密，被李渊知道了，李渊一怒之下，幽禁了李建成。太子手下的死党准备发动武装叛乱，进行武装夺权斗争。情况已经万分危急，李渊一面派人出兵镇压，一面找李世民商量对策，并许以镇压了这次动乱后，立李世民为太子。可是，由于李元吉和封德彝以及众位妃嫔多人多次替太子向皇上求情，废立之事遂作罢，没有成为现实。由此可见，在东宫与秦王府之间的复杂斗争，李渊始终是倾向于东宫太子的。而对李世民的基本态度是，利用却不能信任，并且永远怀有猜嫌。可以肯定的是，太子政变失败后，李渊感到了矛盾已经相当激化，形势迫使他必须在两方中只能选择一方，想继续玩弄平衡游戏不但太危险，而且已不可能。于是，从武德六年开始，李渊就明显地站在了太子李建成一边。但是，由于李世民有平定天下的卓越功勋和一大批忠于他的秦府集团成员，导致李渊迟迟不便处置李世民；又因为难于舍下父子之情，使李渊也不忍对李世民下手。既然父皇不肯亲自解决这一矛盾，那就只能由他们兄弟几个去自行了断了。

为了进行最后的较量，必须首先削弱秦王府的实力，瓦解秦王的人才队伍。齐王李元吉采取的第一个步骤是打算收买李世民的心腹大将尉迟敬德，又以金帛贿赂段志玄和李安远，要拉他们为太子的党援，但因以上诸将对李世民忠心不二，这些瓦解活动均告失败。第二个办法是极力分开和调离秦王府人员，以达到削弱李世民力量的目的。太子的第一个目标就盯上了程知节，程知节又名程咬金，时任秦王府左三统军，追随李世民屡建奇功，是秦王府一员得力的大将。太子设法把程咬金调往康州担任刺史，使他离开秦王府。但程咬金拒不赴任，表示要坚持留在长安，与李世民一起共度安危。太子和齐王的第三个步骤是力图打击李世民手下的谋士，这方面首当其冲的是房玄龄和杜如晦。房、杜是秦王府智囊团中的核心人物，是太子一边最感到可怕的敌人，因此，他们在皇帝面前大肆攻击二人，房、杜遂被皇帝逐出秦王府，并禁止他们私下与秦王见面。

秦王李世民更是针锋相对，主动而积极地为夺权斗争作准备。武德九年，他曾派张亮带领一千余人，带着大量的金银财宝到东都洛阳地区，暗中结交山东豪杰；同时，他也积极进行拉拢和瓦解太子府和齐王府部下亲信的工作，并且取得显著的成效。

武德九年六月，双方已经是剑拔弩张之势，武装斗争和宫廷政变已是一触即发、迫在眉睫了。这个月的一天夜里，在秦王府的内殿，正在召开着一次非同寻常的秘密会议，与会者有秦王李世民、长孙无忌、房玄龄、杜如晦、尉迟敬德、张公瑾、侯君集等人。

房玄龄首先发言："目前太子和齐王日夜想谋害秦王。一旦发生事变，不仅秦王有生命危险，国家社稷也不堪设想。俗话说得好：'当断不断，反受其乱。'现在是箭在弦上，不得不发的生死存亡关头，希望大王以果断方式，消除目前的危机和未来的祸乱。"

杜如晦表示完全同意房玄龄的发言。

李世民说："不知有多少人这样劝过我，难道就一定不能够避免流血吗？有没有其他更好的办法？"

尉迟敬德激动地发言："现在和大王最亲近的就只有我们这几个人，齐王还在皇上面前耍阴谋，说我会打仗，要我率领精兵跟他出征。要是我带部队离开了秦王府，大祸就会临头。请大王快下决心，先发制人，否则就会为人所制！"

这时卫士进来报告说太子府的官员王晊求见李世民，王晊是秦王收

忠谏人生

魏徵

买了的人，他今夜来定是向秦王秘报太子那边的重大情况的。

等秦王回到内殿的会议厅，怒气冲冲地说道："据王晊密报，太子与齐王已计议好，最近几天内齐王要出征，想乘众王给齐王饯行之机，下手杀我，真没想到，他们的手段如此狠毒！"

"王晊是我们可靠的内线，他所讲的消息当然是千真万确的。"长孙无忌说道。

秦王感慨道："我总希望这消息不是真的。"

"秦王，先发制人，后发制于人。大祸迫在眉睫，对太子他们别再抱任何幻想了。"房玄龄焦急地劝道。

尉迟敬德也愤然站起，怒声道："等太子下手时，一切就晚了！假若秦王不马上采取行动，我情愿上山去当土匪，不愿再跟随秦王了，免得被太子杀了头！"

"大王不先下手除掉太子和齐王，我们也离开秦王府，上山去当土匪。"另外几位同声说道，一时间，群情激昂。

李世民仰起脸，激动地说道："好！既然如此，我也不违背大家的意志。马上做好战斗准备，随时采取行动！"

六月四日，终于爆发了惊天动地的宫廷政变。李世民部署的尉迟敬德、长孙无忌、侯君集、张公瑾、刘师立、公孙武达、独孤彦云、杜君绰、郑仁泰、李孟尝等人率兵预伏在皇宫北门——玄武门内，乘太子李建成、齐王李元吉二人上朝经过时，将他们杀死，然后入宫迫使皇上立秦王李世民为皇太子。两个月后，李世民正式即皇帝位于东宫显德殿，李渊退为太上皇。次年，改元贞观，历史从此进入了唐太宗时代。

玄武门事变后没有几天，魏徵便被李世民派人捉拿归案。身为皇太子的李世民对眼前跪着的这位五花大绑的魏徵，既熟悉又陌生，既痛恨又惋惜。他虽然一直没有与这个中年文人打过交道，甚至始终连面都没有见上一次，但对他的情况却十分了解。李世民怀着复杂的心情凝眼看了魏徵许久，终于说道："你这是第几次当俘虏？为什么要挑拨我们兄弟之间的关系？"这两句质问，反映出李世民对魏徵的经历以及性子的了解和把握。的确，当时已是四十七岁的魏徵，在这次平生第一遭见到大名鼎鼎的李世民之前，已经是第四次以俘臣的身份出现在众人面前。可是，多灾多难、数次受辱的巨大挫折，却并没有污损魏徵的人格和品性，反而使他性格更坚强，城府更深严，眼光更敏锐，认识更深刻，处世更加从容了。

面对李世民的质问，魏徵的心为之震颤。他想：大家都知道我多次受俘，我只有悲叹命运的嘲弄，痛恨人世的不公。四十好几的人了，历尽苦难，却壮志未酬，埋怨和牢骚都已无济于事。我按说是可以死过几次的人，更不会害怕死。只是好在这一生，我没有放弃过经邦济世的理想，没有停止过对昌明盛世的追求，更没有曲意逢迎阿谀于权贵，没有干过伤天害理的无耻勾当。我凭自己的才能立足于世，靠自己的独立人格去分辨善恶真假，总算无愧于忠正重德的先世门风，无愧于祖宗和子孙。想到此，他缓缓地站了起来，神色镇定自若，迎着充满杀气的李世民的眼光，慢条斯理地说道："早先太子要是早听我魏徵的建议，必定没有今日的结局，况且先太子是我的主人，我不为他效劳，难道应该为你效劳吗？事到如此，我还有什么说的！"

这时，在场所有的人都被魏徵的话震骇住了，这席话该是何等的大胆，可是魏徵说罢，却安然地微闭起双眼，安详的态度不但使在场的文武臣僚惊诧不已，连李世民也颇感意外，不禁对眼前的这位中年汉子肃然起敬。此人无私无畏，一定是有肝胆有气节的忠直之士，绝非趋炎附势、苟且偷生之辈。他命运坎坷多难，中年犹不得志，积累了许多宝贵思想和经验却无法获得倾吐和实用的机会。若对他不加诛杀，反而收纳信用，他一定会尽性命为我服务，未来的政权，不用这种忠直之臣，难道去重用奸佞小人吗？况且释其罪，给以出路，能使天下与我为敌之人看一看我李世民的胸怀和气度，这对于未来的掌权和治国，是何等重要的事啊！李世民想到此，不知不觉收敛了刚才的怒容，泛出和蔼的神情，起身对魏徵说道："谅你忠直坦荡，又非逆党首恶，今天就不加罪于你了。你回去吧，等候对你的安排。"魏

044

忠谏人生

魏徵

魏徵公园

徵这时才感到吃惊，万万没有料到自己在死亡的边缘能够如此安然生返，于是刚才镇定自若的神情变成了恍惚发呆的模样，就在这恍恍惚惚中被人拉出了太子宫。

魏徵传说之堵北门

晋州城，真稀罕，没有北门和北关。

这是晋县流传很广的民谚。不过，在唐朝以前，是有北门和北关的，以后为什么就没有了呀？说起来，还有个非常有趣的故事哩！

唐朝贞观十年，宰相魏徵奉旨出巡河北，路过自己的故乡——晋县赵魏村，就顺便回家看了看老母亲，又祭扫了祖坟。正准备动身返回长安城的时候，忽然，家仆来报，说县令差人来见，魏徵命那差人客房叙话。差人与魏徵见礼后，说："相爷，宋县令叫我传信，请您去城内一叙。"

魏徵听说家乡的父母官有请，满口答应，说："好！你回去告诉宋县令，我明天一定前往。"差人听到回话就告辞转身走了。

魏徵回到内室，心想：这县令宋贤，不是外人，是我小时候的老师。明天我要去县城，他必定出东门迎接我，看热闹的人能少吗？他当着众人的面，必须向我叩头行礼；我是他的弟子，老师向学生叩头，世上没有这个理！因此，魏徵发起愁来了，不去吧，已经答应了；去吧，如何见宋先生呢？

这时，夫人裴氏在一旁看出了魏徵的心思，说："老爷，不必为此事发愁，我有个主意，能让你妥善了结。"

魏徵忙问："你有什么好主意？"

裴氏笑了，走到魏徵跟前，在耳边悄悄说了几句话。魏徵听后，一伸大拇指，连声赞道："夫人出的主意，真妙！"

第二天，县令宋贤一大早就吩咐众衙役把县衙内外打扫得干干净净，又叫厨师备好了美酒好菜，然后带着三班衙役、六班差人，坐着八抬大轿，热热闹闹出了东门，过东关，串河滩，来到十字路口的凉亭下，等候魏徵的到来。宋贤焦急地向大路上望去，路上静悄悄的，连一个人影也没有。他心想，莫非是送信的人没有与魏徵说好？就传送信的差人问话，差人回答说："魏相爷说他一定来，不会有错。"

送信差人的话音刚落，突然从县城方向跑来一匹大红马，上边坐着一个衙役，见了宋贤，急忙翻身下马，禀报说："宰相大人已经从北门进城到了县衙，现在大堂上等候县太爷呢！"宋贤一听慌了神儿，赶紧上轿，带着众人，急急忙忙回到城里。在县衙大门口，他下了轿，刚要进门，忽然一位相府的家人挡住去路，说："刚才相爷传下话来，宋县令到后，请脱掉官服，再去相见，其他官员暂时不要进内。"

宋贤一听觉得奇怪，心想：这魏徵在搞什么名堂？不叫我穿官服见他，莫非我没有接着他，他要怪罪我？想到这里，忙脱去官服，战战兢兢地到了大堂，抬头一看，只见魏徵也没穿官服，在偏座上坐着。

宋贤走上前去，正要跪拜行礼，却见魏徵离开座位，快步走来，一把拉住他，说："宋先生，这官礼就免了吧！"

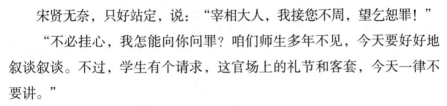

宋贤无奈，只好站定，说："宰相大人，我接您不周，望乞恕罪！"

"不必挂心，我怎能向你问罪？咱们师生多年不见，今天要好好地叙谈叙谈。不过，学生有个请求，这官场上的礼节和客套，今天一律不要讲。"

宋贤听完了魏徵的话，只是满口应允。

魏徵见不反对，就把宋贤拉到一张桌前，肩靠肩地坐下。宋贤忙叫人端上酒菜，摆在桌子上。二人叙谈了分别后各自的经历之后，最后话题落在喝酒上。

魏徵说："宋先生，学生我有个主意，你出三个联，我来对，对不上就喝酒；然后我再出三个联，让你对，对不上也喝酒。"

宋贤知道魏徵从小就文才出众，联对不是他的对手，但魏徵毕竟是他请来的客人，又不好意思推辞，忙说："行，行，行，就依你。"

这时，仆人给他俩都斟满了一杯酒，宋贤一看酒，忙说出一联：

美酒佳肴迎上客

魏徵稍加思索，对出下联：

青松绿韭待行人

宋贤见魏徵答得不错，没喝上酒，看了一眼桌上的豆腐菜，又说道：

制始刘安得成素食

魏徵听后知道先生说的是联谜，是说豆腐，忙答说：

文稽虞集别号来其

宋贤见魏徵果然文才出众，把席上的鸡鸭看了一眼，道出一联：

食馔应知真美味

魏徵见宋贤说的是鸡鸭，忙回答说：

登盘最爱是金羹

宋贤三对，魏徵三答，一杯酒也没有喝。接下来该魏徵出对，宋贤答联了。魏徵心想：我得出几令难对，让先生喝下三杯，我自小学过医术，就出医药中的联对吧。想后说道：

杏林三月茂

宋贤一听"杏"字，忙答说：

桃园四时春

魏徵听后大笑，说："老师，你对错了。我说的杏林是指的医林，可不是树林，你快喝酒吧！"

宋贤只得认输，喝了一杯酒。魏徵就又思索这第二联的出法，心想老师不懂医药，我还给他出这类联句，准能赢他，就又说：

金液银丸，均是活人妙剂

宋贤确实不懂医药，只好喝第二杯酒。魏徵这时乘着他酒兴，又说出第三联：

忠谏人生

魏徵

青囊常备治病药

宋贤没有办法，只得再饮一杯。三杯酒入肚，宋贤醉了。魏徵忙命人挟他入后堂休息，自己找来笔墨，写了几行字，放下了些东西，就带领随从回赵魏村去了。

待宋贤醒来之后，仆人忙把纸条递给他，宋贤一看，上边写着：

> 师生如父子，弟子当孝顺，
>
> 留银表心意，权作养老金。

宋贤看后，对魏徵赞不绝口。心想，既然魏徵放下银两，我就暂时先把它收下，等以后有了机会再还。

两年后的一天，宋贤得知魏徵在故里赵魏村养病，他想出了一个办法，要归还魏徵的银两。他叫来几个心腹衙役，悄悄地吩咐他们分头行事。

再说魏徵接到宋贤的请柬后，他又带了随从，还要想从北门进城。当他一行人来到北门时，却见城门已经用砖堵住，没有路可走了。魏徵看后觉得奇怪，怎么有人把北门给堵了呢？正在思索的时候，忽听城墙上有人高声喊道："魏相爷，这个城门我们今天把它堵了。"

魏徵抬头一看，原来是县衙的两个衙役。他转身向东走，要从东门进城。这时，在城墙上又有人喊道："相爷，刚才县老爷传下话来，说城内有了盗贼，正在进行搜捕，四门都已紧闭，谁也不能出进。"

"那我怎么去见你家县太爷呢？"魏徵问道。

"县太爷说，他今天没时间与你会见，你只收下这些东西就行了。"城上衙役喊完话，扔下一包东西来。

随从把包裹捡起来，忙送给魏徵。魏徵解开一看，原来是他两年前送给老师的银两，另外还有一封书信。上边写道：

宰相魏玄成，孝师又尽忠，

银两我不缺，送回是原封。

　　魏徵看后，只好叫随从把银两带上，向城里看了一会儿，然后深情地说："宋先生确实堪称师表呀！"随即带领随从返回了赵魏村。

　　从此，晋县的北门就给堵住了，北关里的人家因为交通不便，也纷纷迁居。就这样，晋县就不再有北关和北门了。

忠谏人生

魏徵

第 三 章

化险为夷引器重

　　魏徵四次被俘，原本以为自己会跟那些乱臣贼子一样被打入天牢，再处死，让他意外的是唐太宗不但没有处死他，反而让他继续任官职，并且非常器重他。

无罪赦免甚感恩

魏徵在李世民发动的"玄武门政变"之后，以太子党人的身份，待罪阙下，听候着处理。当他怀着忐忑不安的心情再一次被人带至太子府（这时的太子已是李世民了）时，他知道对自己的处理要见分晓了。可是，处理的结果却让魏徵万万没有想到：不只宣布不加以追究，反而让他继续在太子宫中担任官职，不过职务由以前的洗马改为詹事主簿。詹事府是太子东宫中的最高行政机构，首长叫太子詹事，是正三品的官，副首长叫少詹事，为正四品官，下面有丞二人，正六品上，主簿一人，从七品上，录事二人，正九品下。可见，魏徵是个不到七品的下级官职，比原来在李建成手下当司经局洗马（从五品下）还降了两级。尽管是降级使用，但毕竟李世民把他由政敌变成了同盟，性质发生了根本的变化，这对魏徵的命运，可以说是天大的转折。从此，魏徵作为李世民的手下，勤勤恳恳，兢兢业业，鞠躬尽瘁地奉献了自己的一生。

魏徵为唐太宗做的第一件事，就具有重要的现实性和巨大的战略性。唐太宗即位后，被任命为谏议大夫的魏徵，即从战略的高度分析和总结了全国的形势，然后找出了急需解决的主要矛盾——稳定政治局面，维护国家的安定团结。这正是唐太宗夺取政权后最关心的头号问题，自然魏徵的建议引起了他高度的关注和重视。于是，唐太宗连忙问魏徵："要稳定全国的政局，第一步该如何着手？"魏徵答道："首先要设法使关东地区安定下来，这是当前最迫切的政治任务。"唐太宗听罢，不禁暗喜："魏徵真是个有头脑的人，他所讲的跟我长期思考的结论竟不谋而合！"唐太宗于是对魏徵的策划相当器重，因为魏徵的第一个建议就抓到了要害，抓到了根本。为什么这么说呢？

忠谏人生

魏徵

唐太宗初即位时，国内的形势并不很好，经济凋敝、生产衰败的现象正笼罩着全国。隋朝在兴盛时期的控制户数曾达到九百万左右，经过隋末战乱之后，到了唐武德末年，只剩下三百万户不到了。从贞观元年到贞观三年，又遇上连续三年的严重自然灾害。其次，政局也十分不平稳，李建成、李元吉的余党还散布在各地，其中包括了一些中央和地方的高级官员。

在玄武门政变后的数月中，地方上不止一次地出现过变乱。尽管这些局部变乱很快就被平息了下去，但是如果处理不好，引起更大的政治动乱，甚至使新生的李世民政权颠覆，也并不是不可能的。

在全国各地当中，山东、河北是各种矛盾的焦点，问题最为复杂。第一，这一地区是当时生产最先进、经济最发达的地区之一，但在隋炀帝残暴统治时期和隋末唐初的战乱中，这里受到的破坏也最为严重。直到贞观六年，这一地区还呈现着一片荒凉残破的景象，"人烟断绝，鸡犬不闻"。

第二，山东、河北一带是隋末农民战争的策源地和根据地，此地区的人民富有斗争的传统和造反精神。唐朝廷最后平定刘黑闼起义是在武德六年，到唐太宗即位只相距三年的时间，李世民对这一地区的人民和许多"山东豪杰"还怀着强烈的疑惧心理，山东豪杰与唐朝统治者之间的关系还处在相当紧张的状态。

第三，当年李建成接受魏徵、王珪等人的建议，借镇压刘黑闼的机会来到河北，致力于结纳山东豪杰，从此以后，河北一带就成为李建成在地方树立势力的重点。李建成被杀以后，河北的许多州县因为与李建成的关系而在唐太宗夺取政权后极为恐惧不安，许多地方存在着一触即发的动乱因素，这对唐太宗来说，是个极大的隐患。这些隐患一天不消解排除，李世民就一天也难以安稳。

所以，当魏徵提及这一最敏感问题时，唐太宗急忙要求他拿出解决的办法来。魏徵非常沉着自信地说："请让我去解决山东、河北地区的隐患吧！"唐太宗不禁喜出望外，他很快就答应了魏徵的请求，让他出任安抚大使。他相信魏徵能够办好这件大事，理由是：魏徵本人就是"山东"人士，对那里的政治、经济、家族势力、民情风俗等都有几十年的生活阅历为基础，了解得十分清楚。其次，他曾在元宝藏、李密、窦建德等数支农民军中干过，非常熟悉关东各种势力及其斗争关系，许多潜伏隐遁、四散流亡的农民军昔日首领和骨干，他有的深交过，有的认识，也有的听说过，关于农民军将士们的脾气、性格、思想、行为等他是摸得很准很透；他又在李建成手下任过职，各地与李建成有关系的人，他都比较熟悉。再加上魏徵既有从戎征战的行伍经历，又有数十年博览通涉的文化素养，既有历尽挫折仍孜孜不倦勤勉工作的作风和品质，又有能言善辩的出众口才和颇能打动人心的生辉文字，他出使河北、山东，安抚这个地区的人民，稳定局势，是完全可以信赖的，是一定能胜任的。

054

在魏徵出发时，唐太宗授予他可以遇到具体问题相机行事的权力。魏徵到了磁州（今河北磁县）遇到了两辆去长安的囚车，车上押着李建成的护卫将军李志安和齐王李元吉的护军李思行。他们二人都是在玄武门之变后，从长安逃到河北被逮捕的，此时正准备押解到京师治罪。魏徵看到这种情景，就同他的副使李相客商议说："我们动身的时候，皇帝已经下了诏令，对李建成和李元吉的部下一律赦免，不再追究了。现在却把李志安、李思行押送长安治罪，其他的人怎么看待这个互相矛盾的做法呢？那么今后有谁还会相信皇上的命令，而不加怀疑呢？这样，即使我们去河北、山东到处去解释、去宣传，去做安抚工作，人家也一定不会相信我们的。现在，要是把他们释放了，不加追究，不再问罪，那么在朝廷宽大政策的感召之下，其他人自然会心悦诚服，对皇上的赦令深信不疑，便会自觉归降，不再造反了。古时候，大夫出使在外，只要是对国家对君王有利的事情，就可以自己做主。我们走的时候，皇帝给了我们便宜从事的权力，足见对我们以国士相待的期望和信任，我们也应该以诚挚的心和国士的行动来回报皇上。"李相客非常赞同魏徵的意见，于是立即命令押送的州

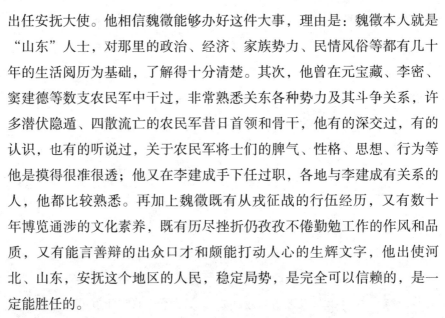
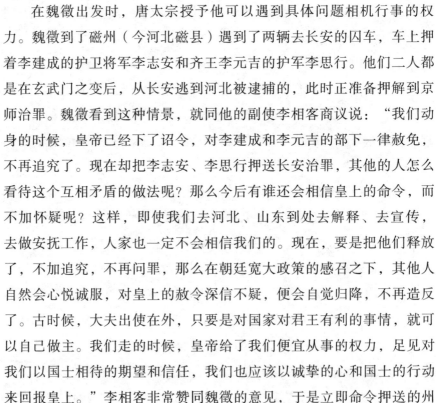

忠谏人生

魏徵

官释放了李思行、李志安等人，并随即给唐太宗写了处置此事的报告，唐太宗获悉后认为他们做得很好很正确。

在唐太宗的支持下，魏徵圆满地完成了安抚河北的使命，因而更加获得了唐太宗的信任和器重。等魏徵一回至京城，唐太宗就提拔他当了尚书右丞，仍兼谏议大夫，并封他为钜鹿县男的爵位。从此，魏徵与唐太宗之间君臣关系日善，他的政治生涯步入了一个新的阶段。

主圣臣直，太宗器重

魏徵从玄武门之变结束至逝世，从48岁到64岁这十八年的岁月中，他与唐太宗以及其他诸位贞观大臣的关系是怎样的呢？对此，古人已经形成了一种刻板的印象，即那种"主圣于上，臣忠于下，契协云龙。义均鱼水，成百代之楷模，固一时之准的"（王方庆《魏郑公谏录·序》）。后人论及君臣关系，莫不以唐太宗与魏徵的"主圣臣直"为标准榜样。事实上的情况却绝非如此单纯，我们应从他们二人结合的具体环境和条件去就其关系做一番细致的考察。

历代农民战争以后，新王朝代替旧王朝之际，往往会出现一些明君和贤臣，但像唐太宗和魏徵二人达到如此高度和谐的境界，却是历史上罕见的，这是有一般历史规律之外的特殊原因的。著名唐史专家胡如雷先生曾就此撰文做过专门探讨，他认为，唐太宗李世民生长在戎马倥偬的岁月里，前半生几乎全是在金戈铁马的军旅生涯中度过的。李渊太原起兵后进军关中，建立唐朝，直到"玄武门之变"前，一直以长子李建成为太子，而李世民只在政变成功后当了两个月左右的太子，就龙飞九五，登上了帝位。严格地讲，他没有受到储君应当得到的教育和培养，由此就产生了两个先天性缺陷：首先是文化水平低，其次是政治修养不足。对此，他本人也颇有自知之明，如贞观二年他对房玄龄说过：

"为人大须学问。朕往为群凶未定，东征西讨，躬亲戎事，不暇读书。比来四海安静，身处殿堂，不能自执书卷，使人读而听之。君臣父子，政教之道，共在书内。古人云：'不学，面墙，莅事惟烦。'不徒言也。却思少小时行事，大觉非也。"（《贞观政要·悔过》）以后，又在贞观九年谈道："（朕）少从戎旅，不暇读书，贞观以来，手不释卷，知风化之本，见政理之源。"（《贞观政要·慎终》）可见唐太宗即位后面临着一个迫切的任务，就是进行文化补课和政治进修，尤其以后者为主，文化补课只不过是政治补课的手段而已。按常理，每个人都是先经历社会化的过程，然后才能使自己成为角色，唐太宗却是先成为皇帝这样的角色以后才开始学习当皇帝的行为规范，属于非常特殊的情况。他在即位后做了一些很不得体的事，确实证明他的文化水平和政治经验还不成熟，即尚不谙君王之道。在生活上，他先纳其弟齐王李元吉之妻为妃，后来又将庐江王李瑗之姬占为己有，此外还下诏欲以郑仁基之女为充华，而该女早已许配陆爽。在政治上，如蜀王妃之父杨誉在省境对都官郎中薛仁方"留身勘察"，太宗听说此事后，竟然说："知是我亲戚，故作如此艰难？"公开为一己之亲的不法行为辩解和庇护，给正常的政府办案设置障碍，施加压力。又一次有人反映，三品以上官对皇帝特殊宠异的越王有所轻蔑，太宗勃然大怒，说："我有一言，向公等道。往前天子，即是天子；今时天子，非天子耶？往年天子儿，是天子儿，今日天子儿，非天子儿耶？我见隋家诸王，达官已下，皆不免被其蹂顿。我之儿子，自不许其纵横，公等所容易过，得相公轻蔑。我若纵之，岂不能蹂顿公等？"这席话，完全像是乡间一恶霸地主的蛮横斗狠、威胁恫吓的形象，哪有半点君王的气概和水平？再如，长乐公主出嫁时，太宗因特别疼爱这个宝贝女儿，就下令有关部门置办丰厚的嫁资，其价值超过了太宗的妹妹几倍。类似的例子，不一而足，从大臣的谏疏中不难发现太宗的许多不成体统之事。因此，唐太宗如不进行政治补课，就不可能真正懂得作为皇帝应当遵守的规范，不会懂得皇权行使的限度在哪里。

忠谏人生

魏徵

当时，可以为唐太宗补文化课的人很多，如虞世南、褚亮、姚思廉、欧阳询、蔡允恭、萧德言……都是本官兼学士，令更日宿直一，引入内殿，"讲论前言往行，商榷政事，或至夜分乃罢"（《通鉴》卷192）。这其中也自然谈论了政治，但补政治课，最理想的方式还是要结合皇帝的具体言行，在实践中借机说教，这样最生动、最尖锐、最深刻，也最能打动皇帝。而魏徵既有很高的文化素养，又有忠直的品格，加之口才出众，应对于朝堂，娓娓动听，见之于谏疏，文笔生辉。由他来担任帝王之师是最理想最合适的人选。唐太宗深知自己需要补课教师，如贞观六年诏中称："朕比寻讨经史，明王圣帝，曷当无师傅哉？前所进令遂不睹三师之位，意将未可。何以法？黄帝学大颠，颛顼学象图，尧学尹寿，舜学务成昭，禹学西王国，汤学威子伯，文王学子期，武王学虢叔。前代圣王，未遭此师，则功业不著乎天下，名誉不传乎载籍。况朕接百王之末，智不同圣人，其无师傅，安可以临兆民哉？"（《贞观政要·尊敬师傅》）他又亲口承认，对魏徵是"敬之重之，同于师傅，不以人臣处之"（《魏郑公谏录·太宗御西堂宴集》）。可见唐太宗越补文化课，就越感到自己需要老师，越学习越感到离不开魏徵，所以，魏徵在朝廷上扮演的是谏臣兼帝王师的双重角色，这一点同唐太宗在文化上的不足和政治上的幼稚有密切的关系。皇帝迫切需要补课的好老师，魏徵便显示出了价值，显示出了可贵。

唐太宗特别需要魏徵，还同他在玄武门之变中逼父退位、杀兄戮弟，在封建道德上违背了忠、孝、悌、恭等原则，有损个人形象有一定的关系。尤其是隋炀帝杨广弑其父亲隋文帝，抢班夺权的丑剧刚刚演过，人们记忆犹新，这就更加重了唐太宗的自责感和内疚感，深恐在人们的心目中把自己归于杨广一类。为了在道德上改善个人的形象，不免就要失之东隅，收之桑榆，即力争成为圣主明君，以资弥补。尤其是即位以后，权力之争已经结束，在道德上进行自我完善，努力使自己成为名垂青史的皇帝，就成为他价值观中自我实现的首要目标。因此，唐太宗是一个极富想象力的皇帝，不可能是平庸之辈。在我国封建社会，历

兰溪发现的魏徵家谱

来把尧、舜、禹三代当作理想的政治王国，把他们看作是垂范百代的榜样，把周公孔子的政治观点看成是最高的治国经验和立国道路，唐太宗一心想把自己打扮成"三代"式的圣君，置于尧舜之上，以达到道德上实现自我价值的目的，自然就以行仁政、施德治为己任，在现实的政治舞台上上演一出理想王国的感人正剧。早在贞观之初，魏徵作为谏臣还没有大放异彩之前，唐太宗就说："朕看古来帝王，以仁义为治者，国祚延长；任法御人者，虽救弊于一时，败亡亦促。即见前王成事，足是元龟，今欲专以仁义诚信为治。"（《贞观政要·仁义》）魏徵的政治思想与太宗的政治需要一拍即合，这是君臣建立良好关系的现实原因之一。为了上演这样的政治剧，并要取得戏剧性的效果，单靠皇帝一人难以成功，须有大臣扮演配角活跃舞台，而这个大臣必须是忠直贤良之辈。唐太宗深知："为政之要，惟在得人，用非其才，必难致治。今所任用，必须以德行、学识为本。"（《贞观政要·崇儒》）魏徵这种人恰好是二者兼备，尤以德行突出，是扮演这种配角最理想的人选。事实表明，这一政治剧果然上演得非常成功，唐太宗和魏徵均因此而成为中国历史舞台上最著名的"演员"，最耀眼的明星！二人一问一对、一谏

忠谏人生

一纳，一犯颜逆鳞，一虚怀敛容，戏剧性效果非常明显，最终成为流传千古的政治佳话。唐太宗在魏徵的默契配合下，确实达到了在政治上、道德上自我实现的目的，逼父逊位、戮杀兄弟的丑恶形象大大地被冲淡了，甚至被人们遗忘了。

魏徵必须有英明的君王好让自己尽忠，唐太宗也需要帝王师傅为他补课，需要忠直谏臣与他同台演出。

复杂的君臣关系

贞观元年夏秋之际，魏徵被任命为尚书右丞，仍兼谏议大夫。尚书省是掌国务大权的最重要部门，但魏徵任这一职务仍不能说明他就已经得到重用。当时，尚书省的左仆射是萧瑀，右仆射是长孙无忌，均为魏徵的顶头上司，地位比他显赫得多。其他两省的长官，门下省的侍中为高士廉，中书省的中书令为房玄龄，都是事实上的宰相，而且论级别也要比魏徵高一品。唐代尚书左右丞中，左丞为四品上等，右丞为四品下等，左丞比右丞地位要高，当时戴胄为左丞，魏徵以右丞而居其下，可见其地位还赶不上戴胄。戴胄过去的经历比魏徵要体面得多，他曾在隋朝末年的朝廷中小有名声，当时的重臣苏威、裴矩都对他很客气，很看重。他当过越王杨侗的给事中，以抗言敢谏而闻名，后成为王世充的郑州长史，在虎牢关大战中被李世民俘获。这一点与魏徵倒是有点相似，只不过有个重要区别处：魏徵自虎牢关兵败降唐后，投奔的是太子李建成，而戴胄降唐后直接被李世民纳入秦王府集团之中，被委任为秦王府士曹参军。玄武门之变后，被提升为兵部郎中，封为男爵，很快又被提拔为大理寺少卿，一跃而成为中央司法审判机关的主要领导人之一。贞观元年，也以敢谏忠直的风格而使唐太宗称赏不已，所以把他调到尚书丞的岗位上来，协助宰相们执法断事，参议得失。第二年，杜如晦任兵部尚书检校侍中，并兼管吏部，不久又当上尚书右仆射。上述几个人中，长孙无忌是唐太宗的妻兄，高士廉是长孙无忌的舅父，房玄龄和杜如晦则均属于原秦王府的心腹之臣。贞观时期，尤其是初期，房、杜二人共掌朝政，当时的政治体制、官制和典章制度都由他俩制定，在当时享有极高的声望，被人们称为"房杜时代"，就政治格局而言，可以说当时实行的是"房杜体制"。而魏徵在上层政治圈内，面对着皇亲国戚和李世民的秦王府旧部，面对所谓的"房杜体制"，他只有自愧弗如，徒生艳羡而已，在政治角力较量中是没有多大能量的。大致上，他除了在朝廷上发发议论，讲讲君道王制以动圣上的视听之外，就只有在尚书省里秉承首长们的指示，办理一些兵、刑、工三部的例行公事而已，不可能再有什么作为。王珪和魏徵一样，也属于原来的太子李建成手下的东宫官，但到了贞观年间，蒙受的提拔晋用也跟魏徵有所区别，并不同步。贞观元年，李世民即位之初，王珪就以黄门侍郎的清贵要职参与朝政，进入到中央上层圈子中了。第二年，就被提拔为门下侍中，成为门下省的首长，跻身宰相的行列，而魏徵直到贞观三年才开始参与朝政，但职务只是一个秘书监。迟至贞观七年，才爬上门下侍中的位置，总算过了把正式宰相的瘾。这些事实证明了唐太宗对待王、魏二人并不一样，而是有所轩轾的，即对王珪的重用超过了魏徵，这可能与王珪的出身要比魏徵高贵、过去的官职也要比魏徵高级一些有关。魏徵在贞观朝经历了长达七年之久的考验，才进入上层最高权力集团，这对任何人来说，都是难熬的。对这种漫长考验的感受有过之而无不及的人，在贞观年间就只有褚遂良了。褚遂良也是唐代名相，但他也是个大器晚成的贞观大臣，一个在隋末就担任过秦州都督府铠曹参军的文武全才，而且有当秦王府学士的父亲褚亮这层特殊的背景，却迟迟等到贞观十八年才当上黄门侍郎，开始"参综朝政"，贞观二十二年，老态龙钟的他，才当上中书令，尝到了做宰相的滋味！

再从魏徵初进宰相班子时整个宰相班子的阵容情况来看，他的处境也很不利。当时房玄龄任尚书左仆射（第一宰相）已达四年之久，而

忠谏人生

魏徵

且地位十分稳固，威望正如日中天；右仆射是李靖，他在李渊攻克长安之初几乎被斩首，全靠李世民再三求情免死，才保全了性命，所以被李世民召入秦王幕府后，诚心竭力，成为李世民打天下南征北战时最得力的军事指挥家，他与李世民这种深厚的恩情旧谊的缘分，使他能够毫不费力地在贞观二年就以刑部尚书的本官兼任中书令，迅速进入最高权力圈。得以参与朝政的还有右卫大将军、兵部尚书侯君集，检校吏部尚书戴胄，前者在李世民当秦王时，就早已被引入幕府，数次南征北战，渐蒙恩遇。玄武门之变，他是策划者和核心参与者之一，所以贞观四年就能进入宰相班子；后者前文已经做过交代，先后担任过兵部郎中、大理少卿、尚书左丞、兵部尚书、吏部尚书等要职，一步一个台阶，贞观四年时也踏进了宰相的厅堂。以上几人在贞观以前都同李世民有特殊关系，都有特殊背景和深厚政治资历，而且没有什么政治嫌疑，皇帝对他们的信任和重用都超过了魏徵。

在"房杜体制"时期，房玄龄一直任左仆射，杜如晦则担任右仆射，杜如晦贞观四年去世，由李靖接替这一职务达五年之久。后来温彦博继任二年，接任者为高士廉。直到魏徵去世那年（贞观十七年），仍然是房玄龄当左仆射，高士廉当右仆射，而魏徵一生都始终没能当过仆射之职。"房杜体制"即使是在杜如晦英年早逝的情况下，也没有变成"房魏体制"，就充分证明了一个事实：魏徵在贞观朝的实权一直不能与房玄龄、李靖、高士廉等人相比，更无法与长孙无忌等人相提并论了。大致从贞观七年任侍中后，他在政事堂会议上的发言权才稍有改善。

可以从贞观七年魏徵拜侍中时，诸位宰相的年龄上考察一下当时的情景。这一年魏徵54岁，唐太宗37岁，房玄龄55岁，萧瑀60岁，李靖63岁，高士廉58岁，长孙无忌的年龄无法考证。从上述可知的几位宰相的年龄上看，魏徵比唐太宗大17岁，太宗把他做师傅看待也是合情合理的。但与其他人相比，除房玄龄的年纪与魏徵不相上下之外，其他都长于魏徵，少则5岁，多则9岁，所以他在政事堂议政时，不免显得年轻资浅，更比不上皇亲国戚、秦王旧属。因此，魏徵发挥的作用，多见于同唐太宗的问对、议论中，而他在政事堂、门下省的作为却很少被史籍所记载。这恐怕不是出于史臣的疏忽，而是有其具体原因的。魏徵任侍中之初，本来对他是一件莫大的喜事，但他却以眼力不佳为由，数次要求辞去这来之不易的宰相之位，而且还当面向唐太宗提出辞职的申请。这到底是怎么回事呢？是魏徵由衷地不想当侍中吗？是他的眼睛果真有疾病，健康方面的欠佳导致他工作受到影响了吗？为什么要一逊再逊地辞却侍中的官职呢？《旧唐书·魏徵传》中有几句话道破了个中奥秘："征自以无功于国，徒以辩说，遂参帷幄，深惧满盈，后以目疾频表逊位。"魏徵感到在唐朝立国、平定天下时没有什么战功，在玄武门之变的转换之际也没有任何功绩可言，光靠几条建议，说一些话就进入最高权力层，他的心是不踏实的，底气也不足，勉强进入由开国元勋、秦府旧属和士族达官、皇亲国戚组成的这个公卿集团，注定要被见外。所以魏徵深深感受到他不配坐在这一位置上，这把宰相椅子绝对不是那么好坐的，坐了，就要准备迎接挑战，准备应付各种压力，准备为此付出代价，魏徵没有信心，于是，他害怕了，恐惧了，一种无法排除的孤独和自卑，令他退却和逃遁。魏徵变成如此表现，唐太宗是应该负主要责任的。君臣之间合作了七年之久，依然让魏徵时时痛感身是客，无法与皇上及一班同僚达到水乳交融的境界，这并非纯因魏徵过于敏感，疑神疑鬼，而是真真切切地存在着他与唐太宗及秦府旧属们之间的无法克服的心理隔阂和身份障碍。尽管唐太宗从理性上认识到君臣之间应以诚信相处，号召大家不计前嫌，精诚团结；魏徵在口头上也经常强调君臣之间不应存疑忌和芥蒂，而事实上双方并不可能完全做得到。双方疑忌之事是根除不掉的，魏徵的身份和昔日的经历，在唐太宗心头，总是一团永远抹不去的阴影。在玄武门之变中夺得皇位的唐太宗，清醒地知道，他在政变中能够制胜的重要原因就是秦王府的文武心腹们能精诚团结，所以，对魏徵并不能完全信任和重用，是符合情理的。

　　唐太宗与魏徵之间一直存在的这种戒惧之心，有时便很自然而然地

062

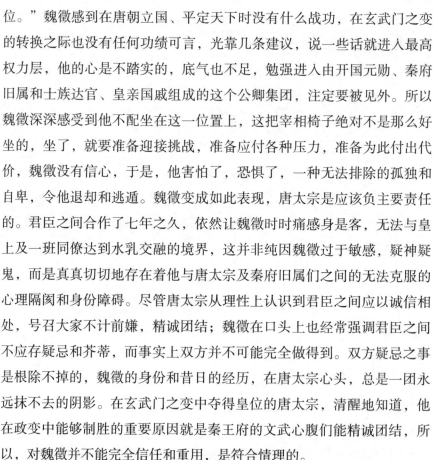

忠谏人生

魏徵

魏徵书法

暴露出来，甚至还出现过相当紧张的情景。例如太宗曾向皇后吐露过想杀掉魏徵的念头，幸亏皇后巧为劝解，才使魏徵化险为夷。还有一件使君臣关系险些彻底恶化的事情，却鲜为人知，不妨在此简略介绍一下。

据《魏郑公谏录》卷5《太宗移旧阁》篇中记载：唐太宗正在移建一座旧阁，魏徵认为欠妥，太宗却以为这是在"谤我作望陵台"，魏徵其实是觉得此项工程用十车铜，不免奢侈浪费一些。唐太宗却在盛怒之下，对魏徵产生了敌对思想。他的这种看法不仅没有在事后消除，甚至跟另外的大臣杜正伦谈及，性质显得很不简单了，他说："魏徵与我的关系，并不是原来秦王府旧部下的那种老关系，是我从罪犯中把他赦免出来，给他出路，送他富贵前程的。我只不过看在他能够谏净，所以对他如此之好。可他却不知天高地厚，自以为是个什么东西！照他那想法，好像国家不重用他，这国家就不好；我不听他的，我就不讲道理！自古以来的贤君明王，没有魏徵，也照样创造出太平之世。我今天难道少了他魏徵，天下就没有了？"看来，只要遇到不愉快的时候，唐太宗就要揭魏徵的老底，撕他的伤疤，把魏徵在历史上做过降虏、当过东宫党人的经历不时挂在嘴上。上述这件因移建一座旧阁而引起的龃龉，发生在约贞观十七年间，经过那么长时间的相处，唐太宗还没能根本扭转对魏徵的疑防态度，可见玄武门之变时的阵营关系仍然像永不消逝的魔障，存留在唐太宗的记忆之中。魏徵终其一生始终没能掌握国家政务大权，恐怕就是由于君臣间的这种特殊关系所致。

魏徵传说之救秦琼和秦王

忠谏人生

魏徵

在贾家楼结拜的四十六位弟兄中，秦琼最尊敬和崇拜的就是大哥魏徵。这是为什么呢？一是魏徵年岁大，学问多，为人忠厚，二是在秦琼危难时魏徵救过他的性命。

秦琼在单家庄卖马以后，带着行李，出了东门，上了通往山东的大道。恰巧这天又是刮的东南风，虽说不大，可是正迎着风头，走出约有几里地远，就觉得胸口堵得慌，肚子里一阵一阵地拧着劲儿地疼，说不出来地难受。他见大道前边北下坎，坐北朝南有一座道观，打算奔到道观的台阶上，歇息歇息再走。谁知这时肚子疼得更加厉害，简直连腿都迈不开了。他紧咬牙关，往下沉住气一步一步地蹭到道观的跟前，上了台阶，刚要转身坐下，就觉得眼前一黑，一阵头晕耳鸣，往前一栽，昏了过去。

正巧，观内有一个小道士出来打水，打开观门，见有一个人倒在观前，只见此人二目无光，牙关紧闭，不省人事，便连忙跑到里面，报知了这座道观的观主。观主出来，走上前去，拉过秦琼的手腕摸了摸，说："赶紧把人抬进观去，还能有救，不然就危险了！"三个道士连忙把秦琼抬进观内，放在一个床铺上，把他的双铜卸下来，解了十字袢。观主找出银针，在他的人中、足三里等穴位连扎几针，就听秦琼"哎哟"了一声，一挪身倒在床边，一阵呕吐，吐出了好些个积食，这时方才有了知觉。秦琼微睁两眼一看，就见跟前站着一位中年道士，旁边还有几个小道士，这才恍恍惚惚地想起来，自己是要到观前台阶上坐下歇息，以后就不省人事了。如今自己已经躺在屋中的床铺上，明白这是被搭救了，心想向道士们道谢，可就是说不出话来。

中年道士说："朋友，现在你觉得怎么样了？"秦琼微睁着两眼，只是摇头。中年道士又诊了一次脉，对身旁的小道士说："不要紧了，此人已有救了。这些银针刺下去，经络已经流通，不会再有更大的危险。你们去煎一杯金银花汤，再到后堂取两粒藿香正气丸，赶紧拿来。"小道士答应了一声出去，不一会儿，全部取来。中年道士把丸药用汤药调开，让秦琼吃了，就退出屋来，只留下一个小道士在旁边守护。

秦琼躺在床上，迷迷糊糊地睡熟了，他这一觉直睡到夜晚定更以后才醒过来。旁边坐着的那位小道士，一瞧秦琼醒了，忙问："施主，你睡醒了，身体觉得怎么样啊？"

"哎哟！我身上酸软无力，一动也动不了啦！"秦琼回答道。

"不要紧，我去请师父来，再给您看一看。"说着小道士出去，工夫不大，便同中年道士一起进来。

"请问施主，你现在觉着怎么样？"中年道士问。

"多承观主搭救，现在我心里倒是松快多了，就是周身酸软，不能动弹。"

"施主不用着急，我慢慢地给你调治，你就在观内养病吧。听你的口音不像是本地人，请问施主尊姓大名，家住在哪里？为了何事到了潞州呢？"

"小可姓秦名琼，表字叔宝，乃山东济南府历城县人氏。去潞州办案，被困在天堂县，落得当锏卖马，只因路赶得急，病倒此地。"

"哎呀！原来是山东好汉秦叔宝啊，贫道失敬了！这屋里肮脏，快请到后面鹤轩内歇息养病吧！"

"多蒙道长搭救，真是感激不尽，不必再打搅了！"

中年道士忙过来搀扶秦琼，说："久仰英雄大名，今日有缘得会，实是三生有幸。您不要客气啦，请到后面养病吧。"

"观主如此厚待小可，真叫我无话可说了！请问道长贵姓？哪里人氏？"

　　"贫道姓魏，名征，字玄成，钜鹿下曲阳人氏。"魏征说完，和小道士一起，左右搀扶着秦琼，来到后面鹤轩的东侧里屋，把秦琼扶到床铺上躺下，说，"你先歇息，明天再谈。"魏征又叫小道士把秦琼的物件、行囊，一齐拿了过来，这师徒二人才退出了东里间，自去安歇。

　　到了第二天，魏征过来，又给秦琼调理病症。秦琼的这一场病虽说闹得不轻，可是一来因为他正年轻力壮，二来这个病不过是个风寒感冒，来势虽猛，却不要紧，再加上魏征医术高明，精心护理，只调治了三天，秦琼的病就好了五六成，已能够对付着下床行动。十日后，秦琼病就痊愈了。

　　后来，他们成了生死弟兄，干了不少惊天动地的大事。

　　据说，在晋州魏征祠大殿的墙上，有这样一幅画：魏征骑在一匹马上，秦王李世民向他磕头施礼，俩眼睛还不住地往下掉眼泪。秦王为什么要给魏征磕头下跪呢？原来，魏征是李世民的救命恩人。

　　隋朝末年，李世民和李密打仗，一天，李世民单人独骑，想偷看敌营，不料中了李密的埋伏，连人带马被活捉，押往李密帅帐。

　　那时节，魏征就在李密帐前听令，他得知秦王李世民被捉，不由得大吃一惊。他暗想：这个李世民可不同于一般的人，他文武双全，待人宽厚，往后准能开创大业！要是落在李密的手里，身遭杀害，实在可惜呀！不行，我得想办法搭救他！魏征想到这里，便急急忙忙地向帅帐走去。

　　魏征刚进帅帐，正赶上李密喝令武士把李世民推出去斩首，他紧走几步，上前阻拦说："元帅！眼下杀了李世民，不是上策，可能会由此招来大祸呀！"

　　李密一听就不耐烦，扭了扭脖子，把嘴一撇说："哼！杀个李世民，天还能塌下来？"

　　"凡事要连起来看，李世民的父亲李渊在长安称帝，他手下的谋臣

忠谏人生

魏征

虎将一个赛过一个，要知道了他心爱的儿子死在元帅手里，还能不调动百万兵马，以死相拼？从眼下元帅的兵力看，恐怕很难抵挡啊！"

"那也不能把他给放喽！"

"不放就关押起来，再派人给李渊下书，他要是肯投降，就放李世民回去；不肯，就让他做个人质，那李渊也就不敢再派兵来攻打咱们了。"

李密觉得魏徵说的在理儿，就把李世民押进了南牢。

当天夜晚，魏徵带了酒肉，偷偷地来到南牢，用银两买通了看牢的，走了进去。李世民见魏徵到来，赶紧磕头说："先生，多亏你在帅帐相救，我才免遭一死。"

魏徵连忙扶起秦王，说："秦王不要这样，我家元帅不知秦王英明，委屈你了。我特意备些酒菜，请秦王饮用。"

李世民一天都没有吃喝了，见到酒菜，也顾不得多说感激的话，就连喝带吃起来。魏徵回到自己的营帐，躺在床上，翻过来倒过去怎么也睡不着，琢磨着想个什么好法子搭救秦王。

就在这时，一位军校来报，说是魏王李密令他向各营传诏，实行大赦。魏徵接过诏书一看，见那上面写的大意是：因为大胜李世民，又喜添了太子，讨个吉利，大赦天下，除人命强盗的重案以外，其余都赦，最后一句是"不赦南牢李世民"。

魏徵一看赦诏，一时不知怎么办才好。这时候，一个贴身的小校在他耳边说："先生，要救秦王，只有从诏书的字上做文章啦！"

一句话提醒了梦中人。魏徵从小就苦读经书，擅长书法，要改个字体，那是手到擒来的事。他反复看着诏书，嘴里不住地小声念着："不赦南牢李世民！"这"不赦"……魏徵一下子有了主意，提起笔，将"不"字改成了"本"字，立即让贴身小校备好了三匹马，直奔南牢。

看守南牢的士兵见有李密的赦诏，就打开牢门，放出了李世民，三个人一起上马，奔出了大营。在路上，贴身小校把魏徵改诏一事告诉了李世民，秦王立即翻身下马，给魏徵施礼，魏徵也急忙翻身下马，两个人说了一阵子，才分了手。

到后来，李世民当了皇帝，就把魏徵请进朝廷，封了个宰相。魏徵去世后，家乡人们给他修祠堂，就把魏徵改诏救秦王的事画在墙上。

忠谏人生

魏徵

第 四 章

贞观年间辅唐皇

唐初贞观之治二十三年间太平盛世的出现可以说是唐太宗李世民和他的臣子们联手打造的结果，魏徵更是喜逢知己之主，于是竭诚辅佐，知无不言，言无不尽，为贞观之治立下了汗马功劳。

教化问题占上风

李世民即位后于第二年（627）改年号为"贞观"，对全国统治达二十三年之久，直到去世，"贞观"的年号一直没变。在这二十多年的时间里，唐朝在各方面取得了显著的成就，成为中国封建社会历史上的一段黄金盛世。历代人对太宗这一统治时期的政绩和功业大加赞颂，称之为"贞观之治"。导致这一局面出现的原因是多方面的，既有赖于唐太宗的英明领导，也有赖于无数臣民的共同努力，"贞观之治"是当时君臣齐心协力、精诚合作的产物。唐太宗对贞观之治的贡献当然是极其巨大的，他是当时上演这出精彩大戏的头号主角，历来获得的赞誉已经够多了。但是，贞观群臣也都在给唐太宗做配角，都以不同的身份，在不同的岗位上，以不同的方式和表现，替唐太宗出着力、操着心。他们像一群称职而又尽心卖力的演员，与唐太宗共同将贞观之治这幕历史剧演得非常精彩，并获得巨大成功。而从贞观元年到贞观十七年，魏徵以谏臣的身份，向太宗提出了大量的建议和意见，发表了许多言论，从而构成了魏徵的学说和思想体系，也形成了唐太宗时期的国策和路线。

魏徵在"玄武门之变"后，是以东宫党人的罪犯身份出现在唐太宗面前的。好不容易得到唐太宗的宽恕和原谅，但原秦王府旧部中的许多人却不原谅他，像魏徵这种昔日的敌人，如今在新政权里，本应是战战兢兢服从指挥，老老实实地做人，可他刚被任命为詹事主簿、谏议大夫这点儿芝麻大的小官，就不知天高地厚，在奉命宣慰山东时，竟敢擅自做主，私放李建成党羽，回京后不但没有受到处理，反而通过一番花言巧语，博得皇上的表扬和赞许，这真是太不像话了！可是，尽管那班秦府旧属愤愤不平，但因为有唐太宗的肯定，他们也只好憋住这口恶

忠谏人生

魏徵

气，隐忍在胸，没有拿魏徵来发泄。魏徵并没有在乎朝中人们的心情和态度，他的确有些旁若无人，一涉及真理与谬误、大是与大非时，他就顾不上自己的身份和地位，按捺不住自己的秉性，定要挺身上前，争个高低，辩个究竟。例如，唐太宗刚即位的时候，召开了一次朝廷百僚大会，会议议程之一是讨论"教化"问题，即经过十年大乱之后一个百业凋敝、万户残破的社会如何治理和振兴，这种社会状况之下的人民该如何去统治。对此，唐太宗当时也是心中没有一个底儿，信心很是不足。魏徵针对唐太宗的忧虑和担心，提出了自己的看法："长期处于和平安定社会中的人民，容易生出骄狂和怠慢，这样就不好去教育和管理了，遭受过战乱的人民，愁苦不堪，发愁吃苦的人最向往和平安定，所以最听话，最容易教育和管理。因而大乱之后治理国家，就像饿极了的人渴望吃东西一样，来得更快、更自觉。"唐太宗认为很有道理，但却认为："善人治理国家也要经过百八年的工夫，况且在今日？"魏徵不同意，他认为："圣明地治理国家，就像声音立即有回响一样，一年之内必可见到效果，三年见到成绩都太晚了，哪用百年？"当时的宰相封德彝认为魏徵在吹牛，唱高调，劝唐太宗不要听他的话。封德彝认为："自古以来，一直到今，人一天比一天变得奸诈，秦朝想用严刑峻法，汉朝想用霸王之道，都想把人心收拾过来，但都没有成功，要是能够教化过来，他们难道不想去教化吗？魏徵只是一介书生，不识时务，妄谈高调，若听从他的说法，国家必败。"魏徵不顾地位的悬殊，不被宰相的高位吓退，针锋相对地质问封德彝："古代黄帝征蚩尤，高阳征九黎，汤伐夏桀，武王伐纣，都能达到天下大治，他们哪一个不是在天下大乱之时创造出大治社会的？如果按照封大人的论调，人心今不如昔，一天比一天变坏，那么今天的人民都可以成为魔鬼了，还谈什么治理国家呢？现在的问题是采用什么办法治理国家，而不是人民能不能教化和治理。"由于唐太宗采纳了魏徵的意见，几年之后，收到了预期的效果。关于教化问题的讨论，具有非常重大的意义，其结论被唐太宗作为贞观时期制定国策的理论基础，对数十年的全国大政方针产生了不可估量的影响。

当然，魏徵并不是单靠这次关于教化问题的讨论中的一席发言，就轻而易举地占了上风，打动了皇上的。魏徵在此之前，就曾殚精竭虑地为大唐帝国的立国之本和统治政策的制定，做了大量的理论准备和思想建设工作。这种准备工作也绝不是自"玄武门之变"以后才开始的，据史料记载："征亦喜逢知己之主，思竭其用，知无不言。太宗尝劳之曰：'卿所陈谏，前后二百余事，非卿至诚奉国，何能若是？'其年，迁尚书右丞。"（《旧唐书·魏徵传》）"使还，帝悦，日益亲，或引至卧内，访天下事。征亦自以不世遇，乃展尽底蕴无所隐，凡二百余奏，无不剀切当帝心者。由是拜尚书右丞，兼谏议大夫。"

三类人的不满和嫉妒

由于魏徵越来越受到唐太宗的信任，很快就遭到了一些大臣的不满和嫉妒。魏徵不但在关于教化问题辩论中成了得胜者，又在有关以威刑肃天下的大政方针的讨论中，以否定的态度，推翻了以威刑为主统治人民的主张，提出应推行爱民厚俗的王政。唐太宗再一次站在魏徵一边，同意了他的主张。

那些像封德彝一样持不同政见者，对小小的魏徵如此锋芒毕露，咄咄逼人，早已心存不快，如今几次三番，恃宠放肆，据理力驳，挫败大臣的建议，顶回上司的计划，更是引起许多人的怨恨。魏徵这个人真的应了"大智若愚"的成语，他在政治上的大智大慧，对国家兴亡和社会盛衰的远见卓识，使历史早就公认了他无愧于"大政治家"的称号。可就是这个精通政治的大家，却对于政治圈子里的小气候、小手段、小伎俩、小纠葛、小阴谋等，是那样的一窍不通，有时甚至到了傻乎乎的程度。他不会察言观色，不会见风使舵，不会阿谀逢迎，不会拉帮结派，不会投机取巧，不会两面三刀，不会欺上瞒下，不会防嫌避忌，不会明哲保身……他的现实表现，一点儿也不像个政客，而是一个地地道道的书生！他的书生气其实是有家庭传统的，甚至有些遗传因素在里面，魏徵的少年不事生业，读书兴趣大，又不是潜心儒学，钻研一经，而是多所通涉，泛读典籍，尤其是喜欢研究纵横之术，说明他落拓不群，志向甚高，理想成分很重。他的青少年时期的突出表现，就是总把学问当成政治，而一旦投入政治，他又以执着的秉性去探索政治的真谛，而忘却自己身处俗世和人事的复杂纷扰，甚至不顾个人的得失成败，一味地把政治当成学问去对待。这种在追求理想、抒发志向时把学问当成政治，在面临现实、对待事业时又把政治当成学问的表现，是魏徵富有浓厚的书生气的典型反映。不独魏徵，中国传统的知识分子本性莫不如此，自古至今，概不例外！

魏徵的这种不拘小节的性格，不顾嫌疑的磊落行为，唐太宗是理解的，欣赏的，但并不是所有的人都理解，都欣赏。他由一个有罪的前太子党人一跃而成为尚书右丞，一下变成能够经常出入皇上寝宫卧内的宠信之臣，成了唐太宗几天不见就有点想念的有分量的大红人，至少导致了三个方面的人心中不快和不满。

一类人是封德彝之辈，这种人阴险狡诈，诡计多端，早在隋朝廷做官时，就以会耍诡计、玩手段而著称。封德彝这样的人谈不上什么仁义信用，而只是靠熟悉前朝典章制度、精通官场人事和文章而进入唐朝高层权力集团，但在唐太宗即位后没有做出什么显著成就和建树，全靠善于逢迎主上、倾轧同僚而保住地位。他在朝堂上的观点遭到魏徵的驳斥，一个高高在上的宰相竟败在小人物魏徵的手上，焉有不痛恨之理？好在封德彝也不是唐太宗的旧部亲信，而且在上层人物中人缘极差，况且行将就木，日薄西山，是李世民将要遗弃的无用元老，所以他对魏徵还构不成多大的麻烦和威胁。

另一类人就是原秦王府旧属诸大臣，他们当中主要人物是房玄龄、杜如晦、长孙无忌、高士廉、尉迟敬德、程知节、褚亮、虞世南等一大批文武旧部。唐太宗刚即帝位不久，房玄龄就作为这批人的代表，向唐太宗提意见："秦王府老部下中许多没有被提拔升迁的人，都充满了牢骚埋怨之情，说他们侍奉在皇上左右那么多年了，出生入死，肝脑涂地，坚定不二，忠心耿耿。如今安排官职，却还比不上前太子宫和齐王府里的人，真让人寒心，大家心里确实想不通啊！"这里所指的原太子宫和齐王府旧党，显然包括了魏徵、王珪、韦挺等人。原秦王府旧属诸人认为他们才是唐太宗的嫡系，是名正言顺的政权接管者，是有充足理由享受高官厚禄的。不料唐太宗对人事的安排并没有像他们所想的那样，纯粹地按一朝天子一朝臣的思路去做，并没有全用旧部，尽除异己，而是酌情而定，适当地闲置了一批自己过去的忠诚部属，而大胆提拔任用一些从前的"敌对""异己"人物。政权班子的组建和人事组织的安排历来是政治性最强、最敏感的问题，是一切人最为关注的重中之重。唐太宗不仅留用了魏徵等人，而且还日益信任和重视，那些在新政权建立后即被闲置和冷落的人，自然把对老主子李世民的埋怨和不满转移到魏徵等人的身上，并且由埋怨和不满激化成为愤怒和仇恨，要不是有唐太宗的出面解释和极力维持，秦王府那帮老部下早就将魏徵等人赶出京城，甚至会动手把他们一刀劈成几段！

唐太宗是不会让自己的昔日嫡系部下们过分放肆的，他深谙人君驭人之术，往日的功臣，不能让他们过分抱成一团，形成一个无法驾驭的势力，而是要采取适当的抑制政策，削弱他们在新政权中的比重；对于昔日的敌对势力和异己力量，则尽可能施以恩惠，示以宽大，适当吸收一些德才兼备的有用之士，来弱化或消除敌对势力对新政权的仇视和疑虑，尽可能团结一切能够团结的人，尽可能化不利因素为有利因素。况且将这样的人引进一些到新政权里，还可以起到抵制老部下和心腹嫡系力量的作用，以达到权力平衡，由皇帝自由调节和控制的目的。

当然，唐太宗内心所想是一回事，却不能实话实说，嘴巴上讲出来的话，必须冠冕堂皇："君王岂须至公无私，才能让天下人心悦诚服。朕和你们每天所吃的饭，都是人民给的。设官分职，都是为了人

忠谏人生

魏徵

民，本应选择贤才而任用，岂能够以是否嫡系，是否老部下而分先后主次呢？如果是德才兼备的贤人，哪怕没有背景我也要任用，若没有什么本领又无德行，哪怕是我的老关系，也不能提拔重用他。今天，你们不管人本身德才行不行，只看到过去的部下没有被重用就牢骚满腹、埋怨不已，这还成什么体统？你们还考虑到国家的利益吗？"

第三类人是一些皇亲贵戚，也不满魏徵的"小人得志"。比如唐太宗的叔父淮安王李神通，不但看不惯魏徵这类在打江山、建立国家的过程中一天仗都没打过的一介书生，甚至连唐太宗最重要的谋臣和

魏徵与唐太宗

心腹房玄龄、杜如晦等重臣也瞧不起。当唐太宗登上帝位，大封功臣之时，李神通就当着文武百官的面向唐太宗提意见，对功臣的排列先后和功勋的大小评定提出反对性看法："臣举兵关西，首应义旗，今房玄龄、杜如晦等人专弄刀笔，功居臣上，臣窃不服。"魏徵连争功的资格都没有，李神通自然更不把他放在眼里。可是，短短几个月之后，情况竟发生这样大的变化，昨天还在开国功臣中连名字都找不着的魏徵，今天却可以人模人样地在朝堂与宰相争辩国家大事，甚至能够在皇上面前昂首挺胸，侃侃而谈，敢对国家大政方针指手画脚、评头品足，而像自己这样尊贵无比的皇叔、昔日浴血奋战的开国元勋，却遭到了皇上的冷落，在国家的大是大非上，根本没让自己参与讨论和发表意见。难道居功至伟、亲贵威严的王爷竟比不上一个尚书右丞？真是岂有此理！

拉帮结派案

　　三股源流不同的汹汹之水，一齐向魏徵涌来。可淳朴无邪的魏徵依旧在干他想干的事，丝毫未理会这些来自暗处的算计和陷害。自己刚刚在政坛站稳脚跟，几道谏疏被唐太宗欣然采纳了，他就抑制不住兴奋之情，开始拿出以天下为己任的架势，知无不言、言无不尽地尽情敞开心扉，向皇上袒露自己的一切，甚至还越俎代庖，不顾自己的官位低微，向皇上荐举起人才来了。贞观元年，他上表极力推荐杜正伦，认为这个人古今难匹，是个栋梁之材。唐太宗同意魏徵的推荐，立即任命杜正伦为兵部员外郎。那些早就恨着魏徵的人，见魏徵竟然干预起朝廷的用人大权，就再也坐不住了，于是他们寻找借口，认为魏徵是在为亲戚谋私，为了拉帮结派，树立朋党，向唐太宗奏了魏徵一本。唐太宗闻奏大怒，急忙责成最高监察官御史大夫温彦博专门调查处理魏徵一案。这温彦博是温大雅的弟弟，隋末时期就与兄长温大雅一样在士大夫中间享有盛名，被认为是未来宰相之才。隋末大乱后，曾当过罗艺的总管府司马，因为劝罗艺归唐有功，入唐后被唐高祖任命为幽州总管府长史，没过多久就调到长安，当上中书侍郎，封为河西郡公。随后在与突厥的一次战争中，兵败被俘，留在阴山沙漠达数年之久，直到唐太宗即位后，才回归朝廷，当上了吏部侍郎，在考校和任免官吏的过程中，办事不太公道，无数官员不服，经常在吏部衙门与人大吵大闹。温彦博恰恰是个能争善辩会吵架的人，与人争吵不休，在朝廷大臣中留下很坏的印象。唐太宗把魏徵的案子交给温彦博负责，他能够处理得好吗？果然，温彦博煞有介事地调查一番，自然毫无结果，杜正伦与魏徵属八竿子也打不着的关系，根本没有亲戚关系；再从政治背景上面，杜正伦原属秦王府

忠谏人生

文学馆的学士，与前太子党人、齐王府旧部也没有半点瓜葛，所以，说魏徵荐举杜正伦是"阿党亲戚"，完全没有任何证据，纯属造谣诬陷。可是温彦博与那帮暗恨魏徵的人一样，对魏徵也有一种难以言状的抵触和反感，可能是出于文人相轻的陋性，自己早在隋末已是文名满天下，那时谁认得你魏徵这个内黄县的乡巴佬？如今凭几篇奏议论疏就打动了皇上，不知天高地厚地大发议论，胆敢指点江山，评点国是，连封德彝这样的老前辈也敢顶撞，真是个狂妄之徒！也可能是出自同僚的嫉妒之心，尽管自己从年龄、资历和当前的地位上看，本没有必要去嫉妒各方面都不如自己的人，但他还是出于一种从骨子里轻蔑魏徵的偏见，看不惯魏徵的得志。因为魏徵不是出身于士族显宦之家，也没有值得炫耀的功名和声誉，没有卓著的功绩，单靠一张嘴一支笔，轻而易举地获得了机遇，太便宜他了。不煞一煞他的傲气，灭一灭他的狂妄，他更不知道自己姓什么了！于是，温彦博在无法抓住魏徵的任何把柄的遗憾之余，仍不依不饶向皇帝奏了一本：魏徵虽然没有"阿党亲戚"的确凿证据，但他为人处世"不存形迹"，是非常错误的，望皇上仍然要对他严加处理。

　　"不存形迹"是什么意思呢？用如今的话来解释，就是不顾忌自己的言行，不注意影响，即使没犯什么错误和罪过，但是为人处世不考虑分寸，惹得别人有想法、有意见，所以，仍应看作一种毛病、一种缺点，甚至是不能容忍的错误！说穿了，用"不存形迹"来攻击魏徵，是对魏徵怀有仇嫉的人阴暗心理的典型表现，找不到真凭实据，就捕风捉影；连风影都捕捉不到，就只好用莫须有的东西来攻击，达到泄愤解恨的目的。可是，就是这样一种无中生有、生编硬造出来的"罪名"，竟然能堂而皇之地写进了对魏徵的调查结论里，而且竟然对唐太宗产生了影响。尽管唐太宗也发觉出这种结论的无聊和荒唐，但抵挡不住众口一词，群言汹汹，尽管他明知对魏徵有些委屈、冤枉、不公正，却依然迫不得已地在奏本上大笔一批：希望魏卿今后要注意形迹，并且指定由温彦博去对魏徵进行批评教育。魏徵见唐太宗的表态和批示，不禁大为惊诧和难过。其他任何大臣官员，对他误解也好，不满也罢，甚至因仇恨和愤怒对他诬蔑、诽谤、罗织罪名，他都可以不去计较，不去理会，都可以泰然处之，从容受之。可是唐太宗竟然也表达了同样的态度，明令自己从今往后不得不存形迹，这可让魏徵受不了。身为皇上，口衔天宪，万岁爷一句话，就是亿兆臣民不可违抗的天条呀！连你也不辨是非，照着别有用心的佞臣的话，依样画葫芦地指责我"不存形迹"，性质就大不相同了。我到底犯了哪一条哪一款？凭什么要忍受这莫须有的罪名？这种冤屈再不辨明伸吁，我还真的就这样莫名其妙地变成了犯错的人了！况且，某些臣僚居心不良，执法不公，办事不当，尚可容忍，不去计较，因为影响有限，危害不大。倘若是皇上苟且因循、不辨是非、言有疏忽、行有闪失，却事关重大，非同小可了！皇上对我下了如此的结论，作为个人来讲，牺牲些名声，损失些体面，背负些委屈，承受些冤枉，经些打击和磨难，甚至丢官去职、身陷囹圄，我都可以认了，都可以不在乎，不吱声。可是，这样做，分明已不只是我魏徵个人是非荣辱的问题，而是关系到一个国家、一个君王如何分辨忠贤、判断是非的问题，关系到天下臣民行为规范的趋向和标准，关系到到底要提倡什么样的工作作风、办事原则、做人标准和社会风气的问题。因此，魏徵不能无声隐忍，他要向皇帝亮明自己的看法，他也同样要求皇帝就此事给个说法，将这一切的大是大非搞个清清楚楚、明明白白！

没过几天，魏徵等到了一个人见唐太宗的机会，果真就此问题向皇上开展了论战。他开门见山地亮明了自己的观点："臣听说过君和臣之间要想协调默契，必须有共同的思想和感情这样的道理。要是君臣之间、上下之间，不顾国家利益，不讲大是大非，而只注意形迹，都时刻考虑什么分寸、影响，老想着每做一件事，每说一句话，别人会怎么看、怎么想。长此以往，每个人必将顾虑重重，放不开手脚，又怎能全心全意、无私无畏地替国家办事效劳呢？那么，这样的局面下，国家的前途命运是何结果，是兴是亡就没办法说了。"唐太宗是何等聪明之人，他马上反应过来，说："朕已经明白了，对前几天说的话，朕已经

魏徵

感到后悔了。"说完，唐太宗便做沉痛悔过状，和颜悦色地望着魏徵，眼中还流露出期求原谅、盼望和解的神色。可倔强的魏徵却并不就此罢休，自己的心愿还没有表达完。只见他上前一步，弯腰下拜，然后满脸严肃地对唐太宗说道："希望陛下让我做个良臣，不要让我做忠臣！"听着这一字一顿的话，看着这严肃万分的脸，唐太宗不由心里一阵慌乱，一下子被搞蒙了，不禁急切地问道："做良臣、做忠臣都是好事呀！爱卿怎么说出这样的话来？难道忠臣与良臣有什么区别吗？"魏徵依然满脸深沉地郑重回答道："两者当然不一样。比如舜时的后稷、契、皋陶等人属于良臣，而像夏末的关龙逢、商末的比干等人就属于忠臣。做良臣是本人获千古美名，君王也光耀百世，君臣两全其美，子孙代代相传，福禄绵长无疆；而忠臣却不一样，靠丢性命换取忠贞成仁的名声，而他的君王必然背上大恶的臭名，而且国家终究逃不掉灭亡的命运，忠臣的名称再怎么美好，也是没有意义的。从这种角度去看，忠臣和良臣之间，相去太远了，根本就不能相提并论。"唐太宗认真地听着，并且陷入了沉思，过了好半天，他才回过神来，感慨万分地抓住魏徵的手，喃喃说："有道理，有道理，魏爱卿讲得好啊！"动情之下，竟执着魏徵的手，久久没有松开，直到魏徵起身告别时，唐太宗还依依不舍地送出宫门，并且立刻传令，赐给魏徵五百匹绢，以聊表对魏徵的感激和鼓励。

鼓励和提倡谏言

　　到了贞观二年（628），魏徵总算是在四面的夹击中艰难地挺了过来，在唐太宗创立的贞观政权中站稳了脚跟。他的观念，他的设想，他的劝告和建议，都化作唐太宗的一道道指令而顿时产生了法律化和制度化的效力。在欣喜地看到这一良好开端的同时，魏徵不禁感慨万分：

创造一个好的政治局面并且始终保持清新向上的政治空气，是多么的不容易呀！当今皇上毕竟年轻，其政治修养和社会阅历都还亟待进一步培养提高，稍一疏忽，就有反复，甚至有可怕的倒退。每当他从朝廷中走出来，在回家的路上，在深夜的油灯之下，他总会反复回顾刚刚过去的重大政局变革时期，君臣之间的各种尖锐激烈的交锋场面，有些事令他通宵难寐，彻夜不眠。例如前年的冬天，唐太宗刚刚登上皇帝大位，就"征兵"问题首次与魏徵产生了思想交流。唐太宗遣派专使招募征用兵丁，宰相封德彝的建议是：民间百姓家的"中男"（第二个儿子，非长子谓之"中男"），虽然年龄不满十八岁，但只要身体达到健康、高大、强壮的，也可以一并征用，唐太宗同意这一做法。文件从中书省拟好后，送到了门下省，准备签署通过。魏徵当时正在门下省协助这些审议文件的工作，看到这份征兵文件后，认为不妥当，坚决不肯签署发布。中书省和尚书省负责人数次前来催促他，他仍坚持自己的看法，必须做出修改后才能通过签署这一关。对方见他如此固执，便抬出皇上来，说是皇上亲自讨论后同意草拟的，凭什么滞压在你这里？魏徵却说："既然是皇上的意思，那我跟皇上去解释，把问题搞清楚后再签署也不迟。"众宰相无奈，只好向唐太宗做了汇报。唐太宗知道后，不由大怒，当即把魏徵叫去，当面责问他："中男里的高大强壮者，多数是狡猾的奸民，为了逃避兵役，都自匿不负担国家义务。如今征发他们，又有什么不对？你为什么如此固执，扣压文件？"魏徵沉着回答道："请陛下先别发火，为臣也是替国家办事，为朝廷着想。臣之所以不肯签署，也有自己的想法。兵，在于驾驭得法，而不在于数量众多。陛下选征成年健壮的人入伍，用正确的方法去管理，就足以无敌于天下，何必去强行征发未成年的小毛孩，去增加兵员的虚数呢？更严重的是，陛下经常说：'我以诚信统治天下，要让天下人民都无欺无诈。'可是自从陛下即位以来，短短时间内，已经多次说话不算数，失信于天下。"唐太宗一听，更是愕然，忙追问道："朕什么时候失信过？"魏徵说："陛下刚即位时，曾下过一道诏令：'凡是拖欠国家财物的，一

忠谏人生

魏徵

律罢免，可以不必追还。'可有关部门却照样在追查催还欠秦王府的财物，借口是秦王府的财产不是国家财产，于是追究如故。但是，陛下是以秦王升为天子，秦王府的东西已是天子的东西，王府的财产自然已成了国家的财产。既然是国家财产，就在诏令免予追究归还的范围之内。行动上照旧追究，可诏令中却宣称不予追究，这不是说话不算数吗？不是失信于天下吗？陛下又曾下过指示：'关中地区免交两年的租赋，关外地区免交一年的地租。'不久又发了一份文件，说是：'已经收过租的和已经征发过徭役的，那么免收租赋的决定就从下一年执行。'就是这样，本已不再催征的钱粮，又重新催征起来了，老百姓不能不感到奇怪和蹊跷。既然把租赋收过了，也就罢了，如今又要违背原来发出的文件，向百姓征兵，这怎么能叫作'以来年为始'呢？另外，与陛下共同治理天下的人，主要是各地的守疆大吏，和朝廷的各级官员，国家事务都委托他们去办理。为什么独独点兵这件事，就怀疑它的合理性呢？以上这些事例充分表明，陛下说话是不算数的，难道这些做法就是陛下所扬言的以诚信治天下吗？"

唐太宗听到这里，先前的怒气早已消了，代之而来的是满脸的惭愧之色。他在魏徵所列举的真实证据面前，实在是无话可说，只有由衷地服气，便坦然地说："爱卿说得对，朕完全承认从前的这些过失。以前，朕一直以为你迂腐固执，对国家的具体政务不太开窍，今天，你谈及国家大事来，头头是道，而且非常深刻、精辟，都讲到了点子上。确实，国家号令不统一就导致人民的怀疑，怀疑就难以得到人民信任，得不到人民的信任，天下百姓就不知所从，这样下去，天下怎么能达到大治？朕真是犯了大错了！"激动之余，赐给魏徵一只金瓮。

好在唐太宗是个聪明绝顶的人，更好在他还是个事业心和成就感极强的皇帝，这使得魏徵的努力没有白费，唐太宗对一个帝王所要具备的最基本的素养已经开始深刻认识到了，并且正在尽最大的努力使自己达到这一目标。他通过与魏徵的深层接触和诚恳交流，渐感到自己的不足。他人的尽忠输诚，大臣的竭力协助对自己保住这个国家，守住这个江山社稷是何等的重要。这种深刻的认识，正是他在位期间一直高度重视纳谏的思想基础。他了不起的一点就在于他对一切事情、一切人的看待标准，始终围绕着一个最根本的目的：是否有利于他统治的这个帝国长治久安。有利的，他就积极倡导、鼓励、带头实行、发扬光大；不利的，他就极力地反对、避免、带头打击，直至消灭这些不利的东西。于是，他在即位后不久，就深有感触地说过："一个人想照清楚自己的模样，就必须要一面明亮的镜子；一个帝王要想知道自己的过失和不足，就得依靠忠诚的臣下。君主若是以为自己了不起，是个圣贤，而臣下又不指点匡正，那么，要想不失败、不亡国，是不可能的。君主要是亡了国，臣下也难保住自己的身家性命。君臣的命运是联系在一起的。昔日的隋炀帝暴虐无道，大臣们全都闭口不敢说话，使得他始终听不到臣下的意见，始终不知道自己错在哪里，于是终于导致了他灭亡的下场，而像虞世基这样的大臣，也随着断送了性命。这样的沉痛教训并不遥远，如果一旦发现朕有什么不对的地方，希望诸位一定要极言规谏。"贞观元年，他又一次强调君王并不是一贯正确的上智，臣民也并不是事事不如皇帝的下愚。自己虽然在唐朝的创立和统一的过程中立下了显赫的功勋，却并不承认自己是一个没有缺点、从不犯错误的完人。例如他在这一年跟侍臣的一次谈话中就指出："好君王任用坏臣僚，不能治理好国家；好臣僚协助坏君王，也治理不好国家。只有君和臣都很好，而且互相的关系如鱼水一般地和谐，天下才可望太平。朕虽然不算英明，但有了众多好大臣的无数指点和帮助，幸亏诸位直言规谏，才能达到目前的理想局面。"在这里，他把自己等同于普通人，强调君和臣对国家的作用几乎同样重要，而一再对直言进谏的行为大加感谢和倡导。有时，他还把自己比喻为石中的玉、矿砂中的金，把进谏的人比作良工和良冶，等于承认自己需要臣下的改造和雕琢，承认臣下有比国君高明的地方。所谓琢磨、锻冶，就是指去掉玉石和金矿中的杂质而言，可见他并不认为皇帝是天生的纯玉和赤金，实际上瑕疵很多，缺点在所难免。而对于自己身上的这些缺点，又苦于不能自见，并且知道国君高高在上，

忠谏人生

深居九重，不能了解和洞察天下所有的事物，制定法律、行政理国就很有可能不符合社会实际，因而他特别强调广开言路，倾听逆耳之言，进而在制度上做出明确规定。从此以后，宰相入朝讨论国家政务时，必须要有谏官一块参加，参与讨论。谏官如果有所意见，宰相们一定要虚心听取，认真采纳分析。这里顺便介绍一下唐朝的谏官编制：左右散骑常侍共四人，负责规讽过失，侍从顾问；左右谏议大夫八人，负责谏谕得失，侍从协助；左右补阙十二人，负责供奉讽谏，大事参与朝议，小事上书言事；左右拾遗十二人，与补阙职责相同。谏官的人数如此之多，给予的权责如此之重，这是其他任何朝代都没有过的，也是自古至今任何政权都无法比拟的。

因此，在李世民的倡导和鼓励之下，贞观时期的二十多年，谏臣辈出，谏者盈庭，谏议得失成为一时之风，臣上谏，君纳谏，形成了唐太宗在位时期最大的政治特色。据不完全统计，前后向唐太宗进谏的人，有文章传世的就不下三十人，如刘洎、岑文本、马周、褚遂良、王珪、杜如晦、杜正伦、虞世南、姚思廉、韦挺、张玄素、皇甫德参、高季辅、孙伏伽、傅奕、戴胄……但综观贞观一朝，无论是从进谏的次数，还是从谏诤的深度和广度以及尖锐、激烈的程度，最著名、最主要的谏臣还是魏徵。他一人前后所谏达数百次，谏文竟达数十万言，并且皆能切中皇帝之过、国家之失，质量是相当高的，故史称"前代诤臣，一人而已"，唐太宗甚至把"贞观之治"的政绩之取得，归结为"皆魏徵之力也"。由此可以说魏徵是唐代最杰出的谏臣，是中国封建社会政治家中罕见的模范代表，是一点儿也不过分的。他对唐太宗执政时期的统治思想、基本国策和大政方针的确立和实行，起了决定性的作用。而这种作用，是通过他一系列的谏诤言论体现出来的，前后十七年的时间，魏徵的大量谏言和疏论，充分反映了他丰富和深刻的理论修养，代表了他的世界观和方法论，也说明了他对唐朝所做的贡献。

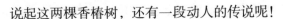

魏徵传说之香椿树

　　魏徵祠里有两棵香椿树，枝繁叶茂，顶天立地。据说这两棵树有一千多年的历史，是远近闻名的老树翁。

　　这两棵香椿树，生长在魏徵祠影壁的东西两边，相距三丈三，树身有一搂多粗；主干上向四方都伸出十枝旁干；旁枝相互交叉，像肩并肩手挽手似的，组成了一个扁圆形的大树冠，遮盖着祠堂的门楼，连接着祠堂的瓦檐。每年一到春天，两棵大树都长出了绿中泛红的叶子，每片叶子都冒出淡淡的清香，从祠里往四面八方飘散。因此，人们就给祠堂起了个"香祠"的雅号。

　　说起这两棵香椿树，还有一段动人的传说呢！

　　魏徵死后不久，皇上就下旨，尽快在晋县西关修好魏徵祠。祠堂修好后，县太爷就派人找了个勤快的老汉看护。这位老汉心好手不闲，又会养花种草，院内到处是一畦一畦的红花绿草，花草间的条条小道，都用青砖砌得平平整整，扫得干干净净。

　　有一年的春三月，老汉干完活坐着吸烟，眼珠子骨碌骨碌地望着正冲门口的影壁，觉得缺少什么似的，想了一会儿，他猛地磕掉了铜头烟锅里的烟灰，双手一拍，自言自语地说："在那里种棵香椿树，长大后这院里就有了清香味啦！"第二天是城里大集，老汉到树市去买香椿树秧，他挑了棵直溜溜的树，左瞅右看，闻闻树尖有没有香味。因为老汉没有辨别真假香椿树的能耐，他家的那棵臭椿树就是当年当香椿买回来的，因此他怕上当受骗，特别是往魏徵祠里种，如果再栽上了臭椿树，魏大人的在天之灵，是会笑话自己的。老汉闻了半天，问卖树的说："是真香椿树吗？"卖树秧的小伙子像是生气似的说："你这老头儿怎么这样不相信人，咱本乡本土的，还能卖假树吗？"老汉觉得自己说话欠思量，忙又解释说："我不是说你卖假树糊弄人，过去我上过当，错把臭椿当香椿。"小伙子一拍胸脯，笑着说："我是城南刘家庄的，叫刘二娃，家住村东口，路北大门里。"老汉一听就眉开眼笑了，他知道刘家庄又叫香椿庄，以种香椿树、培植香椿苗全县闻名，而刘家的香椿种得多，种纯树直，长得快，因此每年春天很少上市，在家里就差不多卖完。老汉想到这儿，就拍着小伙子的肩膀，说："这棵香椿树栽在魏公祠的院里，这下你小子可要积德啦！"说完，就买了树苗儿，大步流星地回到祠堂，种在影壁的东头。

不久，这棵小树就出了芽，长了叶。老汉望着成活的香椿树，捋着胡须笑了。他用鼻子挨着嫩绿的叶儿一闻，怎么没有清香味啊，再闻一闻，还是一点儿香味也没有。他赶忙跑回家去，采了几枝臭椿叶儿，和魏徵祠里的小树的枝叶一比，气味竟然完全一样！老汉跺了跺脚，长叹了一声：唉，又上当受骗了。于是，他就跑到刘家庄去找那个刘二娃，一打听，村子里根本没有叫这个名儿的人，这一下，可把老汉气坏了！回到魏徵祠，老汉冲着小树吐了几口吐沫，痛骂那个卖假香椿树的小伙子，花言巧语骗钱财，又埋怨自己有眼不识香椿树。他坐在祠堂的门槛上，一锅接一锅地吸起旱烟来，吸得他头发晕，眼发花，靠着门扇睡着了。

老汉像喝醉了酒，瞅见了那棵树，就犯了心病，于是伸手要把树拔掉。忽然，有两只大手拽住了他，老汉一看是一位慈眉善目的老人，模样很像祠堂的魏徵。老汉后退了几步，问道："你就是魏大人？"魏徵点点头，说："老乡别拔树，汗水能把臭味除，老乡别着急，小伙子还会来赶集。"说完，魏徵就腾云驾雾飞上天去了。这时，一阵清风吹醒了老汉，他揉揉双眼，定睛瞅了瞅魏徵的塑像，想到刚才做的梦，就决定听魏大人的话，集日到树市上去找那个小伙子。

再说卖树的小伙子，赶集卖树回到家里，就觉得头重脚轻，浑身无力，像散了骨头架似的，躺在炕上昏迷不醒，不能吃也不能喝。家里人

魏徵祠

忠谏人生

魏徵

四处请医求药，也治不了他的病。一天晚上，小伙子梦见魏徵祠的老头儿，拿着那棵树向他打来，打得他鼻青脸肿，这时，魏徵从天上飞来，拦住了老头儿，一瞅是魏大人驾到，才住了手，气呼呼地说："魏大人，我这辈子没跟人吵过架、打过人，只因这小伙子卖假香椿树，骗钱坑人，坏了良心！"魏徵点点头，叫老头儿快回祠堂。老头儿走后，小伙子自觉理亏，就向魏大人磕头求饶。魏徵把他扶起说："小伙子你生邪心，不该为钱糊弄人；做了错事快改正，应把臭椿变香椿！"小伙子听后，赶忙叩头谢罪，转眼间魏大人乘着祥云飞上了天。小伙子猛地站立起来，跑了几步……家里人一见他苏醒过来，都很高兴，赶忙围了过来。小伙子一瞅家人，劈头就问："魏大人哪里去了？"家里人以为是他在说胡话，问他是怎么回事，小伙子向家里的人说了自己做的梦，又说了卖假香椿树的事儿，这样，全家人才都明白了他得病的原因，就到刘家庄买了棵香椿树，在城里大集这天，送到魏徵祠，向老汉赔礼道歉后，就种在了影壁墙的西边。

祠堂老汉看到小伙子果然在集日前来认错，送来了香椿树，更觉得自己做的梦，是魏徵显了灵，于是就对这两棵树更亲了。他经常浇水，细心看管。到了夏季三伏天，三天一小水、五天一大水地担水，累得老汉大汗直流，他把汗水收集在盆里，浇在臭椿树的池里。第二年春天，臭椿就变成了香椿，而且这两棵树摽着劲儿地长。几年后，就腰粗干直地蹿过了祠堂楼脊，主干上都伸出了十枝旁干，相互交叉，并且一样粗、一样长，散发着清香，从祠堂飘向四面八方。

第 五 章

忠言纳谏无畏惧（上）

　　魏徵性格耿直，往往据理抗争，从不委曲求全。据史书统计，魏徵在职期间，向唐太宗进谏达二百多次，而且很多时候不分时间、地点和场合。

反复劝谏出兵征讨

魏徵这个人，无论从身材还是长相看，都一般，但他的胆量和谋略却是一般人远远不及的。他善于发现和领会皇上的真实思想和意图，因而他特别敏锐地从皇上的言行看出事态的本质，并且从不放过皇上的任何过失和疏忽，一遇有说话的机会，就严厉地批评皇上的不当，深刻地指出其危害性和可怕的影响。哪怕惹得皇上极为不快，甚至大为恼怒之时，他照样泰然自若，神色不改，坚持他的说法和意见，而且一定要把话讲完才罢休，不管皇上爱听不爱听。唐太宗在这个一身正气，又满脸严肃的魏徵面前，总不免有些紧张和胆怯，天子的威风往往也使不出来了。

岭南道好几个州的刺史不断向朝廷上疏，汇报一个共同的敌情：高州地区的豪强首领冯盎、谈殿，互相攻打，长期不入朝，他们是想重新脱离唐朝，搞地方割据，造反称王。唐太宗下令征调江南道、岭南道几十州的兵员，准备前往镇压"叛乱"。魏徵听说后，便向唐太宗进谏，说："国家政治局势刚刚平定下来，经历了十几年的战争之后，满目疮痍，百废未兴，人民生活尚未恢复元气。岭南地区自古以来是瘴疠之地，而且道路遥远，山川险阻，兵员和物资的交通运输是一件巨大的难题，恐怕不好解决。如果再遇上瘴气和瘟疫，那就更加麻烦了。到那时，大军搁在半道上，进退两难，想后悔也来不及了。再说冯盎等人是否确实造反叛唐，还不一定，怎么能够听风就是雨，兴师动众，大动干戈呢？"唐太宗说："上送情报的人不绝于途，十几次的汇报都是这种说法，怎么你还说他们造反叛乱不是真的？"魏徵说："冯盎如果真的反叛，他们就会趁我大唐政局尚未稳定之际，交结邻近蛮国，分兵占据

忠谏人生

魏徵

险要之地，攻掠州县，建立政权组织。为何他几年都没有出动？可见他们并没有违反叛唐之意。这么多的人告状，都说冯盎等人叛唐，陛下又没有派使臣去了解情况，做安抚工作，他们自然以为陛下真的认为他们造反，因而怀有畏惧之心，不敢入朝来京。现在，陛下如果派遣可靠的使者去冯盎那里，把陛下的意思讲明白，消除他们的顾虑和恐惧，他们看到陛下依然信任他们，就会放心地进京谒见陛下。这样，用不着劳师动兵，岭南自然照样臣服。"唐太宗听从了魏徵的话，命令取消发兵攻打冯盎的行动。过了不久，有宰相向皇上奏报："冯盎、谈殿确实互相攻打，但陛下派了一名使者去了之后，整个岭南都安然无事，冯盎已派他的儿子做代表，入朝候见了。"唐太宗高兴地对大臣们说："当初，岭南诸帅都说冯盎造反，朕已决定发兵征讨，魏徵反复劝谏，认为只要示以诚信，怀以仁德，就必然可以不讨自服。我听从他的意见，就获得了岭南平安无事的可喜局面。他的一个进谏，胜过了十万军队，功劳确实不小，应该嘉奖！"随后，又赐给魏徵五百匹绢。

兼听则明，偏信则暗

有一次唐太宗问魏徵："什么是明君？什么是暗君？"

魏徵说："兼听则明，偏信则暗。《诗经》说过：'古代的贤人说，你有怀疑的事情，就赶快去请教割草打柴的劳动者。过去的尧、舜时代，之所以达到大同社会，其做法之一就是开四方之门，以等待天下来访的贤俊；广四方之视听，以决天下之壅蔽，于是，能够广泛观察民情。全面了解社会，圣主的光辉普照天下，使共工、鲧等淫邪无用之辈，无法阻碍大治的步伐。秦二世则不然，把自己深藏在宫中，脱离人民百姓，偏信赵高一人，直到天下大乱，国家要灭亡了，他还蒙在鼓里。南朝的梁武帝也是偏信朱异，错误地重用侯景为大将军，封为河南王。后来侯景发兵攻打朝廷，梁武帝为侯景所逼，饥病而死。隋炀帝偏信虞世基，隋末起兵造反者已是星火燎原，遍地皆是，可虞世基深知炀帝讨厌听到坏消息，便报喜不报忧，致使全国大乱，隋帝国行将崩溃，炀帝却一点儿实情都不知道。以上事实说明，人君如能倾听不同的意见，多接触不同的人，那么佞幸之臣就封锁不了他，下情就可以上达了。"

唐太宗拿起笔，工工整整地写下魏徵刚才所说的"兼听则明，偏信则暗"八个字，端详良久，深有所悟地感叹道："说得好啊！"

又有一次，唐太宗对侍臣们说："我读过《隋炀帝集》，文章写得很不错，文采好，知识也很渊博，看得出他也认为尧、舜是好君主，桀、纣是坏君主，可他做起事情来怎么就跟他的观点完全相反呢？"魏徵答道："君王再聪明伟大，也还是应该谦虚地接受别人的帮助和批评，只有这样，智慧的人才愿为他出谋划策，勇敢的人才愿为他献身出力。隋炀帝自恃才华过人，骄傲自大，瞧不起别人，所以他虽然口诵尧舜的语录却干的是桀纣的勾当，就这样一步步走向灭亡。"唐太宗说："沉痛的教训并不遥远，我们应该把隋炀帝当作反面教员，要经常记住他的教训！"

一天，唐太宗对宰相们谈论起历史，说道："圣明的君主，想着自己的缺点，事情会干得更好；庸暗的君主，回护自己的缺点，结果总是愚蠢不化。隋炀帝总认为自己了不起，特别爱炫耀聪明，处处总以为比别人高明，自然就会护短拒谏。碰上这样的君主，确实不好触犯他，不敢顶撞他。虞世基当时不敢直言进谏，也的确有他的难处，恐怕不该太过于指责他的罪错。古代的箕子遇上残暴无道的君主，只好装疯，以求免祸，孔子还说箕子是个好人哩。由此看来，隋炀帝被杀，虞世基是不是也不该死？"

杜如晦发表了看法："古称天下有诤谏之臣，即使是无道也不至于失去天下。孔子曾说：'直哉史鱼，邦有道如矢，邦无道如矢。'说的是春秋时卫国一名大夫，即使遇上当时的国君是个无道之君，依然保持

魏徵公园相苑牌坊

直率坦诚的态度，活着进谏不行，就以死来劝谏君王近贤远邪。由此可知，虞世基怎能以隋炀帝是个无道暴君为借口，就闭口不谏？他占据高位，苟且偷安，并没有辞职，远离朝廷，这与箕子装疯而去，完全是性质不同的两码事。还有一例：以前西晋的惠帝司马衷和贾皇后准备废掉愍怀太子，当时的重臣司空张华竟然不能努力劝谏和争取，而是为了保全自己的官位和性命，一味地顺从逢迎。等到'八王之乱'以后，越王司马伦举兵废掉贾后，派人捉拿司空张华，张华辩解说：'打算废太子之时，我并不是没有提出反对意见，只是不被皇上采纳而已。'审问的人质问张华道：'你身为朝廷最高级官员，眼看着太子被无罪而废，本身就有不可推卸的罪责；即使像你所辩护的，发表过谏言而没有被皇帝采纳，那你就该坚持自己的立场，应引身而退，怎么你还要做这种皇帝的宰相？'张华无话可答，结果被处斩，还株连杀掉他的三族。古人有言：'危而不持，颠而不扶，将焉用彼相？'意思是：国家危难之际不去帮助支持，王位遭颠覆不去扶救一把，那么，还要那些宰相大臣干什么？所以孔子有言："君子临大节而不可夺也。"晋代的张华既然做不到抗直极谏，他的为臣之节就已丧失掉了。隋朝的虞世基身为重臣，位居宰相，有发言的机会，说话也有一定的分量，可他竟没有一句进谏，完全应该与隋炀帝一齐去死！"

　　唐太宗听罢杜如晦的发言，说道："你讲得有道理。任何君主必须要有忠良之臣的辅助，才能够保住国家和自己的性命。隋炀帝就是没有忠良之臣的帮助，导致他听不到批评和劝告，结果罪恶越积越多，敌人越树越多，最后迫使人民反抗，起来推翻了他，消灭了他。如果帝王做得不对，臣下又不指出来，而是一味地阿谀顺从，一味地唱赞歌，喊万岁，那么君就成了昏君，臣也成了奸臣，到了这一步，亡国之祸就不远了。如今，我希望君臣上下，都要大公无私，一心为国，凡事共同商量，同心协力，为开创一个太平盛世而奋斗。你们也要各自尽忠诚，说真话，指出和匡正我的过失，我绝不会因为你们说真话、说直话触犯了我，就去生气、发怒，就去责备和惩罚你们。请大家放心吧！"这席话，是唐太宗广开言路、虚怀纳谏，鼓励大臣犯颜直谏，自己倾听逆耳忠言的最明确、最重要的感言。

忠谏人生

魏徵

以古谏言

　　交州都督李寿因犯贪污罪而被免职查办，唐太宗认为瀛州刺史卢祖尚文武双全，清廉正直，是个很不错的官员。他把卢祖尚叫到宫中，跟他讲："交州很久没有一个合适的人去当都督，如今得靠你去上任，镇抚这方边陲。"卢祖尚对皇上的信任表示感谢，同意了皇上的安排。等出了朝廷，回到家中，他又有点儿后悔，不愿意到遥远的南疆去，于是他上疏给唐太宗，说自己老病复发，无法赴任。唐太宗派宰相杜如晦去做动员工作，并转告自己的话："连一介匹夫都说话算话，怎么答应了朕的事情又后悔呢？"卢祖尚仍然不愿意当交州都督。几天以后，唐太宗亲自召见卢祖尚，当面做他的动员和说服工作，可卢祖尚还是固执地不答应。唐太宗不禁龙颜大怒，吼道："我连个刺史都调遣不了，还如何当政，把他拖出去，杀了！"卢祖尚被拖到朝堂外斩了首。人刚被处死，唐太宗就有点儿悔意。

事情过了几天，有一次唐太宗与几个大臣在一起谈起历史，讨论起齐文宣皇帝到底是个什么样的人。魏徵进言说："齐文宣帝是个疯狂而残暴的人，但他与别人争论起来的时候，只要自己理屈，就不再强词夺理，而是听从别人的。比如当时有个叫魏恺的，是青州长史，刚作为赴梁朝的特使回来，齐文宣帝就改任他为光州长史，魏恺不肯去光州上任，皇帝听说后，大为愤怒，召他进宫狠狠训斥了一通。魏恺辩解道：'我原先当的是大州的长史，如今我出使梁国回来，有功劳而无过失，却调任去小州当长史，我不服气，觉得不公平。所以不肯去上任。'文宣帝一听，说：'你这话有道理。我就不处分你了。'这却是齐文宣帝的长处。"

唐太宗听罢魏徵所讲的这段故事，深有触动，说："是啊，前几天，卢祖尚虽然有失人臣之义，不服从我的安排，但我一怒之下就杀了他，却是残暴、过分了一些。由此看来，我还不如齐文宣帝哩！"

某年的十一月，王珪被提拔为门下省的侍中。一天，他奉诏进宫，向唐太宗谢恩——因为刚获提拔和升迁，照例要入宫面谢皇上隆恩。进宫后，唐太宗正在闲坐饮酒，王珪来见，也没当成是外人，被唐太宗热情地邀入席边同饮。席边有一位美貌女子，侍立在皇上身边。王珪瞧了一眼，觉得有些面熟，他略加回忆，就已经想起这女人是谁了。但他故作不知底细，装出一副窥视和欣赏状，盯着女子。唐太宗见状，便说："噢，朕忘了给你介绍，这女子是庐江王李瑗的侍姬。李瑗这家伙也是作孽呀，听说她年轻貌美，就一定要霸占到手，不顾她已婚有夫，硬是杀死她的丈夫，强行纳占过来。如此行为，怎能不灭亡！"王珪惊讶地说道："原来如此。那陛下认为庐江王的做法是可取呢，还是不可取？"唐太宗说："那还用问吗？杀人夺妻，还能好得起来？"王珪又说道："臣听说春秋时期，齐桓公来到古称郭国的地方，向当地的父老问，郭国是怎么灭亡的？父老说是因为郭国的君主'善善、恶恶'，才导致灭亡。齐桓公觉得这话好生奇怪，便追问：'善善而恶恶应该是很好的事儿嘛，怎么是因为这个而亡国呢？'父老解释说：'这郭君知道什么是善，也知道什么是恶，可是他明知道是善的却不能用，是恶的却不能去，所以非亡国不可。'如今，陛下既然已经知道了庐江王的做法不可取，却为什么又纳庐江王的姬来做您的姬呢？臣认为陛下内心还是认为庐江王杀人夺妻的做法是对的，不然的话，陛下怎么会向庐江王学习呢？"唐太宗已经有点儿招架不住了，他不自在地笑了笑，举起酒爵，向王珪说："要不是你提醒，朕又犯错误了！"等王珪走了后，唐太宗立即下令将此女子放归娘家，以实际行动改正了王珪所指出的毛病。

　　唐太宗指派太常少卿、著名礼乐专家祖孝孙负责教后宫宫女学唱歌，习音乐。太宗有些地方不满意，就严厉地责备了祖孝孙。王珪邀了温彦博，一起联名入谏道："祖孝孙身为朝廷高级命官，又是一位有名的学者雅士，现在却让他去后宫掖庭给女人们教歌，本身就不太妥当，他自己也够委屈的。陛下稍不如意，还要严词斥责，不觉得有些不合适吗？"唐太宗生气地说道："你们是我的心腹大臣，应该竭忠维护朕才对，怎么还吃里爬外、附下罔上地替祖孝孙说话？太不像话了。"听了皇上的怒斥，温彦博不敢再坚持，连忙摘下官帽下拜，向皇上道歉赔罪。王珪却不然，不但没有道歉，反而申辩说："陛下平时教导我们要忠诚为国，今天我们所言，正是一心为国，难道我们是为自己谋私利不成？这件事是陛下对不起我们，我们没有对不起陛下！"唐太宗默不作声，事情也就不了了之。第二天，太宗临朝，对宰相房玄龄说："自古以来，当帝王的虚怀纳谏确实不容易。朕昨天责怪温彦博和王珪，今已

忠谏人生

魏徵

自悔。希望你们不要因为我昨天的表现就不尽言进谏，该怎么做就怎么做，不要有什么顾虑。"

阻纳郑氏女

原隋朝通事舍人郑仁基有个女儿，年龄十六七岁，是出了名的大美人。长孙皇后也对此女孩有所耳闻，便派人去访求，准备召进后宫来，好服侍皇上。唐太宗同意了皇后的安排，批准将此女纳进后宫，授予充华的品位。诏书已经下发，由宣诏使出宫传达。

魏徵听说郑家姑娘已经许配给姓陆的一家公子，于是急忙向唐太宗进谏道："陛下为人父母，抚爱百姓，就应该以百姓的快乐为快乐，以百姓的忧愁为忧愁。自古以来，凡是有道的贤君，无不以百姓之心为心，因而能够自己居住深宫大殿，也希望人民有个安身之所；自己吃美酒佳肴，也希望人民无饥寒之苦；自己有三宫六院、妻妾成群，也希望人民有点儿夫妻恩爱、男女之欢。这是做帝王最起码的道德。如今郑家女儿，很久以前就已许配了婆家，可陛下一点儿也不调查摸底，就一声令下要召纳后宫。这件事要是在全国传开，全国人民将怎样看待陛下？即使臣所听说的消息不那么准确，但为了不损害圣上的光辉形象，臣认为还是慎重行事为好，所以就冒昧地提醒陛下。要知道，皇上的任何言行举动，史官都会载入历史的，所以再一次奉劝陛下还是应格外留意为妙。"

唐太宗听魏徵这么一说，大惊失色，他是个极注意形象的帝王，马上意识到纳美一事的严重性，于是，他当即亲笔草诏，下令暂停宣诏使和策婚使的行动，让郑家女儿仍然婚配陆家公子。

然而，围绕此事，情况却变得复杂起来。宰相房玄龄、温彦博以及吏部尚书王珪、御史大夫韦挺等人竟然都提出了相反的建议："此女许配陆家，并无确凿证据。既然皇上纳婚的诏令已经发出，那么这桩喜事就不应这样不明不白地半途而废，否则对皇上的影响也不好。"紧接着，陆家公子也上疏表明："我的父亲陆康在世之时，与郑仁基交情很好，往来甚密，两家互赠些礼物，互相周济些钱财，这是事实，至于许配婚姻，却完全是没有的事。外人不知底细，妄加猜测，所以才有这一说法。今特上表证明，伏请圣察。"与此同时，许多大臣也纷纷劝请皇上召纳郑女，结此良缘。在这种情形之下，唐太宗不免也闹糊涂了，一时不知怎么办才好，他又去询问魏徵："群臣劝我纳女，可能有阿谀顺旨的因素在内，可是陆家公子为何特地上书，声明他与郑家姑娘并无婚约呢？"魏徵分析说："按照臣的分析，他的意图其实不难理解，他很可能是把陛下当成当年的太上皇一样的人。"唐太宗还是不明白："这话又是什么意思？"魏徵说："当年太上皇（指李渊）刚攻克京师长安，得到了辛处俭的妻子，太上皇很喜欢这女人，宠幸不止。辛处俭当时是东宫的太子舍人，太上皇对他自然看不惯，下令把他赶出东宫，安置在万年县。辛处俭于是常常恐惧不安，生怕由于这层关系而丢掉性命。今天的陆公子当然也会有同样的顾虑，怕陛下恨他在心，有朝一日遭到陛下的暗中迫害。所以他这时必然不敢承认与郑家姑娘的爱情和婚约，而是反复申明自己与此毫不相干，从而可以脱祸免灾。他上表的真正意图就在这里，根本不足为怪。"

唐太宗经过魏徵的这一番合情合理的分析，顿时心服口服，他笑道："别人的确会这样看待朕，朕的话恐怕未必使人相信。"于是，他干脆下了一道敕令："今闻郑氏之女，先已许配夫家，朕先前发文召纳美女之时，未做详细的调查，这是朕的不是，也是有关部门的失职。关于授郑氏女为充华的决定，现在正式宣布取消。钦此。"这份文件一下达，全国人民无不对唐太宗赞颂不已！

忠谏人生

魏徵

挺身而出，大胆论诤

唐太宗在历史上是以知人善任而著称的帝王，他对人才的发现、挑选、考察、使用、奖惩、升降等都是极其关注和重视的。他曾在《帝范》一书开宗明义地总结自己的观点："夫国之匡辅，必待忠良；任使得人，天下自治。"

于是，在贞观初期，他就把人才的选拔和任用放在军国大事的首位去对待和处理，对掌管和负责这项工作的大臣也是经常叮咛嘱咐，提醒勉励，希望他们能胜任这一重大的任务，为国家的长治久安提供合适的、优秀的管理者。早在贞观元年，政局刚一安定，唐太宗就命令宰相封德彝推荐贤才，结果封大人好久都没有推出一个人。太宗批评了他，封德彝答复说："不是我不尽心，不努力，只是当今社会里没有什么奇才而已。"

太宗很不满意这种看法，"君子用人如使器，各取所长。古代的治世、盛世，人才难道是从别的时代借来的吗？要怪就怪你没有用心去发现、努力去寻访，怎么能够诬蔑当今一世之人。"封德彝惭愧而退。

唐太宗在贞观二年时说过："替我养民理民的，主要是各地方的都督、刺史，我把他们的名字都写在我屋内的屏风上，坐着时能看得见，躺在床上也能看得见，只要了解到他们某位的为官功过情况，我都要在名字下做个记号，登个记，以供我提升罢免时做参考。县令在基层，最贴近百姓，尤其要重视他们的选择。"正因为唐太宗高度重视吏治，所以，他把对统治人才的选择和考察权，总是交给他最信赖的心腹大臣。贞观二年以后，房玄龄、杜如晦和王珪等人，共同承担起这一重任。他们在皇上的督促下，制定了一系列的有关考察官吏和衡量政绩的法规，经唐太宗批准后，在全国颁布实行。

　　但在房玄龄、王珪二人正主持着全国的官员考核和检查工作时，却遭到了一帮人的攻击。侍御史权万纪和侍御史李仁发，数次向皇帝上疏，揭发房玄龄等有严重的错误，在考核中有不公平的做法。唐太宗向来高度重视吏部的诠选考核工作，听到这接二连三的告状信，顿时龙颜大怒，"房宰相等人是怎么办事的？竟敢办事不公，惹得人家怨声沸腾，真是辜负了朕的一片殷切希望。"命令侯君集负责调查审理房玄龄、王珪在考核官吏中的"错误问题"。

忠谏人生

魏徵

　　魏徵这时又挺身而出，向唐太宗进谏，他说："房玄龄、王珪都是朝廷里久经考验的旧臣，一向以忠诚正直为陛下所信赖和倚重。他们为陛下承担了这么沉重的考核任务，其中一两个人考核不当，这是谁都难免的事，细细考察他们的动机和行为，毕竟没有以权谋私，充其量只是工作中的小小失误。如果开展对他俩的审查，那就等于否定了他俩所有的考核工作，人家就会以为考核的结论全部都是错的，叫考核工作怎么收场？他俩将来如何能再给皇上挑重担？况且这权万纪、李仁发都是无耻小人，不识大体，以谮毁陷害为能事，以告状充正直，他们所上告的一些事，有哪一样是有根有据、能站住脚的？陛下看不到他们的阴暗面，凡是有人上疏汇报，就相信一切，这样正好让他们的奸计得逞，使那些附下罔上的无耻之徒，反倒落了个勇敢正直的美名。结果，忠臣被罢退，人心也涣散了，陛下的圣明也受到损害。而且，整顿法纪的良好愿望实现不了，反而助长了诬告诽谤的可怕歪风。权万纪等人这段时期也一直在考核现场，却不积极参与工作，半点建议也没见他提过，尸位素餐，站在一旁瞧热闹，等到他们看到自己的考绩也不合格时，这才怀恨在心，对房玄龄恶意诽谤，以泄私愤。他们的告状，就是为了激怒陛下，以达到搞垮房宰相、王尚书的目的，根本就不是从国家利益出发。陛下以此事处罚办事大臣，我认为从各方面来看都是不妥的，请陛下三思。"唐太宗欣然采纳魏徵的意见，未追究房玄龄等人。不久，李仁发被撤职，权万纪被贬到连州当司马，朝廷中咸相庆贺对此事件的正确处理，大家一致称赞魏徵独自挺身而出、大胆论诤的可贵精神，唐太宗也奖励了他五百匹绢。

　　一年岁末的某个晚上，唐太宗高兴地邀集宰相们在宫中把酒联欢，围炉夜话。大家欢聚在一堂，君臣之间谈笑风生，气氛很融洽、很热烈。席间，唐太宗扫视了一遍在场的这批肱股重臣，觉得个个都是好样的，他们都在这几年中为国家做出了贡献，于是，他在欣喜之下，对坐在旁边的王珪说："王爱卿鉴识精通，又善谈论，今天晚上，这多名臣济济一堂，就请你当面评价一下每位大臣，当然也要评价一下你自己。"王珪不敢不遵命，便放下酒杯，起身环顾了一圈在座的同僚们，说道："要说孜孜不倦，一心为国，知无不为，善于出谋献计，我不如房玄龄；要说文武兼通，出将入相，我不如李靖；要说办事细致，奏报明白，上传下达，有条不紊，我不如温彦博；要说驭繁为简，驾重若轻，办事全面，断事能干，我不如戴胄；生怕陛下赶不上尧、舜，以极谏敢争为己任，我不如魏徵。至于说到能够激浊扬清，疾恶如仇，从善如流，我比起诸位来，可能稍稍算个长处。"唐太宗连连点头称是，在座的宰相们也认为这是切实的评价。

魏徵传说之除霸王

　　晋县城南八里庄，古时候叫霸王庄。传说，是唐朝宰相魏徵给改的村名。说起这事来，还有段故事哩。

　　唐朝那时候，霸王庄村南有个大寺，寺里住着三个和尚。后来，一个云游僧人来到这里，他见山门前有条清清的小河，河边有一片片的果树林，觉得这个地方很有"风水"，就想霸占寺院。他害死了老和尚，赶走了小和尚，接着又招来了几个臭味相投的恶僧，干尽了坏事。从此以后，人们就叫这寺院是"霸王寺"，管那个云游僧叫"南霸天"。

原来这个寺院的香火很盛，每到初一、十五，烧香的人很多。自从云游僧做了方丈，来这里烧香的人越来越少，后来谁也不来了。这是为什么哩？原来这伙恶僧专门糟蹋前去烧香的大闺女、小媳妇。"南霸天"这些家伙见没人来烧香了，他们就拦路抢劫，霸占民女。被抢去的民女，想要逃走，就被活活打死，埋在寺院后边的土坑里。大家对"南霸天"恨得牙根子痒痒，有的就到县衙去告状，县官又推出不管。这伙恶僧越来越凶，弄得这个地方天昏地暗，乡亲们就给这个村子起名叫"霸王庄"了。

　　有一年夏天，有个逃荒的老汉，领着他的孙女路过这里，刚走出树林，雨下了起来，老汉领着孙女到寺院去避雨，"南霸天"一见这个十六七岁的闺女长得很好看，就嬉皮笑脸地要拉这祖孙到寺里去。逃荒老汉见这僧人不正经，拉上孙女扭头就往外走，恶僧一直追到门口。这时有几辆过路的大车，老汉和孙女搭车赶紧走了。恶僧见过路的人多，天又下雨，就不再追了。

忠谏人生

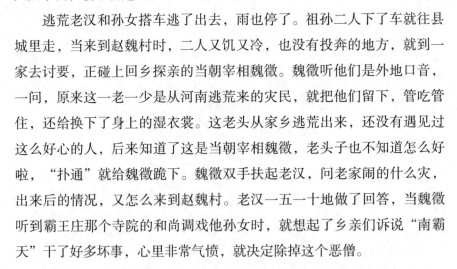

　　逃荒老汉和孙女搭车逃了出去，雨也停了。祖孙二人下了车就往县城里走，当来到赵魏村时，二人又饥又冷，也没有投奔的地方，就到一家去讨要，正碰上回乡探亲的当朝宰相魏徵。魏徵听他们是外地口音，一问，原来这一老一少是从河南逃荒来的灾民，就把他们留下，管吃管住，还给换下了身上的湿衣裳。这老头从家乡逃荒出来，还没有遇见过这么好心的人，后来知道了这是当朝宰相魏徵，老头子也不知道怎么好啦，"扑通"就给魏徵跪下。魏徵双手扶起老汉，问老家闹的什么灾，出来后的情况，又怎么来到赵魏村。老汉一五一十地做了回答，当魏徵听到霸王庄那个寺院的和尚调戏他孙女时，就想起了乡亲们诉说"南霸天"干了好多坏事，心里非常气愤，就决定除掉这个恶僧。

　　第二天，魏徵吃了早饭，就来到县衙。这时县官惊堂木拍得山响，呵斥跪在地上的告状者。县官见魏徵忽然来到大堂，急忙叫衙役轰开告状人，去向魏徵施礼。魏徵一摆手，让留下告状人亲自审问。原来这个告状人，正是"南霸天"害死的一个媳妇的丈夫，是找了证人来告状的。

魏徵问县官：“你为什么要轰走这个告状的？”县官说：“他没有真凭实据，就告霸王庄寺里的和尚害死了他媳妇！”告状人说：“大人，我有证据。我家妇人走亲路过‘霸王寺’被‘南霸天’抢到寺里。我听说后，就去寺里找，寺门上得紧邦邦，喊了半天也没人开门；跳墙去找吧，俺又不敢跳。后来寺门开了，‘南霸天’硬说没有那么回事，可是有人看见俺家里的被他们拉进寺院，再没出来。这不是被害了吗？这能算没有证据吗？”魏徵说：“你不要怕，你说说是谁看见你媳妇被‘南霸天’弄到寺里去的？”告状的人一瞅县官，就又低下了头。

魏徵问县官，说：“你听过这些事情吗？”县官支支吾吾地说：“这、这……这听过。”魏徵猛地拍了一下桌子，大声地说：“既知道你为什么还要轰走告状的？”县官哆哆嗦嗦地不言声，魏徵瞪着眼，问：“你是贪了赃，还是受了贿？”县官瞅了瞅告状人，想让他走。魏徵看出了门道，叫告状人到公堂外边去等着。

县官赶忙向魏徵磕头，说：“上有天，下有地，在魏大人面前我

魏徵像

不敢说谎话，我保证没有受一个钱的贿赂！"这时魏徵和和气气地说："你没有受贿赂，为什么不管这桩案子？"县官擦了擦脸上的汗水，说："我知道'南霸天'不断抢民女，拦路行凶，可是他舅舅是知府，我的顶头上司！'南霸天'干的坏事，我几次密报给知府，知府说：'出家人不会干坏事的。'所以，我就不敢管啦！"魏徵说："你知道自己是父母官吗？"县官连连点头，魏徵接着又问他说："你知道当朝的律条规定杀人者偿命吗？"县官磕头像捣蒜似的说："知道！知道！"魏徵说："看来你是枉法保乌纱啦？"县官吓得不敢吱声，魏徵扶起县官来，问："你想立功赎罪吗？"县官说："我一切听宰相大人的！"

第二天，那个逃荒的老汉叫他孙女打扮了一下，来到霸王庄。正往"霸王寺"那边走，一个恶僧瞅见了这个花枝招展的闺女，赶忙告诉了"南霸天"。"南霸天"一听，二话没说，就颠颠地跑到闺女面前，笑嘻嘻地对老汉说："到咱寺里进一炷香，你就发财发福啦！"老汉说啥也不去，只顾领着孙女走。"南霸天"向恶僧使了个眼色，那僧人当即像恶虎扑羊似地扑向了老汉和他的孙女。那闺女一见恶僧下了手，就又喊又骂地嚷了起来。

这时，魏徵、县官、衙役和那个告状人就急忙赶到寺院。"南霸天"把老汉捆绑起来，嘴里还给塞满老套子，锁在西屋里，把他的孙女也捆绑起来，嘴里也塞上了东西，正在吓唬她。听见外面来了不少人，"南霸天"跑了出来，还没等他说话，魏徵走上前去指着"南霸天"的鼻子说："可恶的贼僧，青天白日，竟敢劫抢民女？""南霸天"翻着白眼，刚要骂出声，往旁边一瞅，才知是县太爷来了，连声说："县太爷，你来得好，正好给我做个主！"不想县官一招呼，衙役们立刻一拥而上，把一个个恶僧捆了起来。那告状人见捉住了"南霸天"，一巴掌把他打得满嘴血，说："你们这伙害人精害了多少人？今天是魏大人为我来报仇了！"恶僧们一听说是当朝宰相魏徵，才知道这些人都是化装成村民，预先订好了计，专门捉拿他们来的。这伙恶僧都像抽了筋、断

忠谏人生

魏徵

了脊梁骨似的瘫在了地上。

魏徵当即命人在寺内搜查，工夫不大，人们便在大寺后边一处土坑里挖出一个个女人尸体。县官急忙跪在魏徵面前说："魏大人，我也有罪……"魏徵说："你和知府的事，待我奏明圣上，听候朝廷处理吧！"

远远近近的村民们，听说当朝宰相魏徵除治了"南霸天"这伙害人精，都说"魏青天"为人们除了一大害。有的人说："就是这伙恶僧，把俺们村搅闹得成了霸王庄，其实俺庄里的人可没有人做坏事啊！"魏徵听了，说："如今除了这伙恶僧，就不该叫'霸王庄'了，应叫'八理庄'，四面八方的人都很讲道理嘛！"从此，这个村子就叫"八理庄"了，后来改成了"八里庄"。

第 六 章

忠言纳谏无畏惧（下）

魏徵的谏言虽然多被采纳，可是并不是每次谏言都会被太宗欣然接受，有时还动了杀他之心。但是魏徵从不畏惧，忠心耿耿，一心为国，犯颜直谏。

论太宗封禅

贞观六年正月，文武百官和各州县纷纷请皇上举行封禅大典，为此，朝廷之中君臣之间又展开了一场是否应该封禅的争论。

封禅是古代帝王举行的一种不定期的祭祀天地的典礼。在东岳泰山筑土为坛，祭天叫"封"，目的是为报天之功；在泰山下的小山如梁父山、云云山、亭亭山等辟场祭地，称为"禅"，目的是报地之功。为什么封禅活动非要到泰山不可呢？这是因为古人认为群山之中，泰山最高，离天最近，因此人间的帝王应到那去祭上帝，表示受命于天。认为泰山最高的观念，实际上与黄河中下游文明的影响以及古人没有海拔高度的知识而只有朴素的绝对高度的概念有关。封禅于泰山，实质是一种具有政治目的又带有宗教性神秘色彩的祭祀活动。从以前封禅的情况来看，每当国运强盛的太平盛世，才会有封禅活动的出现，而一个濒于衰亡的国家，是不可能举行这种浩大的典礼的。所以封禅的帝王，都是具有丰功伟绩的人，如伏羲、神农、炎帝、黄帝、颛顼、帝喾、尧、舜、禹、商汤、周成王等。自秦汉以后，更是把封禅当作国家最盛大隆重的典礼，给予特别的重视，所以自秦始皇以后，中国的皇帝中除了像汉武帝、东汉光武帝搞过封禅活动以外，直到唐太宗时代，绝大多数都没有登上过泰山。因此，在封建时代，封禅被当作是只有功德至伟的皇帝才有资格举行的活动，是一个王朝太平、强大、富庶、繁盛的象征。

唐太宗本来是个头脑清醒的人，对封禅典礼有开明而理智的看法。当他收到一些大臣的封禅提议时，曾说过："你们都认为封禅是自古以来帝王的盛事，我不同意这个观点。如果天下安定团结，家给人足，就算不搞这个典礼，又有什么关系呢？以前秦始皇搞封禅，而汉文帝却不

忠谏人生

魏徵

搞，难道后人就会认为汉文帝比不上秦始皇吗？况且祭祀天地，何必一定要上泰山不可呢？辛辛苦苦地在泰山上堆几尺高的一个小土包，就可以说明对上天的忠诚和敬意吗？"

可是，很多大臣仍然举出许多理由，强烈要求搞封禅大典。他们认为如今在皇上的英明领导下，突厥已经被征服，周边各民族纷纷臣服入贡，国内也是年年风调雨顺，五谷丰登，百姓也已安宁生活，人民也万众归心，而且连大自然也频现吉祥之兆，这一切都说明大唐已迈入了太平治世，皇上也完全能与秦皇汉武试比高，搞封禅典礼的资格是完全具备的，时机也应该是成熟的。唐太宗架不住群臣屡次三番地请求和动员，架不住一遍又一遍地歌功颂德，于是便心动了，渐渐以为当前的国内外形势确实是一片大好，而且越来越好，于是，他也觉得举行封禅大典的必要性和可能性都有了，是该借此机会展示展示他的丰功伟绩了。甚至有时得意满怀地回顾他的文治武功的时候，都已经感到这封禅早就该搞，现在都算太晚！

正当唐太宗下令筹备封禅大典之时，已经升任宰相（门下省侍中）的魏徵又站出来，明确地表示反对封禅。唐太宗禁不住有些恼火，他百思不得其解的是为什么魏徵要反对这一群臣一再强烈要求的活动。但太宗毕竟也练出一些政治家的涵养，他还能压住心头的不快，不让心中的喜怒轻易形于色，他倒要与这个黑不溜秋的庄稼汉模样的魏宰相平心静气地辩论一番，看看你到底有什么理由来反对我封禅的决议。于是，他调整了一下烦躁的情绪，沉着地问道："朕今天倒要好好听听你的高见，你可以坦率地讲出你的想法，不要有什么顾虑，好不好？"说到这里，还松弛了脸色，挤出一丝笑意，继续问道："朕的功绩高不高？""高。"魏徵应声答道。"朕的品德厚不厚？""厚。""那华夏九州安定了吗？""安定了。""周边民族臣服了没有？""臣服了。""祥瑞的征兆显现了吗？""显现了多次哩！""全国是不是五谷丰收了？""丰收了。"

见魏徵每问必答，而且都是肯定的回答，唐太宗不禁有点诧异：原以为他反对封禅，必定会先竭力否定这一系列前提的，可他竟然如此痛快地都承认了，诧异之余，唐太宗不免有些愤怒，既然如此，你又为何要跳出来反对呢？魏徵向前一步，抬起头来，也是满脸的庄严和沉着，

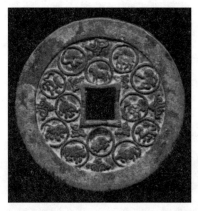

金元珍品——魏徵斩龙

激动地回答："陛下的功劳确实够大了，但人民并没有完全得到实惠；陛下的品德也够高了，可不是所有人都感受得到；华夏大地也确实兵戈停息了，但远没达到天下太平的地步；四周的邻邦是臣服入贡了，但远未达到我们的实际需求；符瑞嘉兆也多次显现了，但黑暗的、不祥的事物还有不少；这几年五谷确实丰收了，但国库依然空虚，这就是臣认为封禅不妥的理由。臣远的不说，就拿人来打个比方吧。一个人长期患疼痛的疾病，动弹不得，更谈不上能做事干活，经过一番治疗调理，病虽然好转了一些，但瘦得皮包骨头，身体还虚弱不堪。这个时候，突然有人叫他去挑二百斤米，而且还必须一天走一百里地。试想，这个病人能做得到吗？隋朝末年的天下大乱，还不止十年，我们的国家就像一位饱受病魔缠身的垂死病人，陛下为他做了悉心治疗和照顾，病情虽然稳定并已开始好转，但身体依然虚弱，元气毕竟还未马上恢复。要说已经变得跟健康人一样的结实强壮，那绝对是自欺欺人的话。如今，陛下准备东去泰山封禅，规模浩大，声势动天，千乘万骑，浩浩荡荡，一路上吃喝住行的供应招待，该要多大的花费、多大的开销啊！而且陛下亲自主持这种旷世不遇的隆重大典，各国的君长和使节势必也得都来中国，这又是一支庞大的阵容，对他们的接待不能马虎轻慢，无疑又是一个沉重的负担。可是，当今的河南、山东广大地区，到处是荒山野泽，茫茫千里，禾苗庄稼稀稀落落，人烟断绝，鸡犬不闻，道路崎岖，一片萧条，这种景象怎么能让那些外国人亲眼看见，而使他们探清我大唐的空虚？花尽有限的

国库积蓄，而让周边的民族看透了我们的底细；加重百姓的租赋劳役，而去展览我们的不光彩形象，这不是打肿脸充胖子，费力不讨好吗？制造这虚假的繁荣和太平，结果只有使刚有生气的国家元气大伤，使刚有温饱的人民再次坠入饥寒之地，使头脑稍为清醒的君主萌发骄态。一旦遇上水旱大灾和政局动荡，我们将拿什么去抵挡和救御？那时，保不准有人振臂一呼，天下人民又会揭竿而起了。到这个地步时，陛下再去后悔就来不及了。这些看法岂仅是臣之私见，的确是天下人民的心声，是从沉痛的历史教训中总结出的真谛啊！"

唐太宗从这席话中醒悟过来，加上适逢河南、河北许多州发生特大水灾，于是取消了封禅的计划。终其一生，唐太宗始终也没有去过泰山，但他的儿子唐高宗却幸运地享受了父亲创造的"贞观之治"的成果，在继位后还是去泰山搞了一次大规模的封禅。

论厚薄人伦

唐太宗的女儿长乐公主即将出嫁，由于她是长孙皇后所生，又乖巧聪颖，所以太宗特别喜爱她。在她的大喜日子即将来临之时，唐太宗专门发出诏敕，命令有关部门给这个宝贝女儿置备嫁妆。嫁妆大大超过了一般公主的规格，甚至比皇上的姐姐永嘉长公主出嫁的规格和花费都要高出一倍。

魏徵知道这件事情后，又坐不住了，又有意见要找唐太宗提了。他进谏道："东汉明帝想封皇子，说：'我的儿子怎能与先帝的儿子们比？'把儿子的封地都削减成过去亲王们的一半。而如今恰恰相反，给公主办嫁妆，却要比长公主多一倍。顾名思义，天子的女儿为公主，天子的姐妹为长公主，既然加了个'长'字，就是要比公主尊贵的意思，陛下钟爱女儿，这是人之常情，无可非议，但不能不顾人伦高低贵贱上的等级区别啊！让公主的婚礼超过长公主的级别，恐怕在道理上说不过去，请陛下再好好考虑。"

唐太宗认为魏徵说得有理，并把他的这些话转告给了长孙皇后，皇后感叹道："过去总听陛下夸奖魏徵，敬重魏徵，我还不太明白这中间的缘故，不太理解这一理由。今天，听说了他的这道上谏，才知道他能够不论什么时候、什么事情都拿礼义去提醒劝导皇上，真是社稷之臣啊！我与陛下尽管是结发夫妻，多年来情意深重，恩爱有加，可是当我有话要说时，还得看看陛下的脸色，猜猜陛下的情绪，生怕触怒了陛下的威严哩！何况作为一名大臣，关系不如我们夫妻亲近，却敢犯颜直谏呢！难怪古人韩非子说过'说难'，东方朔也讲过'直谏不易'，确实有道理呀！看来，忠言逆耳利于行，一点儿也不错，有国有家的人更要牢记这一点，能纳谏者则国家有救，不能纳谏者则天下必乱，我衷心愿陛下能明白这些，那么天下就大幸了！"长孙皇后在事后还请皇上派人赠送五百匹帛到魏徵家里，对他真心为国、勇于直谏的行为表示由衷的感谢，她还让使者给魏徵捎个话，说："早听说先生正直的为人，这次有幸亲自领教了一回，所以特地送礼物表示谢意。先生要常常保持这颗赤诚之心，不要改变！"

论杀身之险

然而，尽管是相当宽宏大量、虚怀纳谏的唐太宗，以"从谏如流"垂名青史，但他在这方面也不是十全十美的。就在上述这件事情过后不久，就发生了一件非常危险的事：有一天罢朝后，唐太宗回到后宫，依然怒气冲冲地说："总有一天我要杀了这个乡巴佬！"长孙皇后看到皇上如此气愤的模样，不禁紧张地走上前去，忙问他要杀哪一个？太宗答

魏徵

道："还能是谁？魏徵呗！"皇后又问："陛下为何要杀他呢？""他总是在朝廷，当众出我的丑，让我下不来台。"长孙皇后一听是这么回事，心里便有底，便转身离去。过了一会儿，当余怒未消的唐太宗抬眼一看时，发现长孙皇后又进屋里来了，而且换上了一身庄严正规的朝服，走到太宗跟前，弯腰道贺。唐太宗问："你这是干什么？何故突然向我道贺？"皇后郑重地回答说："我听说君主英明，臣下才会直率坦诚。而今魏徵能够如此直言不讳，敢说敢为，正说明陛下是个明君，我怎么能不祝贺呢？"经过皇后这一戏剧性的婉转劝阻，才使太宗龙威稍减，由怒转悦，从而打消了他杀人的念头，也保住了魏徵的一条性命。

　　唐太宗曾对魏徵起过杀机，魏徵当然不会知道。唐太宗并不是在任何时候、任何场合、任何事情上都无条件地纳谏，他不是也不可能是永远明辨是非、趋善避恶的皇帝，这一点，不仅魏徵知道，其他大臣也知道。正因为这样，唐太宗就得不时地向臣下们做解释、鼓励工作，希望他们不要因为君王的某些不妥的表现和态度，就妄生猜疑和戒备，陡增隔阂和矛盾。而大臣们（包括魏徵在内）即使对皇帝对国家对人民都忠心耿耿，也会有君臣之间的界限限制，有一种几近天然的距离感和本能的防卫之心，他们和皇帝永远做不到亲密无间、平起平坐的地步，永远达不到无拘无束、畅所欲言的程度。魏徵是个饱读诗书的儒生，儒家的君臣道德观念在他心中已是根深蒂固，他越是想做个模范良臣，就越会陷入一种矛盾的两难境地，既要竭诚尽忠报效君国，就得直言犯颜，匡弊救失；也要尊君敬上，卑辞恭行地恪守做臣的礼节，就不能在君王面前言语不逊，行为不恭。于是，魏徵即使在大政方针上、在大是大非的问题上坚持原则，在真理面前极力捍卫，据理不让，但在说话的分寸上，在进言上谏的时机和场合上，在针对轻重缓急不同事情的态度把握上，他也不得不讲求工作艺术和表达方式，不得不注意言行的修饰和技巧，尽量在各方面照顾天子的情面，带头维护帝王的尊严和威望。然而渐渐地，魏徵说话进言，考虑多了，顾忌也多了，语言含蓄多了，委婉多了，态度谦逊多了，恭敬多了，但他所谏的内容也明显地深刻多了。他开始把重点由对皇上生活小节和言行疏忽的警告和提醒，转到对皇上统治策略和统治思想上的探索，转移到对君王治国的普遍性规律的历史总结上来。而这些言论，正是后世人们所看到的魏徵政治学说的主体，是中国文化思想宝库中弥足珍贵的有巨大价值的遗产精华所在。

这种转变的结果，使君臣关系变得和缓和客气起来。昔日那种吵得面红耳赤的激动，争得剑拔弩张的紧张，搞得怒气冲冲、不欢而散的场面，逐渐被彼此客气、互相尊重，各自克制、双双体谅的气氛所代替。这种气氛，对修养有限、忍耐有限的唐太宗来说，自然是件高兴的事，而对魏徵来讲，则无疑平添了更多的忧虑和痛苦。

惹得唐太宗又一次想杀掉魏徵的事发生在这一年的三月。可是，仅仅过了四个月，由于君臣关系有了上述的转变，便出现了这样的情景。这一年闰七月的某天，唐太宗在丹霄殿设宴邀请一批亲近的大臣，席间，长孙无忌说："王珪、魏徵过去曾是我们的敌人，没想到今天却坐在一起同宴共饮。"唐太宗道："魏徵、王珪尽心竭力为国办事，所以我重用他们。然而魏徵每次进谏，我要是不同意，与他说话时他就不答应，这是怎么回事？"魏徵解释说："臣认为陛下有的事做得不对，才进谏；陛下如果不听臣的劝谏，臣随便答应陛下说的话，陛下的意思就会下达施行，所以陛下所说，臣不敢回答。"太宗说："你只管先答应了朕的话，再进谏也可以嘛，有什么关系呢？"魏徵答道："上古的虞舜曾告诫过群臣：'你们有话可当面直说，不要当面顺从，背后却发议论！'臣如果心里认为陛下错了，口头上却在同意陛下的旨意，这就是'口是心非'。当面一套，背后一套，这哪是忠良之臣对待君主的正确态度呢？"唐太宗大喜，笑着说："人家说魏徵举止疏忽怠慢，好像对朕不恭不敬，可在朕看来觉得顺眼得很，既娇媚又可爱，其原因正在这里呀！"魏徵连忙起身，拜谢着说道："是陛下开导臣放胆直言，臣才能够有机会竭尽愚忠；假若陛下拒而不纳，臣哪有胆量敢数犯龙颜呢？"

忠谏人生

魏徵

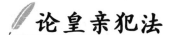

论皇亲犯法

　　唐太宗的第六子蜀王李愔，其时正兼任襄州刺史，特别喜欢打猎，践踏庄稼无数，老百姓怨声载道。

　　他的岳父杨誉，也是仗势不法之人，为了争夺官奴婢，竟在尚书省大闹公堂。刑部的都官郎中薛仁方依法将杨誉拘留，杨誉自认为是当今皇上的亲家翁，根本不肯认错，反而在刑部谩骂审官，殴打大臣。薛仁方也是不畏权贵之人，管你什么皇亲国戚，犯了国法，不伏法不认罪，就别想走，于是下令把杨誉关押起来。杨誉身陷囹圄，尽管是蜀王妃的亲爹，一时也无可奈何，只得在刑部里待着。可是外面的人却没有停止活动，杨誉的儿子在宫廷警卫部队当千牛卫将军，利用其职务之便向唐太宗状告薛仁方"无理拘留"父亲杨誉，并申诉道："根据国家律令，五品以上官员如果不是犯了谋反大逆之罪，是不能拘留的。可家父身为皇亲国戚，却被薛仁方故意刁难，横遭扣留，而且有意拖延时间，不肯决断，致使家父无辜被他们关押了很长时间。"唐太宗听了这个汇报，勃然大怒，当下说道："明知是朕的亲家，还敢故意这般刁难！这姓薛的也太大胆了。传我的命令，将他的官职撤掉，并杖打一百下，给他点儿颜色看看！"

　　魏徵闻讯后，连忙赶往太宗那里，当面进谏说："城墙中的狐狸、庙里的老鼠，虽然都是些弱小的动物，但因为它们凭借藏身的地方是人们不敢或不忍心弄坏损毁的东西，所以想除掉它们，也不太容易。何况比这些狐狸老鼠厉害多了的皇亲国戚，自古就是国家法律难以制约的力量，汉朝、晋朝，都没有办法禁住他们的违法乱纪，无法防御他们的为非作歹。我朝武德年间，这类人仍有骄纵不法，朝廷官员不能惩治的现象。自从陛下登基后，这种现象开始得到扭转，纲纪得到整肃。薛仁方既然是刑部主管奴婢的都官郎中，带头执行国家大法，不畏权贵，不枉国法，将为争官奴的肇事犯杨誉依法拘押，完全是正当的行为，何罪之有？陛下怎么能够因事涉外戚，就对朝廷命官妄加处罚，任情判决呢？这个不良的口子一开，必将引起无数的恶劣事端，将来陛下就是后悔，也恐怕来不及了。自古以来，能够禁绝外戚专权、皇亲作威为害的，本该是陛下一人，防微杜渐，预备不虞，是一条应该常抓不懈的治国措施。如今反而助长外戚的邪恶，打击为国守法的良臣，真可谓'水未横流，却自毁堤防'，让臣看见这一局面，实为痛心，因此，陛下今天对此事的决定，臣认为是不对的，望陛下再好好想想吧！"唐太宗被魏徵说服了，说："的确像先生所言的，是朕刚才考虑不周，才有此错误命令。不过，这位刑部的薛仁方不向上面汇报请求就擅自行动，仍然有独断专行的错误作风，朕不治他的重罪，但应该给他点儿教训和警告。"最终的结果，薛仁方没有被撤职，只杖责二十下就了结了此事。

论一针见血

贞观八年，中牟县县丞皇甫德参给皇帝上疏："陛下修洛阳宫，是劳民伤财；加收地租，是横征暴敛；妇女争相梳妆高髻，讲究妖艳的打扮，也是后宫带的头，教使风气败坏。"唐太宗阅后，很恼怒地说："这个混账县丞！他是想国家不征派一个劳工，不收一斗租子，宫女全都剃光头，才满他的意吗！"一怒之下，准备以诽谤罪逮捕皇甫德参。魏徵又一次进言劝谏皇上道："古时候，贾谊曾给汉文帝上疏，文中也有'可为痛哭者一也……可为流涕者二也'之类的语言，可见自古以来，向皇帝上疏时，如果言词不激切，不能震动皇帝之心；为了引起皇帝对上疏所论事情的留心和重视，势必语气较重，用词造句不免有点儿过头。所谓'狂夫一言，圣人自择'，只要陛下正确对待，有什么大不了的呢？"随后唐太宗息了怒，也想通了，感叹道："你劝谏有理，朕如果治这个人的罪，那以后谁还敢上疏进言。"于是，不但免了皇甫德参的罪，还赐赏二十匹绢给他。过了两天，魏徵知道了皇上对皇甫的处理结果后，又面奏唐太宗道："陛下近来越来越不喜欢直言进谏了，有时尽管是对进谏的人勉强容忍，但总觉得不如从前那样主动，那样自然，那样豁达大度！"经魏徵这般一针见血的提醒，唐太宗如梦初醒，不禁为自己的不知不觉深感不安，他万分感激魏徵这直言不讳的警告，并且马上下令提升皇甫德参为监察御史，以实际行动表示了自己鼓励直谏的决心。

论多管闲事

房玄龄、高士廉两位宰相有一天去上朝，路上遇到了少府监窦德素。窦德素是负责朝廷基建和后勤的主管大臣，房玄龄、高士廉就关切地过问起"北门"近来又打算兴修什么工程。窦德素一五一十地向两位宰相做了详细汇报。过了两天，这事儿不知怎么传到了皇上耳里，有一次朝会时，唐太宗指着房、高二位宰相，质问道："你们只管南衙的事情就行了，我北门有点儿营建工程，关你们什么事，要你们来过问？"原来，唐代的中央政府各部门都集中在皇城南部宫殿群，俗称"南衙"，而皇室住地却在皇城西北部，俗称"北门"，唐太宗这里对房玄龄等人的质问，其实是在指责他们干涉了皇室所属机构的事务，手伸得太长了。但南衙、北门之分，是一种不成文的习惯看法，并没有法律和制度上的依据。

但是，受到唐太宗的指责后，房玄龄、高士廉却不敢申辩半句，只有不停地叩拜，一个劲儿地道歉谢罪。与此事无关的魏徵却跑出来"管闲事"了，他见此情景，走出朝会的班列，向唐太宗启奏道："臣不理解陛下为何要责问房玄龄、高士廉，也同样难以理解房玄龄、高士廉为何要向陛下道歉认错。房、高二臣既然是宰相，就是陛下的股肱和耳目，更是全国文武百官的总领导，少府监有哪些经营修造，他俩凭什么过问不得？而陛下却对宰相过问下级的工作情况加以指责，臣实在觉得奇怪！退一万步讲，就算少府监的事务不由宰相管辖，但他俩对北门的工程上马的利害得失、工期和质量以及役工花费等帮助皇上合计和策划一下，有什么不对的呢？如果是好事，就帮皇上去尽快完成它；如果不是好事，就说服皇上下令停止它。这一切是皇上委任大臣、大臣协助皇上的最基本原理，房玄龄他们没有任何过失之处，而遭到陛下的批评和责问，所以臣实在是不理解；另一方面，房玄龄、高士廉不敢坚持自己的正确做法，在皇上的威严下面妥协退让，只晓得一味道歉认错，臣同样也感到困惑。"一席话，把唐太宗说得非常惭愧，房玄龄、高士廉二人更是汗颜无地。

论王子大臣

唐太宗的第四子李泰，是长孙皇后亲生，也是太子李承乾的亲弟弟，当时被封为越王，任扬州大都督，后来改封为魏王。李泰因是皇后亲生，加之聪明绝伦，善写文章，所以唐太宗特别喜爱他。可偏偏有人向皇上反映：朝臣中三品以上的许多高级官员，对越王不恭不敬，甚至是怠慢轻蔑。告这种黑状的人，意在攻击侍中魏徵，想借此激起皇上的愤怒，从而间离和挑拨皇上与魏徵的关系。这一招果然灵验，唐太宗龙颜震怒。第二天，他驾临齐政殿，把三品以上的高级大臣全部招来，等他们坐定后，就满脸怒色地向大臣们大发雷霆："我有些话，今天要向你们说一说。我想问问你们：以前的天子，就是天子，今天的皇帝，就

魏徵公园

不是皇帝吗？以前天子的儿子，是天子的儿子，今天我的儿子，就不是天子的儿子吗？"

　　大臣们全都被皇上这劈头盖脸的一阵质问给震呆了，大家不明究竟，面面相觑，不禁有些惶恐失措，坐立不安，这些年来，从未见过皇上发这么大脾气，如此气势汹汹，大吼大叫的，到底是怎么啦？正当大家不知所措、惊魂未定之时，唐太宗愤怒的声音又在大殿中响了起来："我看见过，以前隋朝的皇子亲王们，该是何等的神气，怎样的威风？满朝文武，谁敢不敬他三分？别说三品的达官显宦，就是宰相，又怎么样？还不照样受皇子的呵斥和打骂？如今，我的儿子，当然我不让他们放肆，不准他们胡作非为，可是你们却都觉得不可怕了，不在乎了，开始欺负他们了。如果我放纵他们，他们难道就不会照样打你们、骂你们？你们谁又敢怎么样？谁还敢小瞧他们、欺负他们？"

　　唐太宗的火发到这份上，已激动得说不出话了，只能坐在御座上直喘粗气，两眼仍愤怒地盯着殿内众臣。满堂顿时鸦雀无声，一片安静。众大臣都被皇上的雷霆之怒吓坏了，连头都不敢抬，哪敢出声呢？过了好一会儿，宰相房玄龄才惊魂稍定，回过神来，赶忙起座伏地，连声谢罪，众大臣也学着房玄龄，纷纷叩头谢罪。这时，唯独魏徵没有叩拜，也没有道歉谢罪，而是一下子从座位上站起，满脸严肃地发言了。他说道："当今群臣，并没有谁敢轻蔑诸王。何况从礼典上讲，大臣与皇子是同等的，都是皇上的臣子，不应有高下之分。《春秋》的《传》就记载过：'王人虽微，列于诸侯之上。诸侯用之为公，即是公；用之为卿，即是卿；若不为公卿，即下士于诸侯也。'说的正是这个意思。今三品以上官员，相当于古之公卿，都是天子的辅政要臣，陛下一贯是对他们特别尊重和礼敬的。哪怕他们有不是，越王凭什么就可以随便污辱，如果国家礼义伦常可以不讲了，国法纲纪可以不要了，那就另当别论。可如今是圣朝明君的时代，是礼义复兴的社会，越王怎么可以打骂大臣，随便放肆？况且隋文帝不知礼义，宠树诸王，使得他们无法无天，为非作歹，纷纷落得个因罪被废、被杀的悲惨下场。隋朝的做法是个坏榜样，恰恰不应该去学，又何足一提呢？"

好个魏徵，临危不惧，义正词严，竟在怒气上头的唐太宗面前大唱对台戏，真是胆大啊！可是，头脑一时发热、一时冲动的唐太宗，却正需要这及时的一盆冷水，去清醒几乎发昏的头脑和疯狂的情绪。遭此当头棒喝后，不愧为高明君王的唐太宗，终于恢复了理智，恢复了常态。他立即感受到了来自魏徵的一种威严，一种正义的力量，立即清醒地意识到了魏徵的这种威严和力量是因为无私造成的无畏，有理形成的有力！于是，他不惜立即收敛天子的龙威，立即循着这很有点儿难堪的梯子，自下台阶，自己收场，以改变刚才的失态，扭转和消除这一糟糕表现在臣僚中形成的恶劣影响。只见他的态度来了个一百八十度的大转弯，和颜悦色地说话了："一个人说的话，如果确实在理，真让人不得不服气。朕刚才讲的话，反映了个人对子女的爱心，而魏徵的一番高论，更体现了国家利益。朕昨天的确为越王的事生气恼火，自认为道理在朕这边，等到听了魏徵刚才所讲的话，才发现朕完全没有道理。哎，当一个皇帝，连说话也不容易呀！"下令严厉批评房玄龄等大臣的唯唯诺诺行为，并赐赏一千匹绢给魏徵。

论太宗骄慢

贞观十二年（638）三月，唐太宗有了第一个孙子。当了爷爷的他，特别高兴，把五品以上的中高级文武大臣全部召集到太子东宫，以酒宴款待大家，共同欢庆皇孙的诞生。席间，唐太宗在总结和回顾这二十多年的从创业到守成的历程时，下了这样的结论："贞观以前，帮我打天下者，主要是房玄龄的功劳；贞观以后，帮我纠正错误，参议治国方针的，主要是魏徵的功劳。"当场赠给他们二人各一把御用佩刀。接着，唐太宗问魏徵："我近来执政的情况，与往年相比有哪些变化？"这种问话，本意在暗示魏徵：希望借你的威信，由你歌颂一下我的政绩，鼓舞一下群臣的信心，装点一下今天宴会的热烈和喜庆气氛。

"不开窍"的魏徵却认真地思索了一阵，然后又是那副庄重认真的严肃之态，恭恭敬敬地讲开了："论皇上的威望和国家的实力，比起贞观初年都强得多；若要论臣民百姓的心悦诚服，恐怕还比不上贞观初年。"唐太宗不解地问："远夷臣服，国泰民安，既是我的威力增强的结果，也应是我仁德服人的缘故吧，怎么说人民对我的衷心拥戴反而比不上从前了呢？"魏徵说："以前四方未定，天下未宁，陛下常以德义为心，凡事考虑到天下百姓的疾苦和利害，所以办事情与人民的想法和愿望常常一致，人民对陛下的政务措施也就由衷地拥护，真心地服从。不久以后，国家政局渐渐稳定了，社会经济渐渐恢复了，没有什么大的动乱和灾害来威胁皇上了，于是陛下也逐步地骄傲起来，奢侈起来，自以为是起来，对人民的疾苦慢慢变得冷淡了，漠不关心了，对历史上的沉痛教训也逐渐忘却了。虽然陛下的功绩和事业大多了，但终究比不上贞观初年。"太宗仍然有些不服气，问道："我现在的做法，与往年是一样的，有什么不同呢？"魏徵说："在贞观之初，陛下是唯恐别人不谏，常常鼓励和引导臣下进谏。三年以后，有人上谏，高兴地听取采纳，这一二年以来，不大情愿臣下进谏了，虽然接受，也显得很勉强，心里其实不乐意，所以总是一副迫不得已或很为难的样子。"唐太宗说："你凭什么这样说我，有什么证据吗？"魏徵说："陛下即位之初，就要判处元律师的死罪，孙岔伽谏道：'根据刑律，元律师不应判死罪，陛下不能滥用酷刑。'陛下不但欣然接受孙岔伽的劝谏，而且还重重地加以奖励，赐给他一座价值百万钱的兰陵公主花园。有人议论道：'孙岔伽所谏只不过是件很平常的事，皇上的赐赏未免太过分了点。'陛下当时是这样讲的：'我即位以来，还没有一位直言敢谏的人，今天重赏孙岔伽，就是要大力提倡和鼓励敢谏之士。'这就是陛下在贞观初年引导人们进谏的典型事例。过了几年以后，徐州司户柳雄曾在隋朝做官，在评定官阶和品级时，弄虚作假，私自妄加，有人告发了他的罪行。陛下获悉此事后，命令他自己坦白交代，自首认罪，否则予以严惩。但柳雄坚持说他的官阶品级没有弄假，是货真价实的，始终不肯认罪。经过大理寺官员反复审理调查，证明柳雄确有此罪，皇上准备判处他的死刑。大理少卿戴胄进谏，认为柳雄的罪，根据刑律条令，只应判三年以下的有期徒刑，不能随意加重刑罚。当时陛下认为应该处死，可戴胄坚持己见，就是不同意皇上的决定。于是，陛下与戴胄争执这个判决达四五次之多，最后陛下同意了戴胄的意见，赦免了柳雄的死罪，后来还拿此案做例子对司法部门的大臣说过：'只要大家能像戴胄那样严格执法，就不担心会错杀乱判。'这是陛下能够比较高兴地纳谏之例。近一两年来，陛下却有些变了。去年，中牟县丞皇甫德参上书，惹得陛下大为不快，甚至要以诽谤罪追究他。其实臣群上奏，语言不激切，不能引起皇上的注意，过激的言词当然会惹得人不痛快，确实有点儿像诽谤。当时，陛下虽然听从了臣的劝告，未治他的罪，反而赐赏二十匹绢帛，但臣能看出，陛下的内心是不高兴的，是极其勉强地接受臣下的劝谏和批评的。"

忠谏人生

唐太宗听了魏徵一席有理有据的话，便由衷地承认了自己的变化，说：“确实像先生所讲的，除了先生哪个都不能给我说这些话。人最难的就是能够自觉自悟，先生不说起这些，我还以为自己始终如一地做得很好，并没有什么改变。听了先生的一席话，我不禁对自己的过失感到震惊和可怕。希望先生保持这份直谏的忠心，我一定不违背先生的教诲和期待。”

魏徵传说之爷爷魏彦

魏徵的父亲在外地做官，他八岁那年，父亲带他回老家看望爷爷——魏彦。

魏徵回到家乡后，见爷爷的书房里，各式各样的书很多，村边梨树、枣树连成片，风景很好；又有许多混熟的小伙伴一起玩耍，竟一下子迷上了家乡，不想走啦！可是过了些天父亲假期快满了，他听见父亲和母亲正在商量要走的事，心里头很是着急，便去找爷爷，求告爷爷去说情，把他留下。

爷爷见魏徵聪明好学，天真活泼，打心眼儿里喜欢这孩子，也很想把魏徵留下来做个伴儿，现在听魏徵说不想走，正合了自己的心意，抬头看着魏徵滴溜溜转的一双眼睛，转念一想，笑了笑说：“要叫我去说情，我得先考考你！”魏徵听了，着急地问：“爷爷，考什么呀？”爷爷笑眯眯地说：“你若能用‘计’把我从屋中赚出去，我就去说情。”

魏徵听了爷爷的话，眼珠一转，噘噘小嘴脸一沉说：“俺爹就要走啦，你不快去说情，还出题难人，我才不听这个理，我还想多玩会儿哩！”说罢，拔腿就往外跑，到院中“扑通”一声就摔倒了，接着大声哭喊：“娘——俺摔破啦！”

魏彦见魏徵跑了出去，只听到“扑通”声，又听到魏徵的喊叫，活像针扎了他的心尖子，赶忙往外就走。刚走出屋，见魏徵的母亲已到了跟前，正在拉魏徵，可是魏徵在地上趴着不起来，嘴里光喊："摔破啦——"魏彦以为摔重了，后悔自己不该逗孩子。

可魏彦一走到跟前，魏徵就自己爬了起来，两个小手捂着脸不说话，魏彦问他："哪儿摔破啦？"魏徵猛地抱住爷爷的腿，咯咯笑着说："爷爷中了'摔破计'啦！"魏彦一听，才知道魏徵在跟他动心眼儿，又笑着问："咱俩赌计，你喊你娘干啥？"

魏徵看看娘，又看看爷爷，说："我要喊爷爷，'计'就不灵啦！"魏徵的母亲这时听出了门道，说："你这孩子太淘气了！"魏彦拉着魏徵的小手往屋里走，边走边说："不要吓唬孩子，这是才略啊！"

魏徵来到屋里，对魏彦说："爷爷你输啦，快给我说情去吧！"魏彦又低头想了想，说："我是输啦，情我说去，不过我还想让你说说为啥不想走？"

魏徵听了，想了想，说："爷爷说过，一个人尽忠不能尽孝，尽孝不能尽忠，难以忠孝双全，我留下来不走，就能让爹爹做个忠孝双全的人。"

魏彦虽说知道魏徵聪明过人，记性很好，但总觉得他还是个孩子，

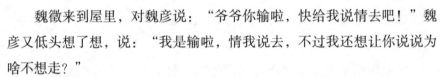

魏徵的无字碑

忠谏人生

魏徵

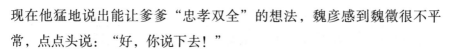

现在他猛地说出能让爹爹"忠孝双全"的想法，魏彦感到魏徵很不平常，点点头说："好，你说下去！"

魏徵把小胸脯一挺，说："爹爹在外居官，秉公办事为尽忠；把我留下，我替爹爹侍奉爷爷，端茶倒水，是尽孝，这不是忠孝双全吗？这就是我不想走的道理！"

魏彦一听魏徵的这番话，早乐得心里头开了花。他摸着魏徵的后脑勺说："好孩子，讲得好！我不让你走啦！在家跟着我读书吧！"

后来魏徵的父母走时，就把他留在爷爷身边。他就跟着魏彦在家读书，可爷爷翻来覆去总是叫他读《五经》，就是不给换书。

有一天，魏徵问爷爷："你常说有《六经》，为啥光叫我读《五经》，不让我读《六经》呢？"爷爷看看魏徵，说："孩子，你还小啊！这《六经》是《春秋》经，用字少，记的典故挺多，读起来不好懂，等你大一点儿了，再去读它吧！"

魏徵听后，小心眼儿一转，说："爷爷，这《春秋》咱家有吗？要是有，我想先见识见识！"爷爷听魏徵说的在理，就从书架上找出了《春秋》，让魏徵看了看，随后又放回了原来的地方。

从此，魏徵每天晚上读书到深夜。爷爷见魏徵这样肯用功读书，心里虽然喜欢，却又怕把孩子累坏了，每天晚上常去催魏徵早点儿熄灯睡觉，有时一夜催他两三次。魏徵想：这样下去不行，不只是自己读书读不好，爷爷也睡不好觉。后来，他想了个办法：每到夜深人静时，他就用被单把桌子围住，把小油灯端进去，钻在桌子底下读书。这样，爷爷以为他按时睡了，其实魏徵是在桌子底下用功读《春秋》呢！一连几个晚上，魏徵边读边揣摩，一字不隔地用心读。

一天早晨，魏徵两眼挂着红血丝、抱着书去见爷爷，说："爷爷在上，孙儿有了一件欺骗您的事，请您老人家训教！"说着把《春秋》放在了桌上。爷爷看了看桌上的书，不知道是怎么一回事，对他说："你先禀明做了什么错事！"魏徵揉了揉眼睛，把在桌子底下偷偷读《春秋》的事说了一遍。

爷爷听了又惊又喜，他真没有想到魏徵这孩子这么肯下心思读书！老头子哪里还舍得训斥魏徵，高兴地夸奖他说："你这样用功读书好啊！当初，我是怕你读不懂、太费劲，又怕把你的身子骨累坏了。如今你熟读了《春秋》，爷爷打心眼儿里高兴。"魏彦说到这里，想了想又问魏徵："你这样苦心读书是为了啥呀？"魏徵不假思索地回答说："我想多读书，是为了增长知识，将来辅佐明主治理国家，让天下的老百姓安居乐业，国家四海安宁。"

魏彦听了魏徵的话，心窝里激动得像开了锅，连声说："讲得好！讲得好！我魏家世代为官，应当有你这样的好后人！孩子，过两天我再教你读安邦治国用得着的《六韬》《六典》。"

从此，爷爷越发耐心地教，魏徵越发勤奋地学，经常读书读到深夜，有时实在困了，就到院中打打拳，提一提神，回到屋里再读。可是，他一打拳，就会把爷爷闹醒，爷爷醒后，总会止不住咳嗽一阵，并招引得家里的那匹小毛驴"嗯儿啊——"地叫唤，这样就吵得爷爷更不得安生了。后来，魏徵想了个好主意，当他读书再困了时，就骑上毛驴到村东野地里转几圈，回来后再去读书。

魏徵半夜骑毛驴的事，被爷爷知道了。爷爷找到魏徵训斥他说："叫你习武，你非要习文，叫你专心读书，你半夜里又骑驴玩！这样没有主意，一天这，两天那，朝三暮四，能有啥出息！"魏徵说，这是为了振作振作精神，因为太困了。不料，爷爷听了这话，火气更大了，说："古人读书时，困了就头悬梁、锥刺股，你不学古人，独出古怪点子，还敢胡搅蛮缠！"

魏徵从小就不盲目听从，听了爷爷的话，他不慌不忙地说："爷爷，请您息怒，听孙儿把话说完。我认为古人的读书方法也不一定都好。如果光顾埋头读书，不注意锻炼，闹得身子骨垮了，读书又有什么用呢？三国里的诸葛亮，上知天文下知地理，又熟读兵书，是个响当当的大才子，可是一上路还得让人用车子推着走，那多别扭啊！我读书困了，骑着毛驴转转，这样既不影响爷爷安歇，又能振奋精神，同时，我

忠谏人生

魏徵

还学了骑术，又活动了身子骨，岂不是一举多得？这比头悬梁、锥刺股好得多啊！"

爷爷听了魏徵的这番话，觉得这个办法确也不错，立刻转怒为喜，表示同意了。

第七章

分封不妥据理胜

　　唐太宗分封诸侯，遭到魏徵的极力反对。实行分封制，必定增加大批官员，官员的俸禄都是从老百姓那得来。国家如果少收赋税，官府财力则困难；如果增加赋税，老百姓又受不了，要是硬性催征，就很容易发生动乱……

继承和改革政府机构

在宫廷内部管理体制上，李世民没有原封不动地简单继承唐高祖传下来的政府机构，而是进行了一系列的改革，使之更趋完备和简化，大大提高了行政效能。

隋唐之际，三省六部制正式确立。唐代中央政府分为三省：一为中书省，最高长官为中书令；二为门下省，最高长官是侍中；三为尚书省，最高长官是尚书令及左右仆射。后因李世民曾任尚书令，臣下避居其位，仆射遂成为最高长官，尚书省是执行政令的最高行政部门。

李世民即位后曾对这三省进行适当的改革，为唐朝的宰相制度奠定了基础。李世民不仅创立了新的宰相制度，而且特别强调在实践中要坚持讨论、批驳、执行相结合的原则。他在贞观元年对王珪说："中书所出诏敕，颇有意见不同，或兼错失而相正以否。元置中书、门下，本拟相防过误。人之意见，每或不同、有所是非，本为公事。或有护己之短，忌闻其失，有时有非，衔以为怨。或有苟避私隙，相惜颜面，知非政事，遂即施行。难违一官之小情，顿为万人之大弊。此实亡国之政，卿辈特须在意防也。"

两年之后又说："中书、门下，机要之司，擢才而居，委任实重。诏敕如有不稳便，皆须执论。比来惟觉阿旨顺情，唯唯苟过，遂无一言谏诤者，岂是道理？若惟署诏敕、行文书而已，人谁不堪？何烦简择，以相委付？自今诏敕疑有不稳便，必须执言，无得妄有畏惧，知而寝默。"

可见，李世民对这一新体制是竭力维护，希望充分发挥它的优越性的。贞观五年（631），李世民又特别申明恢复执行"五花判事"旧制，

忠谏人生

魏徵

其具体办法是"凡军国大事"，由中书舍人"各执所见，杂署其名"。实行这种制度的目的，也是为了调动官员的积极性、主动性，以便收集思广益之效。李世民认为隋文帝的缺点之一，就是"每事皆自决断，虽则劳形苦神，未能尽合于理"。他坦白地说："以天下之广，四海之众，千端万绪，须合变通，皆委百司商量，宰相筹划，于事稳便，方可奏行。岂得一日万机，独断一人之虑也。且日断十事，五条不中，中者信善，其如不中者何？以日继月，乃至累年，乖谬既多，不亡何待？"

唐太宗从自己的实践中深深体会到，"为政之要，惟在得人"，"致安之本，惟在得人"。他除了力倡手下大臣举贤任能外，自己也注意观察发现人才，并能够不计前嫌，用人不疑。

玄武门事变后，宫府集团想谋害他的人很多，最后都被他置为左右近侍，并予以重任，如王珪和魏徵、韦挺等。对此，李世民深为自得，常以春秋时齐桓公任用管仲自比。齐桓公是齐襄公的儿子，名叫小白，他有个兄弟叫纠。鲍叔牙相公子小白，管仲相公子纠，都为客卿。齐襄公被杀后，兄弟二人争立为君，管仲将兵阻止公子小白入京，一箭射中小白带钩，险些射死小白。后来小白得立为王，即齐桓公，管仲束手请罪。鲍叔牙以管仲比自己有能力，向齐桓公推荐。齐桓公不记一箭之仇，采用管仲为相，在管仲的有力辅佐下，齐国迅速富强起来，齐桓公终于成为春秋第一个霸主。

李世民曾对魏徵说："你的罪比管仲要大，我重用你比管仲还强，在近代君臣中，还有胜过我的吗？"

魏徵感其豁达，表示"喜逢知己之主，当竭其力用"。

原秦王府旧属，对太宗的这种以德报怨、化敌为友的做法并不理解，有一次李世民在九成宫宴请近臣，长孙无忌看到魏徵也在座，就对李世民说："王珪和魏徵过去都是李建成的人，我见到他们就像见到了敌人，没想到今天竟然坐到一起吃饭。"

李世民说："魏徵过去确实是朕的敌人，但他尽心做事，朕才提拔他。朕每有事，魏徵能犯颜直谏，不许朕出过错，这样的人，朕怎么能不器重他。"

任用有德能的外臣为己所用，这是李世民实现大唐统治的一个重要手段；其次，为了巩固江山长久，他也没有放弃内亲的分封管理。自秦汉以后，历代封建统治者为了巩固中央集权的统治，清除封建割据的祸根，对分封制度不断进行改革，秦统一六国后，行郡县制，而废分封制。汉时刘邦又实行郡县、封王混合的制度，想借此互相牵制的办法，利用分封的王侯来拱卫皇室，巩固中央的统治。经西汉文帝、景帝和武帝的削藩集权中央，以及东汉光武帝的改革，分封诸侯的土地越来越少，诸侯在地方上无行政司法军事诸方面的权力，而只能享受征收当地百姓租税的权利。魏晋南北朝之后，王侯封爵逐渐成为虚封，并无土地之实在，诸王一般并不离开京城。王国的租帛账册由中央管理，诸王如果至国就封，必须兼州牧刺史或将军等官职，否则毫无实权。至隋朝时，王侯封爵不但完全成为虚封，诸王所食封户的租帛，不归诸王征收，而改由朝廷的内府支给，也就是说，王侯制度在地方行政制度中已完全被排除，失去了它应有的地位。总之，分封制演变说明，封侯的权力、地位越削越小，及至有名无实成为虚封，这是几百年的历史发展趋势，是巩固中央集权统治的必然结果。

论战分封诸侯好坏

唐爵分九等，一为王，食邑一万户；二为嗣王、郡王，食邑五千户；三为国公，食邑三千户；四为开国郡公，食邑二千户；五为开国县公，食邑一千五百户；六为开国县侯，食邑一千户；七为开国县伯，食邑七百户；八为开国县子，食邑五百户；九为开国县男，食邑三百户。所谓"开国"之称，是唐太宗时开始加的，按规定，皇兄弟、皇子封为亲王，皇太子为郡王，亲王之子，嫡长子为嗣王，诸子为郡公。具有功劳者，可封为郡王、嗣王，郡王的嫡长子封国公。皇姑、皇姊、皇女、皇太子女、亲王女则分别封为大长公主、长公主、公主、郡主、县主。

唐高祖受禅时，因天下未定，便超越常规，广封宗室，想以此威震天下，同时为了取得宗室的支持，竟封皇帝的堂兄弟和兄弟之子数十人皆为郡王，这不仅增加了百姓的赋税负担，并且不利于中央集权的巩固。唐太宗即位后，和侍臣商议说："遍封宗子于天下，好不好？"

封德彝认为："纵观历史，咱们现在封王是最多的，没有比我们再多的了。比如，两汉以后，只有皇帝的儿子和亲兄弟才封王，所有的宗室远亲，有特别功劳的除外，都没有滥封王的。先朝封了这么多的王，给老百姓增加了负担和劳役。可以说，这样做是以天下为私，绝不是为公之道。"

唐太宗听了挺满意。他点点头，说："朕治理天下，以老百姓为本，千万不能以劳累老百姓来养自己的亲戚。"

于是，李世民分别将宗室郡王、郡公或县公，都降下来，只有功高的没降。

贞观元年，李世民开始大封功臣，这些功臣中，以房玄龄、杜如晦、长孙无忌为第一等。

此后过了一段时间，唐太宗想到李姓王朝的延续问题时，又对当时的某些制度产生了怀疑。大唐是建立了，也巩固了。但是，怎样才能千秋万代传下去却是个大问题。他想到了周封子弟，延祚八百余年。而秦

魏徵书法

罢诸侯，二世就灭亡了；西汉吕后篡权，最终还是依赖宗室亲王的力量平定了江山。因此，他感觉到要使大唐王朝子孙相承，万代相继，还是分封诸侯的好。

然而，这件事引起了宫廷一场论战。

唐太宗将这想法向大臣们说了，封德彝见皇上重新又提分封的事情，当然猜到了皇上心里想的是什么，于是，他首先表示赞同，说："万岁真乃圣明。依臣之见，我们大唐帝国还是应该推行周朝的封侯制比较合适。"

李世民就问："那么依卿的看法，这分封的事情，得怎么样实行呢？"

封德彝的意见是：陛下可以分别设有公、侯、伯、子、男五等爵位。分封同姓的和异姓的功臣为诸侯，在各地建立诸侯国政权，以作为天朝的藩屏，向天朝进献贡物，提供兵耗和担负徭役等。这种做法，在我国的历史上，早就有成功的范例了。比如周朝开始实行封建制，使自己的国家固若磐石，相传八百余年。

李世民对他的意见表示赞同。

然而，对于封德彝的这一套说法，魏徵不以为然，他认为这是公开地要求圣上名正言顺地搞复古倒退。照这样下去，刚刚统一的大唐帝国，又要陷入各自为政，甚至形成地方分裂、割据的局面。魏徵对封老大人当然得客气点儿，但意见还是得说。他先是对封老大人精通国史，对周朝的封建制度很有研究深表敬佩。然后话锋一转，提出今天的大唐帝国，早已经不是昨天的周朝了；当今圣上，也绝非已故的周天子所能比，时事已经变迁，江山也已移异。如果我们仍然抱残守缺，因循复旧，那就正如刻舟求剑，正是南辕北辙，事与愿违！

李世民一听魏徵的话觉得也有道理，但是，他感到魏徵还没把其中的道理论述得深刻、详尽，还须要有更具体的阐述才好。李世民在这个关系到国家大政方针的问题上，不想草率，他想认真、广泛地听听大家的想法，所以，他也不想对某一种说法表示可否。他要众爱卿都畅所欲

言，有什么想法就说什么想法，不要拘束。

权万纪正琢磨封德彝和魏徵的争论，听皇上这么一说，就想试探一下。

他说："陛下，依愚臣看来，分封诸侯嘛，也未尝不可。只是，规模不能太大了吧？数量嘛，也不宜过多。当然，职权就更不能过重。把诸侯掺杂在州县之中，这封国的属官，得由朝廷来任免。这样，就达到了各守疆土，又互相制约的目的。最终，还是维护和巩固我们大唐朝廷的利益。愚臣所说的这种做法，是既借用了周朝分封的根本，又符合当今振兴我大唐帝国的需要，两全其美，何乐不为呢？"

从这段话里，我们可以看出权万纪是个折中主义者，是和稀泥，是又要发言又要不得罪谁，纯属搞技巧。尽管权万纪折中，实质上与封德彝的主张大体上是一致的，而且还更有欺骗性。折中主义本来就是貌似公正，不偏不倚，然而，就是这种穿着华丽外衣的理论，不仅魏徵不买账，连封德彝也不感兴趣。他要实行的是不折不扣的封建制，不要折中主义的封建制。

太宗听完了权万纪走夹缝的方案之后，觉得这样一来，机构是不是就过于庞杂？他还是让各位爱卿都说说。

封德彝被魏徵反驳，闹得耳根子发热，又被权万纪折中一下子，心里相当别扭，他憋不住，言词也有点激烈。他说："吾皇圣明，高瞻远瞩，一针见血，一语道破折中做法的要害之处。权大人想出奇制胜，欲速不达！"

权万纪挨了封大人一闷棍。

魏徵奇怪，他们自己一伙怎么还干上了？

权万纪心中大为不快，然而，封德彝是元老重臣，像权万纪这样的还是敬让他三分才算聪明，于是，他勉强装出一副笑脸，卑躬屈膝地问封德彝："请问封老大人，实行封建制的根据是什么呢？"

不想，这一问正中皇上的下怀，李世民也叫封德彝说实行封建制的道理。

封德彝更抖擞精神，说："这个道理可以说很简单，我们只要翻翻周朝以来的历史，就可以明白了。秦始皇统一中国，可谓功劳大焉。然而他废除封建制，实行郡县制，仅仅维持了二世就消亡了。汉朝采取'郡国参建'的做法，也只是维持了四百多年。魏晋以来，南北分裂，各代王朝全都短命，也都是因为废除封建制。所以，依愚臣之见，我大唐帝国要想长治久安，就非实行周代的封建制不可。"

应该说封德彝的这番言论，代表了当时朝野上下不少王公贵族、豪强望门的思想倾向和愿望，所以有一定的社会基础，就是在一些元老重臣之中，赞同这一观点的也不乏其人。

而魏徵呢？他早就在观察、分析唐初的政治、经济形势。魏徵发觉，这股守旧复古势力不仅来头不小，而且非常危险。这一势力的政治意图和主张，如果真的实现，刚刚统一的大唐的国家政权就被架空，各路诸侯各自为政，分崩离析，黎民百姓将重新陷入无止无休的战乱之中。

魏徵感到这件事非常可怕。

但是他沉住气，听听大家的意见再说。

唐太宗当然不是自得，他也在猜测封德彝主张的政治目的和实质。

唐太宗问封德彝："封爱卿，您说封建制使周朝维持了八百年，这段史实千真万确，人所共知，说明周天子创立的封建制是符合当时的社会实际的。"

封德彝听得很得意，他感到皇上在向他靠拢。

可是太宗接着提出："我大唐和那个周朝可是不一样了，肯定是不一样了。怎么个不一样法，你们能不能更深刻地说一说？另外，封爱卿您说秦朝仅仅维持两代就灭亡了的原因，到底是什么？是因为秦始皇实行了郡县制呢，还是由于其他什么原因？至于魏晋以来各代王朝都短命，其根源恐怕也很难全归到废封建行郡县这一制度上吧？"

本来是太宗首先提出分封诸侯的意思，封德彝、权万纪是顺着他的思路拍马屁，一路拍下来，现在太宗又突然回头连刺数枪。

封德彝、权万纪等人被问得愣住了，一时答不上来。

忠谏人生

魏徵

然而，李世民的提问，反倒给魏徵理明了思路，点明了要点。

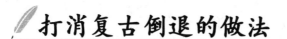

打消复古倒退的做法

魏徵觉得太宗确实是一位英明的君主，他对国家大事的处理，缜密深刻，而且在方式方法上，也妥善得体，魏徵打击守旧复古派的机会来了。他思索了片刻以后，提出自己的主张：周天子分封诸侯，应该说符合当时的国情，可是后来怎么样了呢？大家都知道，后来各路诸侯国的权力逐渐增大，这种诸侯权力膨胀的结果，形成了与周天子分庭抗礼的可怕局面，这才导致诸侯割据，诸侯混战，谁也管不了谁，谁也不服谁，直到秦始皇统一中国。

唐太宗一听，心中豁然开朗，鼓励魏徵往下说。

封德彝、权万纪等却神情紧张起来，他们已经预感到事情不妙，越是这样，他们越是认真地听着。

魏徵已经感到自己在走向胜利，继续阐明自己的思想："我们现在的思想、文化、劳动工具、生产技术、生活习惯等都已经不是周朝那个时代了，一切都发展了，进步了。周朝的那种封建分封诸侯制，已经毁掉了周自身，难道还能适应我们大唐吗？秦始皇统一中国后，正是总结了周朝分封诸侯导致国家灭亡的教训才实行郡县制的。秦始皇是对的，事实上对安定和统一，起到了很大的作用。至于它二世而亡的原因，主要在于横征暴敛，苛政如虎，老百姓活不下去才揭竿而起。还有魏晋以来的各个王朝都短命的问题，也不能把原因归结到废封建行郡县上去，而是各代国君昏庸无能，没把老百姓放在心上，没有采取安定人心的国策。这些情况，仔细研究一下历史就清楚了，很多史实是可以证明的，请陛下明察。"

应该说，这一番话，在太宗的心里深深地扎根，于是，这个魏徵，也就在太宗的心里深深扎根。他非常佩服魏徵的学识渊博，才思敏捷。但是太宗并不急于表态，他想让魏徵进一步阐明实行封建制的危害，这样才能使更多人心服，使封、权等人再无他言，他有意地让魏徵更详细地说一下大唐为什么不能实行封建制。

魏徵提出："一看大唐眼下的情况和处境。首先，国家初建，老百姓经历隋朝暴政和多年战乱，社会凋敝，民生困苦。现在，我们刚刚统一，刚刚走上正轨，刚刚开始治理，刚刚形成规矩。老百姓刚刚适应大唐的制度，这时又分封诸侯，把黎民百姓再转到分封的诸侯国去管理，一个诸侯国一个样，一个诸侯一个令，必定使人心不稳，甚至造成再度逃亡，使我们已经初见好转的国家又变得难于治理，这是其中的一个原因。另外……"

魏徵正要往下说，话音却被封德彝打断。

这回封德彝真的火了。

封德彝早就不耐烦了，堂堂的三朝元老，让一个曾经是圣上政敌的人，在朝廷之上，当着如此众多的大臣的面，批驳自己，太失面子了。如果再让他说下去，让魏徵的观点占了上风，不仅对自己的权势、地位、名誉是重大打击，而且对自己身后的势力，也是沉重的打击。

封德彝本来很火大，可是打断魏徵的话后又突然想到看太宗的态度，要是在皇上面前与魏徵硬碰硬，并没有全胜的把握，闹不好，要是引起圣上的反感那就笨了。他这么一想，就从火大变成十分恭谦的样子，看看皇上，对魏徵说："魏大人所言，老朽佩服。只是把'社会凋敝，民生困苦'两句话，用在我们当今的太平盛世，恐怕是有些不妥当？照魏大人的说法，太上皇还有圣上，再加上我们这些文武百官，不都是酒囊饭袋了吗？"

封德彝真是没有白认真听，终于捉住了魏徵的破绽。他这么一说，魏徵岂不是从太上皇，到太宗，到上下群臣都得罪到了。

对于魏徵来说，最高的策略是不屑理他，继续讲自己的。他好像并没有听到封德彝的话，接着说："陛下，刚才说的是其一，还有其二……"

太宗真和他配合，问："其二是什么？"

这就等于李世民和魏徵合伙给封德彝一个大讪脸。

魏徵心里好笑，马上答道："其二，既然要推行封建制，要封诸侯，就需要在各诸侯国建社庙、立官署和制定各种典章制度。一旦考虑不周，照顾不全，就会引起不满。如果想要办理得既完善又齐全，依臣看，就我们目前的人力和财力都办不到。皇上，既然这样，我们为什么要做这种自讨苦吃、自找麻烦、根本行不通、实际办不到的事情呢？"

太宗嘴角现出笑意，他用眼睛瞥封德彝和权万纪，这两个人的脸都是茄子色。

魏徵还越说越来情绪，他阐述，实行分封制，必定增加大批官员，他们的俸禄都从哪儿来？归根到底要从老百姓那来。国家如果少收赋税，官府财力则困难；如果增加赋税，老百姓又受不了，要是硬性催征，就很容易发生争端，这对这个刚刚建立的大唐是非常不利的。还有，大量地分封诸侯之后，中央政府的直接辖区必然变得狭小了。区域狭小，所收赋税没多少，怎么维持朝政的费用呢？这就只好依赖诸侯朝贡了。少要？中央政府不肯，不够花；那就多要？诸侯各国又不肯给怎么办？长此下去，矛盾四起，不发生干戈才怪。

"诸侯国的地盘越来越大，天朝的势力越来越小，那大唐帝国可就名存实亡了。"太宗接着魏徵的话茬儿，补充几句，实质是表了态。

魏徵又阐述了最后一点："就目前的情况看，北方的形势不太稳定，突厥势力还很强大，时常偷袭我们内地。大敌当前，只有集中优势兵力，方可取胜。如若封诸侯，必然导致兵力分散。国力削弱，一旦发生不测，悔不可追呀！陛下，诸位大人，对于决定我大唐帝国前途和命运的这一大事，我们不能不认真思考，慎重处置啊！"

殿内的文武群臣被魏徵这番言论所震惊，所折服，许多人由不解、不满，转为信任、敬佩，太宗也很激动，他站起身来，高声说："魏卿陈述五条，有理有据，切中时政，真乃高论也！"

魏徵说过之后，当时的好多大臣都表示不可分封，太宗没有想到一个分封制，竟引起包括长孙无忌在内的众多大臣的激烈反对，于是才彻底打消了这个复古倒退的念头。

魏徵传说之魏徵谷

（一）

魏徵年轻的时候，在家乡赵魏村白天下地干活，黑夜读书写文章。别看他识文断字，论起干农活，也很有一套。

那时候，村里多数人家都是种的旱地，老天爷要是不下雨，能把人急死。

有一年春天，偏偏遇上了大旱，乡亲们明知该播种了，就是不敢动手。可魏徵不管三七二十一，三亩地全种上了谷子。等小苗一出土，他就不分白天黑夜地担水浇地。功夫不负有心人呐！小苗长到三寸来高，齐刷刷，绿油油，一根紧挨一根，你要是在这边把谷苗一推，地那头的谷苗子准晃悠！

谁路过这里，谁都乐意多瞅上几眼。

这天，魏徵弯着腰在地里拔草，大家不由得围拢来夸他种的谷苗好。一个好心的人说："哎呀！苗是好苗，就是太密，该拔拔苗啦！"魏徵直起腰一笑说："不忙，再等等。"

那个人一听急了，大声说："还等呐！等谷子发了根一拔这根，那根就动，可就都打蔫啦！"大家说着就要帮着魏徵拔谷苗，可魏徵还是说不到时候，大家只好摇摇头走开了。

又过了几天，魏徵挨家挨户地找人帮忙，去给他拔谷苗。人多不怕活儿重，吸锅烟工夫，就拔完了。大伙儿刚要走，魏徵说："叔叔大爷、哥哥弟兄们，你们谁拔下的苗谁拿走，赶紧栽到自家的地里去吧。"

大家你瞅瞅我，我看看你，再瞧瞧一堆一堆的谷苗，谁也不动。过了一会儿，一个老头说："唉！大侄子，咱们那地，抓把土都烫手，一走就起一溜烟儿，把这谷苗栽上，还不烤煳喽！"

魏徵笑了笑，说："老伯，您不要着急。我夜观天象，今天傍黑就有雨，趁白天把苗栽上，赶明儿准活！"一个小伙子抓起了一把谷苗，翻过来、倒过去地问："这谷苗拔下来，还能栽活呀？"魏徵拿起一棵谷苗，说："你们看，这苗根像一撮撮细线头，这叫胎根。只要扎不下水限，这样的谷苗一栽就活。"

听了魏徵的这番话，大家才明白他为什么只拔杂草不浇水，留着密密的苗子，敢情是想着乡亲们呐！大家各自抱了一堆谷苗，喊来了老的少的，满地都是人了，忙活了一天。

到了傍黑儿，真的"唰唰唰"地下起雨来。过了一夜，鸡儿刚叫，人们跑到地里一看，嘿！挺挺实实的谷苗还顶着露水珠呐！

人们为了感激魏徵，便都把这种"栽谷"叫作"魏徵谷"。这种办法，一直沿用了下来，就是如今遇到缺苗断垄时，还有栽谷的习惯。

（二）

从前，在晋州，也就是现在的晋县，有一种谷子叫"双月红"，品种好哇！长一尺来高就抽穗，紧接着就扬花、晒米儿，六十来天就熟啦！人们见它秸秆小，谷穗大，送个土名曰"饿死牛"——传说这种谷子是魏徵给家乡人们送来的。

那时节，虽说是魏徵当了宰相，吃的喝的不少，穿的戴的不缺，可他心里总想着天下的老百姓，更惦记着家乡的父老乡亲。

有一年，魏徵的家乡晋城一带，遇到了从来没见过的大旱。从春天到夏天，又从夏天到秋天，眼睁睁地硬是看不见一丝儿云彩，泪汪汪地就是盼不来一点儿雨星儿。就这样，等呀盼呐，冬天又是一朵雪花见不着，一直到了第二年六月还没下一滴雨！人们在道上走，烫得脚丫子生疼，河里断了水，树上枯了枝，这可把老百姓急坏啦！只好烧香、上供求龙王，折腾了好一阵子，还是不下雨。人们眼看就活不下去啦，有的人家干脆推车挑担到外地逃荒去了。

　　到了六月初十，一阵风呼呼地刮了起来，随后大片黑云彩把天蒙住，接着"咔嚓"一个响雷，哗哗地下起雨来。那雨点子，比铜钱儿还大哩！这雨是紧一阵儿，慢一阵儿，一连下了三天三夜，只下得沟满壕平，蛤蟆满地乱蹦。这真是一场救命雨呀！人们欢喜得不知说啥好，可就是不能下地干活了，一个个发开了愁。唉！这场雨下得太晚了，离寒露节气只有六十几天，只能种点儿山药、蔬菜，像高粱、谷子要八九十天才能成熟，这可怎么办呢？

　　这个事儿，不知怎么就传到了京城，让宰相魏徵知道啦！他想：这可是个大事，得了透雨，没有早熟的粮种，不收主粮，百姓照样难以度日，这可对我大唐江山不利呀，这个事儿我得管管。想到这儿，他急忙派出差役，到各地方粮仓查找早熟的谷种。过不多久，派出的差役一个个耷拉着脑袋回来了，都说找不着。魏徵一急，骑上白马神驹就找神农去啦。白马神驹腾云驾雾，一眨眼的工夫就到了神农仙宫。神农见忠良贤臣魏徵到了连忙起身相迎，问："不知魏大人来此何事？"魏徵就把找早熟谷种的事说了，神农答应："这是为天下黎民百姓做好事，理应助你！"说完，就派仙童领魏徵去神仓官那里挑选谷种。

　　神仓官正在睡大觉，仙童把他叫醒，传了神农的口谕。神仓官怎敢怠慢，一口气儿报出了"齐头白""胎里黄""红毛山""小白谷""火炼金""细牛尾""青菜根""黄黑皮"等九九八十一个品种。

　　魏徵一问，这些品种都是八十多天才能成熟，就摇摇头说："这些我都不要，要的是只用六十来天就能熟的谷种！"神仓官一听，满脸的不高兴，心想：好你个魏徵，这不是跑来难为我神仓官吗？我到神农那里告你去！想到这儿，瞪了魏徵一眼，二话没说，就跑到神农那里说开了魏徵的坏话。

不等神仓官把话说完，神农"啪"地一拍桌子说："上至天宫玉帝，下到地府阎君，还有四海龙王，哪个不知魏徵是个大贤臣呀！是你不尽天职，连粮种成熟的期限都记不住，那'双月红'就是我亲手培育的谷种，专门对付懒龙下晚雨的，种上它六十天就熟，你为何不报给魏徵，反来说他的坏话，该当何罪？"神仓官吓得磕头如捣蒜，求神农饶命。神农想了想又说："也好，你立即开仓取谷，亲手交给魏徵，事情办妥，将功折罪，要是再误了农时，加倍处罚，赶快开仓去吧！"神仓官一溜小跑地回来了。

魏徵从神仓官手里接过谷种，只见是二小黄绢袋，觉得太少，刚要想问，仙童在他耳边小声地说了几句话，魏徵笑了，立即骑上白马神驹回到晋城，把谷种交给县官，让老百姓前来领取谷种。说来也怪，不管有多少人来舀，那谷种一点儿也不见少，一直等到没有人再来了，黄绢袋也就空了。

人们有了谷种，赶紧耕种，到了六十天头上，满地一片金黄。家家户户吃着香喷喷的小米饭，一个个都想起了送谷种的人。为了感激魏徵，人们就把这种谷子叫作"魏徵谷"。

（三）

魏徵谷，当日熟。

这句谚语，在河北省晋县流传很广。说起这条谚语的来历，可有一段迷人的神气儿故事！

远在唐朝，钜鹿下曲阳一带，也就是现在河北省晋县，有一年，天旱无雨，地皮都裂开了缝。眼看就到了"六月六，见谷秀"的时节，可谷苗还没有钻出来，乡亲们急得围着地头转过来走过去，你看看我，我瞅瞅你，谁也想不出法子来，"唉！还是去求神灵保佑吧！"不知是谁喊了一声，人们就打上雨伞，戴着草帽，抬着供品，一个挨一个地挤到县城南海观音庙，呼啦跪倒一大片，冲着观音求起雨来。人们虽说整整跪了三天三夜，还是一块儿云彩也没见到，一点儿雨星儿也没摸着，到了第四天头上，人们晒得汗珠子一个劲儿地滴答，可是谁也不抬头。

到了晌午，"刺啦"一声，人们惊得抬头一看，只见观音菩萨张开了嘴，吐出几张纸条来。纸条飘飘悠悠往下落，跪在前边的几个人忙接到手，有位识字的一看，上面写着两行字："要想脱此难，必拜禾女鬼。"

众人赶紧围上来，看了半天，也不知道写的是什么意思。大家你一言我一语地说开了：只知道阴曹地府里有小鬼、判官，可从来没听说有什么"禾女鬼"呀！

一个叫王成的老秀才，独自想了一会儿，猛地大声说："这'禾女鬼'，我知道！"

呼啦一下子，人们就把王成给围住了，问他"禾女鬼"在哪里。王成不慌不忙地说："这不明摆着，咱乡里数谁最有出息？是谁做了大官还想着咱穷乡亲？我看就是魏徵啊！"

一个急性子的小伙子嚷着："咳！魏大人是好官，可与'禾女鬼'有什么关系呀？"

"这你就不懂啦，'禾''女'上下一连，右边再添上一个"鬼"字，不就念作'魏'吗？魏徵魏大人福大、命大、造化大，神通广，办法多，观音菩萨一定是让我们去找魏徵啊！"

经王成这么一说，大家都连连点头，人人都有了笑模样儿。一个老汉走过来说："王秀才说得在理儿，就是咱这儿离京城三千多里地，就说魏大人得了信儿，给咱们送粮来，少说也得走仨月，远水解不了近渴呀！"

王成拍了拍脑门儿，有了主意，说："我看这样吧，魏徵父亲的坟就在表业村东，咱们大伙儿一块去拜拜他老人家给儿子托个梦，就说乡亲们遭难，帮咱度过灾年。"大家觉得这是个办法，就一齐来到魏徵祖

忠谏人生

魏徵

坟前，上好供品，点着纸钱，祷告起来，一直闹到半夜才各自回家。

乡民们这一拜墓，远在京城的魏徵就都知道了。你知道这是怎么回事？原来魏徵做的是阴阳官，白天给唐太宗当宰相，管人间的事；到了夜间，就给阎罗天子当传令官，管阴间的事。就在这天夜里，魏徵刚合上眼，就见父亲来到床前流着泪对他说，家乡闹旱灾，谷苗出不了土，让他想法救救乡民。

魏徵知道了家乡有灾情，心想：我得赶快去救难，不能忘记家乡父老邻里的养育之恩。想到这里，他一刻也没停留，赶紧上天去找玉皇大帝。等上了灵霄宝殿，只见玉皇大帝正和观音菩萨满脸带笑地等着他哩。魏徵参拜过后，玉皇大帝开口说："哈哈，我就知道你要来的！"

魏徵连忙问："家乡遭灾的事，您已经知道啦？"

"是这么回事：我和观音菩萨巡查到了钜鹿下曲阳，看到乡民顶着日头求雨，一时打动了我的心。一问菩萨，得知是你的乡亲们，我常听说你是位忠臣孝子，对乡亲父老常挂心上，就出了个主意，让观音菩萨显灵，指条生路，找到你的头上。"

魏徵听玉皇大帝这样一说，连忙跪拜说："我替乡亲拜谢玉皇，恳求火速救灾！"

玉皇大帝立即传旨，命龙王带领三千虾兵蟹将，火速到达钜鹿下曲阳，布好云，吹起风，"哗哗"地下开了大雨。

魏徵从天上回到宰相府，刚想歇会儿，又掐指一算，如今已是七月十五，一场透雨能解除旱象，可种什么庄稼也晚了，这可怎么办？急得他又从床上起来，在屋地上走过来走过去，不住地唉声叹气。

书童李平进屋送水，看到老爷愁眉苦脸的，忙说："大人，用不着发愁，解救家乡父老，我有办法。"

"噢？快说说，有什么办法？"

"大人，我跟你当差多年，你常常教我念书识字，还让我身在官府，想着乡下人。我就在侍候大人的空闲中，试种成了一种生长期短的谷种，快派人送家去种吧！"

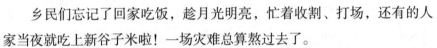

"有了新谷种，这就好啦！可这么远的路程，一时也送不到哇！"

"大人，神农仙会腾云驾雾，又懂种植技术，何不去找他？"

提起神农仙，魏徵倒想起一件事来。三年前，狐狸仙姑曾在玉皇大帝面前告了他，玉皇大帝一怒之下，要将神农开刀问斩，多亏了魏徵了解下情，保了一本，才救了神农。如今让他帮忙，他准答应。魏徵想到这里，整理了一下行装，就找神农去了。

神农听魏徵一说，二话不提，背上魏徵带来的谷种，连夜到了钜鹿下曲阳，将谷种撒在地里，天刚透明，满地都钻出了绿油油的小谷苗。乡亲们不知是怎么回事，男女老少都到自家的田里看，这谷苗见风就长，一会儿比一会儿高，刚到中午，谷子就吐出了穗儿，天一擦黑儿，谷穗竟成熟了。

乡民们忘记了回家吃饭，趁月光明亮，忙着收割、打场，还有的人家当夜就吃上新谷子米啦！一场灾难总算熬过去了。

后来，魏徵回家乡探亲，乡亲们问他，是不是他派人下了透雨，种上了谷子，魏徵只是摇头。可书童被乡亲们请吃饭的时候，酒后嘴不把门儿，把事情的前前后后全都说了。

俗话说：吃米不忘种谷人。乡亲们为不忘魏徵的功德就把这种谷叫做"魏徵谷"。"魏徵谷，当日熟"这句话，一传十，十传百，很快就传遍了四面八方。

忠谏人生

魏徵

第 八 章
苦口婆心巧谏言

所谓伴君如伴虎，虽然唐太宗提倡和鼓励大臣谏言，可是触犯龙颜是很危险的，国家安稳后，唐太宗的帝王专制本能日益显现，也日益骄逸，魏徵总在他旁边不厌其烦地说教，并巧妙地让太宗接受谏言。

放纵帝王的专制本能

贞观十七年（643），魏徵64岁，这是他生命的最后一年，而唐太宗李世民，也渐渐地进入了他的晚年阶段。唐太宗本是个富于创业精神的人，做皇帝以后，实行了一系列有益的政治改革，但也要做具体分析。一方面，隋亡殷鉴不远，他深以为戒，对"创业固然艰难，守成更不容易"，多少具有清醒的认识。他看到了自古有作为的君主，大多有始无终，往往更新十数年，即以纵逸致败，所以他不敢恃天下太平而纵欲，常常居安思危，一再表示要做到善始善终、永固鸿业。但另一方面，他又不可能摒弃剥削阶级的贪欲和封建帝王的专制本能，事实上从贞观六年起，唐太宗已开始逐步背离自己的诺言，而到了晚年，也就更加放纵了。

贞观初年，太宗力求节俭，一再下令不准营建宫殿，但当社会经济稍有好转时，他就急不可耐地要破土动工，大修宫殿。修洛阳宫被张玄素劝止后，隔了一年，刚修完九成宫，太宗又提起修洛阳宫一事。有大臣进谏，若这样"营造不已，公私劳费，殆不能堪"。太宗听后虽表面上赞扬大臣的直言，但实际上并不接受意见，时隔不久，便命人动工修洛阳宫。至贞观八年，皇甫德参继续上谏，太宗不但不听，还大发雷霆，要治以"谤讪"之罪。不仅如此，在全面修复洛阳宫的基础上，贞观十年，太宗又在洛阳添造了飞山宫，至于在长安及其他地区修建的宫殿、行宫，也就更多了。

由于唐太宗营建宫室不已，以及奢侈无度，其结果必然大大增加百姓的徭役负担。一些轮番役守京师的府兵，屡次被驱使穿凿池苑，应付各项工程；在宫廷中的各类手工工匠，期满后，仍然不准回家生产，

忠谏人生

魏徵

用"和雇"的办法把他们留下来，为皇帝及贵族制造奢侈用品。服徭役的农民工匠，这批走了那批又来，哥哥走了弟弟来，道路上流连不断，"首尾不绝，远者五六千里，春秋冬夏无休时"。

当大臣们提出批评时，李世民不但不下令减轻徭役，反而说出"百姓无事则骄逸，劳役则易使"的话来，以掩饰自己奢侈无度的行为，为滥发徭役进行辩解。因此，尽管连年丰收，但由于徭役繁重，天下怨声载道。这同贞观之初百业待兴，物价昂贵，而老百姓却毫无怨言的情况形成鲜明的对比。

此外，唐太宗行幸、游猎的活动也颇为频繁，给沿途百姓尤其是所在地区增加了许多额外的负担。

在生活上追求奢侈享受的同时，在政治上唐太宗的作风也逐渐改变了。贞观三年以前，一般的情况是太宗"恐人不言，导之使谏"，且"闻善若惊"。至贞观五六年间，"犹悦以从谏"。自此以后，"渐恶直言"，"不悦人凛"，在群臣面前不像以前那样谦虚谨慎，常自以为是，甚至在朝堂上公开宣称，自己虽为人君，却兼管着将相们的工作。有时竟与手下的大臣争短论长，自己什么都行，别人什么都不行，争得面红耳赤时，便拿出皇上的威严把别人制服。

这样一来，大臣们自然不敢跟他较劲，朝中议事，大家全拣他爱听的说，有事征求大臣们的意见，也都看着他的脸色行事。有人跟自己争论，他拿皇上的威严压人，没人跟他谈话，他又觉得寂寞。

贞观十五年，太宗问魏徵："近来朝臣都不论事了，这是怎么回事？"

魏徵心想，谁还敢跟你论事啊，口中却答道："懦弱的人，虽然怀着耿直之心，但不能说出来，怕惹陛下生气。被陛下疏远的人，担心不受信任，也不敢说。心中只考虑个人利益的人，因时刻只计算自己的利害而不愿意说。于是，朝臣中便出现这种缄默不言、随波逐流、苟且度日的现象。"

唐太宗说道："这是哪里的话，朕还是希望他们尽说无妨的嘛。"

随后，唐太宗在一次上朝议事时，对着满堂文武官员大声说："贞观之初，各位爱卿佐朕励精图治，每有国事便尽抒己见，并无计较朕的善恶，才使得大唐千秋功业，得以奠基。如今，大唐之内四海安宁，人民安居乐业，但这并不等于凡事皆已完善，国家富强，还需尔等殚精竭虑，才能创造大唐盛世的繁荣局面。近来，诸卿很少像以前那样与朕秉公直言，每有异议便顺朕旨意，曲意逢迎，不辨事理，这让朕甚感不悦。朕自以为并非无道昏君，也并非喜欢阿谀逢迎之辈。诸卿谨记，凡事须以国事为重，直言劝朕者，无论对错，朕皆欢喜。曲意逢迎者，朕甚恶之。"

满朝文武叩头欢呼："吾皇英明，大唐隆兴！"

为爱妃寻鹦鸟

唐太宗把自己的态度表达出去了，但在具体事情上就不是那回事了。贞观后期，或许是由于社会安定的原因，京城之内民间玩弄花鸟虫鱼者渐多，这个风气自然传入了宫中。唐太宗有一个宠幸的妃子叫平儿，一次出宫玩时，在街上看见了一种鹦鸟，这种鸟身体不大，通身羽毛色彩艳丽，鸣叫的声音清脆响亮，并能在人的驯化之下模仿人说话，十分可人。平儿回宫之后，把这件事跟皇帝说了，非要皇帝给她弄来一只不可。唐太宗让宫内侍从去街上寻找，结果找了好几天均没有找到。平儿埋怨说："皇上身为一国之君，天下皆为皇上所有，却连一只小鸟都搞不到，让臣妾甚为失望。"

太宗笑着说："平儿此话差矣，朕确为一国之君，但是朕只管天下黎庶，还能管到天上飞禽、地上走兽？"

平儿在太宗面前也是个顽皮惯了的，扭动着身子说："天下既为皇上所有，花草树木、鸟兽虫鱼自然也归顺陛下，陛下无力调遣，兀自推托。"

太宗很愿意听平儿这种毫无道理却很耐人听的话，便说："罢罢罢，朕身为天子，确实忽略了这么大的一块天地，待朕下诏，让天下人将那种鹞鸟送进宫来。"

本是一句玩笑话，说过也就算了，过了几日，太宗又宠幸平儿，平儿问道："皇上可得到鹞鸟了吗？"

太宗一愣，才想起前些日子说过的话，开玩笑地说道："看来朕还是管人吧，那些鸟儿不听朕的调遣，召唤不来啊。"

平儿说："臣妾就知道皇上是说着玩的。"言毕闷闷不乐。

太宗见她认真起来，便说道："朕身为国君，岂能因抓一只小鸟诏令天下？让天下人怎样看朕？"

平儿仍是闷闷不乐，太宗哄她道："好吧，我答应你，我们择日出猎，鸟儿不来，朕带你亲自去抓它，如何？"

平儿扑哧一下笑了。

太宗原来就喜欢打猎，对这里的讲究相当精通。为了捕鸟，李世民特意让役从弄来透明丝线，在他的寝宫大院里编织粘网。这种丝线要用蚕丝经过特别加工，才能又细又结实又透明，所结的网眼要不大不小，挂在田野之中，远看近看都看不出来，在网的两边放上食物诱其过来，鸟儿扑飞之际，一头扎进网中，脖子伸过去，身子却停在这边，欲进不能，欲退不得，进而被人生擒活捉。

且说这一天丝网正编到一半的时候，魏徵有事面见皇上，看到了这些编网的人。他不知怎么回事，便问了卫士，卫士把李世民要结网捕鸟的事告诉了他。魏徵没有说什么，径自去了皇上那里，谈完公事，魏徵问道："适才臣见役从结网，不知皇上要拿它何用？"

太宗一听，兴致勃勃地说道："卿问得正好，朕听说现在宫外市井多有玩弄鹞鸟之人，那鸟伶俐可爱，甚解人意，朕且问卿，卿可知道哪里这种鸟居多？"

魏徵道："皇上怎么突然对这产生了兴趣？"

太宗也希望平时有人跟他唠唠闲情逸致，也算是对宫中单调生活的一种调节，便装作正经地说道："这哪里是玩乐？四海之内是不是大唐天下？"

魏徵不知他要说什么，就点头作答。

李世民道："朕是不是大唐天子？"

魏徵点头。

李世民道："既为大唐天子，天下万物是不是皆归朕管？"

魏徵还是点头。

太宗说道："爱卿辅朕安邦，却忘了一件大事，朕既为天子，可是到现在为止，那些花草树木、鸟兽虫鱼还没有归顺大唐，仍然在地上任意奔窜，在天上随兴翱翔，既无律令，又无规章，朕岂不是失职于天下诸类？"

太宗说完哈哈大笑。

魏徵终于明白了他的意思，不禁连连点头道："是了，是了，是臣想得不周，哪里是陛下失职，这分明是臣的失职。"

太宗觉得十分开心，摆手笑道："爱卿不要当真，卿不知道，做皇上谈何容易，既要福荫天下黎庶，又要恩泽宫内诸臣，还要宠幸侍妾嫔妃。朕那位平儿，看到了民间有人玩鹞鸟，一定要给她弄几只，朕想在出外打猎时，随便抓它一两只。爱卿终日忙于国事，哪天去时，可随朕一同前往，调理心情。"

太宗出外狩猎，每次都是卫士随从及嫔妃人等好几千人，近处还好说，稍远一点儿的每次都要惊动当地州官县令，贡奉饮食，呈送珍宝。原来有些大臣曾劝过李世民尽量减少狩猎次数及规模，尽可能在近处。魏徵见这次仅仅是为了给一个宠妃弄一只鸟就动了这么大的力量，觉得很不合适。本想规谏几句，见李世民正在兴头上，不好直言相劝，想了一下，才说："陛下终日料理朝政，当然需要调节一下心情，但是这样兴师动众的大可不必，微臣宅旁即有一鸟市，待臣留心，买上几只献于皇上，何劳皇上亲御野外？"

太宗听罢没有言语，他知道魏徵是不愿让他放下朝政出去玩耍，心中虽有芥蒂，一想魏徵向来劝谏不这么拐弯抹角，这次居然提出要自己去为他上鸟市，也是煞费苦心了，便笑道："这样也好，有劳魏卿了。"

魏徵按照皇上的描述，派出家人去四处寻找这种鹞鸟，功夫不负有心人，还真的找到了，而且不止一只。魏徵又找了几只做工精致的笼子，把鸟装上送给太宗。

太宗见到这些鸟果然艳丽异常，很是高兴，兴冲冲地拿给平儿看，平儿逗逗这只，又玩玩那只，按照在外边看到的样子教鸟儿说"吾皇万岁，吾皇万岁"，谁知那鸟儿没经过训练，哪里懂什么万岁不万岁的，根本不理她，气得她拿着簪子直捅那鸟儿，把鸟儿捅得叽叽喳喳的一阵暴叫。

平儿一听，这声音也不对，哪里是那种婉转明丽、绕梁三日的啁啾之声，打开笼门，抓出来摔到了地上。

太宗见她使起了性子，笑着说道："爱妃莫急，鸟儿同人一样，都要经过慢慢驯化的，人是说话的，生下来也要经过慢慢学才会，何况鸟乎？"

平儿说："就不是，就不是，臣妾看到的鸟儿不是这样的。"说着抓住皇上的胳膊就撒起娇来，"皇上啊，不是说要带臣妾出去抓鸟嘛，整天待在宫里，每天都是这些宫殿楼阁，每天都是那几个人，闷死臣妾了，皇上带我出去玩玩吧。"

闻着她的脂粉馨香，听着她的柔声娇语，太宗就有些骨软筋麻，嘿嘿笑道："爱妃是让朕受魏徵的驳议啊！"

作为后宫嫔妃，对朝中大事一般不知道，便问："魏徵是谁？为何皇上要受他的驳议？"

太宗便把前几日魏徵看到编网，又婉转劝他的事情从头到尾说了一遍，然后说道："这个魏徵甚是厉害，别人惧朕，每每不敢直言之事，他却毫无顾虑，朕亦怯他几分呢。"

平儿说："大臣辅佐朝政自是应该，但管着皇上的私事岂不是过分？皇上也是人，也需要玩耍娱乐，莫不是这个魏徵要把皇上累伤不成？再说，评价一个皇上好坏不是看他好恶玩乐，而是看他治国政绩。如今大唐歌舞升平，正是说明皇上朝纲严谨，皇上适时出外巡游，也是体现与民同乐，魏徵进言劝谏，何其聒噪是也，皇上切不可听之任之。"

太宗违拗不过，也是自己真想出去玩耍一番，便拣了一个魏徵出去办事的日子，带着嫔妃卫士们出去了。一行人在外玩了几天，的确很是开心，那张网也真没有白织，不仅抓了好几只鹦鸟，而且还捕获了好多其他的鸟类。也是平儿对自己亲自抓到的鸟儿有感情，有耐心，在她的驯化下，那鸟儿不到两月便会说好几句话，并且在笼外一招呼便过来，很是顺人意。

平儿为了显示自己的本事，总是拉着太宗过来看。太宗一过来，那鸟儿把头一点一点，像是行叩见礼，嘴中叽叽喳喳地叫道"吾皇万岁，吾皇万岁"，哄得太宗十分开心。平儿因了这几只鸟，受太宗宠幸甚多，太宗也觉得这鸟儿好玩，没事就往这里来，有事也简单处理一下之后赶忙来这里。

三月之后，魏徵巡视回来，听说了太宗出去抓鸟的事，也听说了太宗疏淡朝政、耽于玩乐的情况，便要求见太宗，那时候太宗正在后花园里与平儿玩得开心，听说魏徵求见，便让平儿退去，平儿很不情愿，要把鸟儿拿走，谁知那鸟不知是习惯了太宗身上的气息，还是也十分明了恭维皇上之道，钻到李世民的皇袍里就不出来了。平儿去掏，太宗阻道："既不愿走，就让它留在这里吧。"

平儿不情愿地离去，魏徵走了过来，礼毕，魏徵向李世民汇报此次巡视的情况。

如果以往两人单独谈话时，太宗一定是赐魏徵座位的，因为这次怀中有鸟，太宗又怕被魏徵看到，所以他没有赐坐，就让魏徵站着禀报。

魏徵心中略感诧异，但又不能表示出什么，依旧一五一十地汇报视察的情况，偶一抬头，见太宗的胸前有东西在拱动，李世民为了掩饰，把黄袍往下拉，想把那鸟儿压住。

魏徵明白了怎么回事，心中坦然起来，把视察的情况说得更加细致。太宗听到正事说完了，终于松了一口气，对魏徵说："爱卿此次出巡辛苦了，可以在家好好休息几天。"

说罢做出"你可以走了"的手势。魏徵一笑，又谈起来了一路上碰到的奇闻逸事，谈起民间诗词歌赋的能人佳作，谈起流传在民间歌颂太宗的乡俚歌谣。

这些事情原来都是李世民感兴趣的，这是其一。其二，李世民原以为魏徵会对他出猎的事情加些评议，没想到魏徵只字未提，所以，李世民也不好意思打断他的话。但是那鸟儿却不争气，可能也是在怀中被压得难受，总想挣扎，它越是挣扎，李世民的手上就越是暗暗用力，把它压住，脸上还要做出对魏徵的话感兴趣的神情，结果两人谈了有半个时辰的光景，魏徵见李世民的脸色已明显露出了焦躁的神色，便一躬身道："陛下，如果没有别的事，容臣告退。"

太宗早就等着这句话，说道："那好，卿回去休息吧。"

魏徵像刚想起一件什么事似的又说道："陛下，臣差点忘了，还有一件事需如实禀报。"然后又说了起来。

这样反复了几回，眼看着两人谈话的时间有了一个时辰，魏徵看太宗脸色不悦起来，才真的告辞而去。

太宗连忙打开皇袍，那只鹞鸟，早已死去。

太宗手托死了的鹞鸟发愣，平儿跑过来看见鸟儿已死，大哭不已，痛骂魏徵。

太宗恨恨地拍着栏杆，"朕就知道他不会善罢甘休，他是成心的，这个乡巴佬！"

155

太宗日益骄逸

贞观十年（636）以后，太宗骄逸的行为越来越严重，魏徵曾连上四疏，向太宗进谏。次年四月，魏徵又上"十思"疏，指出"人主善始者多，克终者寡"，要求太宗居安思危，不要半途而废。五月，又上疏指出唐太宗"欲善之志不及于昔时，闻过必改少亏于曩日"。

贞观十三年五月，魏徵上疏指出太宗渐不克终者"十条"。他说："陛下贞观之初，无为无欲，今则求骏马于万里，市珍奇于域外，此其渐不克终，一也。贞观之始，爱民如子，每存简约，无所营造。顷年以来，意在奢纵，轻用人力。还说'百姓无事则骄逸，劳役则易使'，此其渐不克终，二也。今陛下骄侈之情日增，又虑人致谏，便借口'若不为此，不便我身'，意在堵谏者之口，此其渐不克终，三也。贞观之始，亲爱君子，疏斥小人，今则昵近小人，疏远君子，此其渐不克终，四也。贞观之初，每事效师尧舜，反朴还淳，顷年以来，好尚奇异难得之货，无远不臻，珍玩之作，无时能止，此其渐不克终，五也。贞观之初，求贤如渴，信而任之，唯恐失去贤才。近岁以来，则任情好恶，稍不遂意，便大加贬黜，或以一人之毁而弃之，或以一朝之疑而远之，致使小人好谗佞以自保，而君子则苟思免祸而莫能尽力，此其渐不克终者，六也。陛下初登大位，高居深视，事惟清静，数载之后，即不能固志，常畋猎盘游，凌晨而出，入夜方还，以驰骋为欢，此渐不克终者，七也。陛下初践大位，对臣下以礼相待，君臣同心，下情无不上达。而今陛下听政，对奏事之官爱理不理，使人欲言则颜色不接，敬请则恩礼不加，语言稍有不对，便大加诘责，此其渐不克终者，八也。贞观之初，孜孜不怠，屈己从人，而今志骄意满，纵欲嬉游，虽未全妨政事，

忠谏人生

魏徵

却已不能专心治道，此其渐不克终者，九也。贞观之初，频年霜旱，畿内百姓就食关外，往来数年，无一户逃亡，一人怨苦。顷年以来，天下疲于徭役，关中劳弊尤甚，一旦遭灾，恐怕百姓之心，不能如前日之宁帖。此其渐不克终者，十也。"

　　唐太宗在这样的事实面前，虽然不能不承认错误，并且把这份有分量的奏疏挂在屏障上，表示要朝夕观阅，作为警惕自己的座右铭。可是事过之后，依然如故。唐太宗是一位善于粉饰自己的人，常常是口头上巧辞令色，美言动听，但在行动上却是另一回事。有些事他明知不对，也怕大臣进谏，便千方百计躲避，避不了，就以势压人，使人不敢进谏，或者当面接受，事后又犯。贞观十六年七月，魏徵临死前上言，批评太宗"临朝常以至公为言，退而行之，未免私僻。或畏人知，横加威怒，欲盖弥彰，意有何益"！这是魏徵的最后一次上疏，其对太宗弱点的揭露，可说是入木三分。

高居深视，以暗观明

　　魏徵在晚年，见到太宗开始转变，他的劝谏风格也跟着转变，委婉甚至隐晦地向他点拨其中的得与失。他指出皇上"一二年来，不悦人谏，虽勉强听受，而意终不平，谏有难色"，其"听之道"的修养还未到家。有时进一步提醒皇上"但宽于大事，急于小罪，临时责怒，未免爱憎之心，不可以为政"。只有达到老子所说的"挫其锐，解其忿，和其光，同其尘"，才算是"玄明"，否则就是昏庸，而不是英明。聪明的君王应该避开众臣的注意力，潜在暗处，而把群臣置于明处，这样才可了解或监视住群臣，自己便取得了主动。

　　魏徵建议唐太宗对大臣采取"勖之以公忠，期之以远大"的总体要求就行了，不要详细具体地去过问微末之务，让群臣"各有职分，得行其道"，然后，君主就可高居深视，以暗观明，以静制动，以无为察有为，"贵则观其所举，富则观其所养，居则观其所好，习则观其所言，穷则观其所不受，贱则观其所不为"，充分地了解了臣下，就不难控制和摆布他们了。接下来就能够轻松容易地"因其材以取之，审其能以任之，用其所长，摒其所短"，便可把众臣自如地运用于掌上。

魏徵很担心唐太宗的鲜明的个性对政治的影响，唐太宗有能力，但如果皇上过分发挥了自己的能力，则常常意味着掩盖和抑制了群臣的能力，所以他不断告诫李世民"出言无隐，疾恶太深"，是搞统治术的大忌，甚至是做皇帝的最大缺陷，这一点若不痛下决心改掉，想使天下治理，国家长久，恐怕很难。

事实上，太宗处处表现自己的事迹在史书中记载很多。一本《贞观政要》，百分之七十是他的言论，这与"圣人处无为之事，行不言之教"的宗旨是相违背的。关于他的这一毛病，不但魏徵看到了，孔颖达也提醒过，还有别的大臣也忍不住给皇上提意见，劝他少讲话，多听别人说。例如，贞观十六年，太宗每与公卿言及古道，必诘难往复。散骑常侍刘洎上疏谏曰："帝王之与凡庶，圣哲之与庸愚，上下相悬，拟伦斯绝。是知以至愚而对至圣，以极卑而对极尊，徒思自强，不可得也。陛下降恩旨，假慈颜，凝神以听其言，虚襟以纳其说，犹恐群下未敢对扬。况动神机，纵天辩，饰辞以折其理，援古以排其议，欲令凡庶何以应答？臣闻皇天以无言为贵，圣人以不言为德，老子称'大辩若讷'，庄生称'至道无文'，此皆不欲烦也。是以齐侯读书，轮扁窃议；汉垒慕古，长孺陈讥，此亦不欲劳也。且多记则损心，多语则损气，心气内损，形神外劳，初虽不觉，后必为累。须为社稷自爱，岂为性好自伤乎？窃以今日升平，皆陛下力行所至，欲其长久，匪由辩博，但当忘彼爱憎，慎兹取舍，每事敦朴，无非至公，若贞观之初则可矣。至如秦政强辩，失人心于自矜；魏文宏材，亏众望于虚说。此才辩之累，皎然可知。伏愿略兹雄辩，浩然养气，简彼细图，谈焉怡悦，固万寿于南岳，齐百姓于东户，则天下幸甚，皇思斯毕。"唐太宗深知魏徵等人奉劝的

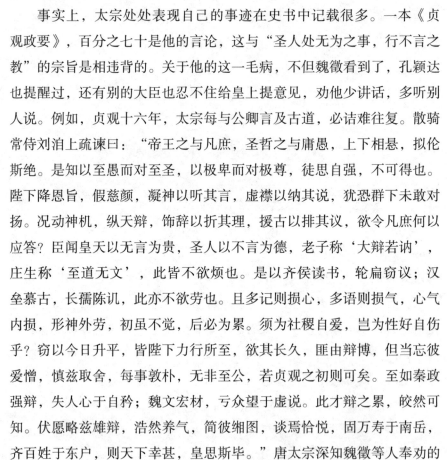

忠谏人生

魏徵

道理，也明白自己这爱说话、好表现的个性，常常为此苦恼，甚至恐惧不安。贞观八年，唐太宗就觉悟此道，曾讲过"言语者君子之枢机，谈何容易？凡在众庶，一言不善，则人记之，成其耻累。况是万乘之主，不可出言有所乖失。其所亏损至大，岂同匹夫？我常以此为戒"。魏徵对他的这一认识深表赞成，于是连忙鼓励，说："人君居四海之尊，若有亏失，古人以为如日月之蚀，人皆见之，实如陛下所戒慎。"

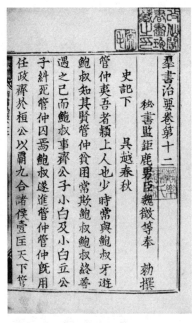

魏徵撰　群书治要

但是说归说做归做，有道是江山易改本性难移，这可能也是封建君主制度的一大弊病。天地之间，他本人为至高无上，缺少有效的行为监督，他的个人的短处自然就会流露出来。纵观史书，魏徵对李世民前后重要的劝谏有二百余条，真的像是一个碎嘴的婆婆，一直在皇上的旁边喋喋不休。这种苦言劝谏，别说是皇上后来真的烦了，就是再有耐心的人，面对着这种不能从本质上解决问题的屡次反复，他自己也会觉得心灰意冷。从这点来看，把谏言的实施放在一个君主的个人品行上，最终是靠不住的。

进谏被采纳和赏赐的原因

历史上因为与皇帝意见相左，或向皇帝进谏被杀、被贬的不乏其人，而魏徵敢于进谏、善于进谏、经常进谏，却被唐太宗采纳和赏赐，这是什么原因？探其究竟发现：

制度层面，唐太宗时期建立了完善的议事制度：（1）八座议事制度。就是六个尚书加上左、右仆射一起议事，通过商议处理一些具体事务。（2）门下省所辖的政事堂议事。政事堂设在门下省，是协助皇帝治理国家的最高决策机构，参加政事堂会议的是三省长官，即中书令、侍中、尚书左右仆射。唐太宗为了集思广益，减少或避免失误，除了让三省长官共商国是外，还给品级较低的官员机会，让他们来政事堂议事，如贞观元年，让吏部尚书杜淹参与朝政；贞观三年，让尚书右丞魏徵参议朝政；贞观十七年七月，让工部尚书张亮参与朝政；贞观十八年九月，让黄门侍郎褚遂良参与朝政。对于政事堂议事，唐太宗如是说："百司商量，宰相筹划，于事稳便，方可奏行。"设政事堂的目的在于避免独断专行，避免少数人把持决策权，从而构建一个共商国是的开明政局，即现在人所说的决策民主化和科学化。（3）皇帝的御前会议。即重大事情，由皇帝召集有关人员参加的会议。（4）门下省的重要职能。门下省的一个重要工作就是审议与封驳，封是指封还皇帝的诏书，即经审议，如发现皇帝的诏书有所不妥，就封还给起草诏书的中书省，如无问题，就发给尚书省去执行；驳是指驳回臣下的奏章。门下省设侍中、谏议大夫、左右拾遗和补阙等官职，魏徵就曾任谏议大夫和侍中即宰相，因此审议与封驳是魏徵的本职工作。以上说明，唐太宗时期，一切治国理政事宜，均通过议事的形式，广开言路，集思广益。这就规避了独裁专断，减少了失误。

唐太宗层面：（1）玄武门之变，李世民不仅杀死了自己的哥哥、弟弟，还杀死了13个亲侄子，可谓皇位得来不正。唐太宗不愿意留下一个暴君的恶名，想当一个好皇帝，可是又无治国经验，于是就重用贤能，广开言路，并真诚纳谏。（2）唐太宗虚心、大度。《贞观政要》写道，太宗本是个"威容俨肃"的人，当他得知臣下们畏惧他的威严时，便"每见人奏事，必假颜色"，表现出一种谦虚和蔼、平易近人的样子，其目的是为了能听到高明的、正确的、科学的主张，以此来规避自己理

忠谏人生

政时可能出现的过失。（3）唐太宗礼贤下士。唐太宗曾多次请魏徵到自己卧室，商量政事，请教得失。魏徵雄才伟略，个性忠直，又遇到明君，所以便知无不言，言无不尽，"前后二百余事"，数十万言。而太宗也十分信任魏徵，对于他的意见，无不欣然采纳。（4）唐太宗爱惜人才。魏徵病逝时，太宗亲临凭吊而痛哭，并罢朝举哀五日，后来太宗临朝时流着泪对群臣说："以铜为镜，可以正衣冠。以古为镜，可以知兴替。以人为镜，可以明得失。朕当常保此三镜，以防己过。今魏徵殂逝，朕遂亡一镜矣！"这充分说明唐太宗看重人才、爱惜人才。

皇后层面：常言道：妻贤丈夫贵，太宗就有一位非常贤惠的皇后——长孙皇后。有一次太宗退朝回宫后，盛怒未消，对长孙皇后说："我迟早要杀了这个乡巴佬！"皇后急忙问道："陛下要杀谁呀？"太宗说："魏徵总是当面顶撞朕，使朕在众人面前感到羞辱，不给朕留一点情面！"皇后听罢，立刻穿上礼服，率众宫女给太宗跪下道贺。唐太宗吃了一惊："皇后这是怎么回事？"皇后说："君明则臣直。魏徵忠直，敢于犯颜直谏，正说明你的圣明大度，真是可喜可贺呀！"由于长孙皇后的贤德，唐太宗不仅没杀魏徵，而且从此以后更加器重魏徵，并虚心听取和采纳魏徵的谏言。

魏徵层面：

（1）魏徵品德高尚，兼有治国之才，即德才兼备。

（2）性格因素。魏徵性格耿直，敢于犯颜直谏，只要认为是正确的，就不怕拂太宗圣意。

（3）魏徵感激李世民的知遇之恩。玄武门之变，太宗杀死了自己的多位亲人，而魏徵作为太子洗马，李世民不但没有杀他，反而还重用了他，这就是对魏徵有知遇之恩。士为知己者死，魏徵为报答李世民的知遇之恩，不管皇帝高兴不高兴，只要有利于国家、有利于黎民苍生、有利于社稷江山，魏徵就会犯颜直谏。

（4）大公无私，深得李世民信任。魏徵进谏没有一件是为了自己的私利，都是为了国家、为了百姓、为了李唐江山，因此深得太宗的信任。

从以上不难看出，魏徵之所以能够成功进谏，是因为：开明的政治氛围、良好的政治生态、虚心大度的君主、智慧正直的良臣，而政治生态是魏徵成功进谏的关键。魏徵曾追随元宝藏、李密、窦建德、李建成，也曾多次提出高明计策和正确的主张，然而，却不能被重视，不能被采纳，甚至遭到训斥。最具鲜明对照的是，窦建德同王世充作战时，魏徵献出奇谋妙计，却被窦建德的长史郑颋斥责为"老生常谈"，不予理睬，以致最后惨败。魏徵空有满腹才学和谋略，却不能被采用。而遇到李世民后，他的德才方能发挥得淋漓尽致，这说明了什么呢？春秋时，晏婴曾对楚国国君说："婴闻之：橘生淮南则为橘，生于淮北则为枳，叶徒相似，其实味不同。所以然者何？水土异也。"魏徵，同样是魏徵，在贞观之前，他虽有宰辅之才，却被埋没，而贞观之后，良好的政治生态、虚心大度的君主，才使其才华得展，谏言得纳，并成为一代名相，千秋金鉴，万世师表。这就充分说明，良好的政治环境，是魏徵能够成功进谏的关键。

魏徵传说之药王庙

从前，在晋州城西五里的地方，有一座纪念孙思邈的药王庙。庙里雕梁画栋，很是壮观。为啥晋州人要修这座庙呢？据说这件事儿与魏徵有关。

唐代贞观年间的一年秋天，钜鹿下曲阳一带大雨不断。滹沱河水猛涨上岸，淹了许多庄稼。洪水退后，活下来的乡亲们又得了瘟疫病，头疼发烧、上吐下泻，死人不少。

当时，宰相魏徵正在故里养病，眼见这么多人受罪，心里十分难过，愁得他水喝不进，饭吃不下，里走外转。魏徵的夫人也很着急，便和丈夫一起，想方设法地搭救乡亲。有一天，她从书橱上看见魏徵从前学过的医书，忙说："老爷，你年轻时不是学过医吗？为什么不选方配药，给乡亲们治病呢？"

"可不是嘛，我二十岁时还是家乡有名的土郎中呢，也治好过不少人的病。"魏徵说着，急忙取下书橱中的医书，遣方选药，叫家人赶制药丸，分头送给得病的乡亲们。

可是，魏徵新配的药丸，病人服后并不见效，瘟疫没有除了，死的人还是越来越多。魏徵看在眼里，痛在心上，裴氏也难过地哭了起来。

家人魏均见老爷和夫人都很伤心，就劝说："老爷，您为官多年，年轻时学的医术，年头多已忘记了，治病不见效果，也是理所当然的事，不必为这发愁。"

裴氏也劝说："魏均说得有理，你多年不为人们治病，医术已有生疏，再加上瘟疫严重，哪能一治就好？！"

魏均想了一会儿，说道："老爷，别发愁了，我有个办法。在离京城长安不远的耀县，有位名医叫孙思邈，他医术高明，为何不去请他？"

"对呀，孙思邈是位名扬天下的好医师，他写的《备急千金方》是集我朝以前医学大成的名著。他著医书、治病，完全是为平民备急、养生和解除痛苦的，请他来定能解除这场瘟疫！"

"那耀县离咱下曲阳城有三千多里，怎样去请他呢？"裴氏插话说。

"这不要紧，老爷修书一封，我上耀县去请孙医师。"魏均说。

魏徵说："那不行。我在京城的时候，有一次皇上患病，曾派人三次去请孙思邈都没有请来。他说只为老百姓看病，不伺候达官贵人。如果我堂而皇之地去请他，一定请不来。"魏徵说罢，皱着眉头在屋里转了老半天，才想出了一个妙法。

一天，孙思邈出诊归来，路过十里凉亭，突然听见凉亭里传出"啊唷，啊唷"的叫声。孙思邈听得出这是病人的痛苦呻吟，连忙走进凉亭一看，原来是个头发花白、面色焦黄、穿得十分破烂的病人，正扑在地上喊叫。孙思邈见了，忙上前问道："老哥，你哪儿不好受啊？"

那病人正是魏徵假扮的，见孙思邈问他，止住了叫喊，唉声叹气地说："唉，别问了！先生只管自己走路吧。我是个前世不修善、今世该受罪的人，穷得做了叫花子，还要生这种要命的病，都怪我自己命苦啊！"孙思邈听了，更加同情，就对他说："你穷我无力帮忙，可是你的病痛，我或许能帮你解除。不要难过，快让我看看。"

魏徵还是执拗地说："要看好我的病，除非名医孙思邈，不过即使他肯给我治病，我也拿不出药钱来！你别管我，还是让我痛痛快快地叫几声，死在凉亭里算了！"

孙思邈见他提到自己的名字，故意说："老哥，世上行善的医生很多，并非只有孙思邈一人，你不妨让我看看，或许我也能医治哩。"

魏徵见时机已经成熟，伸出手来让孙思邈诊脉，孙思邈诊断后，着急地说："你已经染上瘟疫了，你是从什么地方来的？"

原来，由于前段时间经常往病人家里送医送药，魏徵不小心也染上了瘟疫，但他仍带病来到了耀县。这时，他见孙思邈已诊出他有瘟疫病，心中暗暗佩服孙思邈真不愧是当代名医，忙说："我从钜鹿下曲阳来，那里的人大部分都已得了我身上的这种病！"

"什么？你们那里正在闹大瘟疫吗？"

"我们那里先闹洪水，后闹瘟疫，灾上加灾，可把人害苦了，人死了不少啦！"

"如此说来，我得赶去救治，你快给我带路，我这就去下曲阳，治病疗疾，驱除瘟疫。"

"那我就先替下曲阳的百姓们谢谢您啦！"魏徵上前向孙思邈施了一礼，就这样，魏徵请来了孙思邈。

下曲阳的乡民们听说来了名医，纷纷前去求治。孙思邈研究了这场瘟疫的原因，专门开了个药方——"白头翁汤"，并嘱咐乡民们用硫黄、朱砂等，对井水、空气进行消毒。不到十天，患病的人都好了。

事后，下曲阳的乡民们为了感谢孙思邈不远千里医治疾病的功德，

忠谏人生

魏徵

就自愿凑了一百两银子，让魏徵转送给孙思邈。这天，赵魏村魏家的宅院里格外热闹，附近村庄的乡亲们也都来到魏家，大厅、二堂、三院都挤满了人。

当孙思邈来到赵魏村时，魏徵身穿官服出村迎接，孙思邈哈哈大笑，说："宰相大人真是善施妙计，假扮花子骗我！"

魏徵拱着双手说："若不如此，即便用八抬大轿去请先生，你能来吗？"

一句话说得孙恩邈心中大喜，乡民们见此情景都说："你们二位，一位是名相，一位是名医，都是为俺们下曲阳的百姓办好事的'救命星'啊！"

孙思邈来到魏家住宅，魏徵把一百两银子取出，对他说："孙先生，这是乡亲们的一点薄礼，不成敬意，请你收下！"

孙思邈说："我治病是为了救人，从来不收礼的。"

"这不是我个人的钱，是下曲阳几万人的一片心意。"

"我不管你这钱是宰相的金，还是百姓的银，我都分文不取。"孙思邈说罢，辞别魏徵和众乡民，走了。

"这一百两银子怎么办呢？"魏徵见孙思邈走了，问在场的人。

这时，有一位年长的乡民大声说："孙医师驱除了瘟疫，救了我们的命，我们不能忘掉他呀！就修个'药王庙'吧，初一、十五烧纸焚香，祝愿孙医师长命百岁，永为咱百姓们治病除灾。"

魏徵和众乡民都同意这位老者的建议，在赵魏村北三里地的地方，修建了一座纪念孙思邈的药王庙（今晋县城关镇李家庄村西）。多少年来，每到农历二月初二，晋县和邻县的乡民纷纷到此赶庙，以表示对孙思邈的怀念。可惜的是，在1946年，药王庙被一场洪水冲塌了，后来再没有修建。

第 九 章
陷害不成反功高

　　魏徵在唐太宗心中的地位越来越高，很多大臣对他产生不满和嫉妒，总想找到突破口陷害他，却没想到挖了个陷阱，自己掉进去了，反而让魏徵既得到了太宗的赏赐又挣回了面子。

千方百计找漏洞

　　魏徵的上谏，尽管其中多有曲折，但从结果来看，每一次李世民都依从了他，并且按照他的意见办理。魏徵自知自己在创立大唐基业时贡献不大，他的所有成就也只能从这些所谓的建议中获得，而李世民平定四海之后，需要的也恰恰是这些良好的建议，魏徵进谏的成就因此引起宫中众多大臣的不满和嫉妒。

　　尽管很多人都从自己角度对魏徵有看法，但惧于皇上的威严，他们也不敢对魏徵过于放肆，但这并不等于他们就认可了魏徵的地位，而且这种不认可的心理，还随着皇帝对魏徵的宠幸愈加强烈。他们千方百计地寻找各种机会，找魏徵的漏洞，以求这种阴暗心理的发泄。

　　由于三方势力的这种明争暗斗，使得三方小团体内的其他成员也受其影响。像封德彝这样的资深老臣，他们在大街上碰到魏徵时，如果两车相遇，自然就摆出一副威严的架势，对魏徵置之不理。秦王府的护院家丁，也知道主子们的心情，对魏徵的家丁寻衅滋事，而每次两家院丁打起架来，吃亏的自然是魏徵的家人。

　　魏徵告诫他的家人，但凡遇到这种情况，我们能忍则忍，切不可与之冲突，魏徵深知，这一切都是缘于自己的受宠，而他们这种外表的张狂，则从另一个角度说明，自己在皇帝心目中是有相当地位的。

　　也许那些人想利用这样的小冲突寻找到一个突破口，但屡屡碰到的软钉子，使他们的如意算盘都落了空。也就是在这些人寻找这样的机会时，他们终于迎来了一个机会——魏徵的儿子魏叔玉要成亲。

　　魏叔玉的岳父大人温成化是一个七品小官，其女儿温婉贞知书达

168

忠谏人生

魏徵

礼，秀气可人。魏叔玉成人后，正是魏徵在宫中走红时，所以有好多官僚上门为叔玉说亲。有朝史的千金，也有侍郎的小姐。魏徵深知宫中人事关系十分复杂，不想因儿女的婚事，结成一个宗亲势力。所以，有意在下边的小官当中寻找亲家，温婉贞是他一次出巡时碰到的，她的稳当、聪慧给他留下了很深的印象。当时温成化还没有敢与魏徵攀亲，魏徵打听到温婉贞还没有许配人家，就派人去与温成化提亲，温成化听后受宠若惊，自然十分高兴，魏徵把这件事跟儿子说了之后，儿子也十分赞成，这门婚事就定下来了。

张扬婚事引陷阱

温成化早闻魏徵的大名，自与魏徵定了亲家之后，四处张扬此事，一是觉得女儿有了一个好的人家，二是觉得今后自己的前途有了着落。来到京都办理公事时，也俨然以魏徵的亲家自居。

淮安王李神通有一天在街上与温成化相遇，温成化与李神通谈起女儿的婚事，李神通眼睛一转，觉得这里有文章可做，于是一定要请温成化喝酒。温成化哪里受得了这样的敬重，连说"小人不敢叨扰王爷"。

李神通大大咧咧地说："你客气什么，我与你的亲家同在宫中为皇上做事，虽有一些小小分歧，但不打不相识，也因为这些事让我认清了魏大人的人品，我十分佩服。一直想有个机会与魏大人交个朋友，儿女婚姻大事，自然要好好操办一下，难道还要拒绝老夫不成？"

话说到这里，温成化再不好推辞，只得诚惶诚恐地来到酒馆。两个人推杯换盏，温成化由于激动，多喝了几杯，脸色微红，话也多了起来，说："卑职官小职微，无有建树，此生唯一欣慰处，就是爱女婉贞。魏大人看中爱女，也是独具慧眼，此桩婚事，可谓珠联璧合。"

李神通点头说："说得好，说得好，人生一世，无非两件大事，一为洞房花烛夜，一为金榜题名时。对温先生来讲，与魏大人结亲，可谓一举两得啊。"

温成化高兴地说道："王爷过誉了，小人只求女儿有一个好人家，至于卑职，不敢奢望过多。当然，如果能够仰仗王爷的声望，卑职还敢略思一二。"

李神通哈哈笑说："温大人真是会说话，没有问题，你是魏大人的亲家，自然就是我的朋友，不知婚事定在何时？"

"这还要等魏大人来定。"

"说的是，不知打算怎么操办？"

温成化谦恭地一笑，"这也得听魏大人的。"

"哎，"李神通嗔怪地说，"当然要听魏大人的，不过你作为他的亲家，也应该有些自己的主见。我看这样，既然我们是朋友了，我就得说几句话，魏大人是宫中显要，公子婚事当然要与其身份相符。依老夫之见，可以广告天下，让所有与魏大人有来往的人都来庆贺一番。到时，我再请皇上御驾亲幸，那是什么场面？"

温成化两眼放大，惊异地问道："请皇上来？"

"这有什么不可？"李神通道，"一来魏大人是皇上的幸臣，儿女大事庆贺一番理所应当；二来老夫亲自去请陛下，想来也不会不给面子。你想，皇上若来，那场面是不是应该盛大一些？"

温成化兴奋得满脸通红，起身拱手施礼道："小人何德何能，承王爷如此大恩，小人感激不尽。"

李神通连连摆着手说："免礼免礼，这事就这么办了，不过有一点你该注意，魏大人身居高位，不好自己张罗此事，也不便出面办理此事。所以，你就尽量不要打扰他了，这事让他知道也不好，你以为如何？"

温成化又要施礼，"王爷考虑如此周到，小人焉敢不从。"

"好，这事就这么定了，过会儿你跟我回一趟王爷府，我有一点儿

170

忠谏人生

魏徵

心意先行敬上。"

温成化连忙阻止道："王爷你这是干什么？你为小人撑腰做主，小人已经受之有愧了，哪里还敢让王爷破费。"

李神通道："说哪里话，做主是做主，爱女出嫁，老夫自然要表示庆贺，再要推辞，老夫可要生气了。"

温成化无奈，只得跟着李神通去了王爷府。李神通让家人封了二百两银子送与温成化，温成化千恩万谢，李神通将其送到门口，两人这才分手。

温成化捧着二百两银子回到家中，对夫人说起李王爷的大恩大德，两人都十分感激。这之后，温成化在公堂之上也说与魏徵结成了儿女亲家，在同僚聚会上也讲皇上也要出席女儿的婚典，这消息一传十、十传百地传了出去，周边州县比他官大的也来看望温成化，比他官小的更不用说，送金银财宝、绫罗绸缎的人，几乎踏破温家门槛。

诡计得逞陷阱成

消息传到宫中，这消息就变了样，封德彝听到的消息是说魏徵的儿子要与温成化的女儿成亲，皇上要亲自出席盛典，要求各路大臣都要进礼同贺。

封德彝初听此事觉得奇怪，天下哪有这样的道理？一个大臣的儿子结婚，皇上为其张罗婚事，这是亘古未有的啊！封德彝开始还未深加猜疑，毕竟魏徵在皇上的心中确有位置。封德彝只是觉得心中郁闷，自觉魏徵在宫中的地位越来越显赫，他自己倒是江河日下了。这一天，他正在房内郁闷不乐，家人通报李神通来访。

封德彝让家人请其进来，两人落座之后，李神通便把话题拐弯抹角地说到了魏徵的身上。李神通道："外边盛传魏徵儿女婚事，听说各州府都给他送礼致贺呢。"

封德彝说："我也听说了此事，正在这里心下猜疑，听说皇上要亲幸婚典，此事当真？"

李神通说："皇上亲幸？这是谁说的？"

"都这么说嘛，我也有些怀疑，难道这不是真的？"

"我的天啊，"李神通大惊道，"这是假传圣旨啊，这是打着皇上的旗号聚敛钱财啊，魏大人真是胆大包天。"

封德彝脸上的阴云一扫而空，试探着问道："这么说，这些都是魏徵所为？"

李神通做出无限感慨状，述说魏徵的亲家已经在他这里索走二百两银子了。

172

封德彝惊诧地看着他，觉得有些不可思议，不相信这是真的。李神通看他的样子没说温成化拿皇上来压我，哪敢不给？封德彝来回在房内踱步，嘴中叨念着："真是反了，朝纲打乱了，不行，我去当面禀告皇上。"

李神通站起身阻止说："封大人慎行，本官有一句话想问大人，魏徵对大人尊敬如何？"

封德彝怀疑地看着李神通，他知道李神通仗着皇亲的身份在宫中，甚至在皇上面前都有点儿面子，但是他也看不惯李神通不学无术仗势横行的做派。评定等级时，李神通与魏徵的冲突他也十分清楚，封德彝看不惯魏徵，李神通更是对魏徵心怀不满，这一点两人相同。封德彝想来想去，明白了李神通来此的目的，他说："魏徵在老夫面前恃宠放肆，老夫倒不放在心里，老夫只是觉得魏徵在皇上面前也出言不逊，长此以往，朝纲紊乱，国事无章啊。"

李神通知道封德彝老谋深算，但他也明白了封德彝的心迹，于是说道："既然如此，我们何不趁此机会教训他一下？"

封德彝身体转向李神通："王爷有何见教？"

李神通表示，此时去禀告，所有的事实都还没有发生，如果皇上一怒，把魏徵叫去训斥一番，魏徵把所收贿礼如数退回，充其量也就治他个聚富敛财之罪。如果等魏徵把所有的事情办成时，到那时我们再禀告圣上，那他就是假传圣旨之罪，依本官之见，我们不妨花它几百两银子，让魏徵把此事做成，等到婚典那一天，各路人马齐聚魏府的时候，我们再禀报皇上，到那时，皇上也许会真的亲幸婚典，不过那可能就……"

李神通看着封德彝，止住了话头。

封德彝心中暗想，这个李神通可真够歹毒的，不过脸上却作出一丝微笑，说："王爷言之有理，依王爷之见，老夫也得拿出二百两银子喽？"李神通道："二百两银子除掉一个心腹之患，很值啊。"两个人相互看了一会儿，哈哈大笑起来。

陷阱密布迟知晓

此时，魏徵的四周陷阱密布，可他却一点儿也不知道，还在书房埋头著书。魏徵一般情况是有事上朝，没事便在家中写作，多年养成的习惯，不善与外界交往，所以对外界之事很少理会。裴夫人知他忙于政务，只是在晚上睡觉时，把筹办婚事的事情禀告一下。魏徵表示，魏家向来以勤俭为上，凡事从俭办理，原则性地交代之后，一应事务都交于夫人办理。

这一天正在书房中时，家人来报说通州刺史来访。魏徵颇觉诧异，他与通州刺史向无来往，此来何事？便命下人请到客厅。

那通州刺史见魏徵来后，行礼落座。魏徵说："大人与魏徵接触不多，今日光临寒舍，有何赐教？"刺史说："听说令公子就要成婚，本官特来表示祝贺。"魏徵有些奇怪，"公子成亲，本为私家小事，何劳大人到此？再说我等非亲非故，大人如此盛情，魏徵岂敢消受。"

刺史拱手说："魏大人过谦了，如今谁不知道皇宫之中，魏大人得幸于天子，一言九鼎。现今各路州府大人听说了令公子的婚事，又听说皇帝要亲幸婚典，如此荣幸，谁不希望通过此事，与大人结为同好呢？"

魏徵像是没听清楚，问："此话从何谈起？儿女婚事，本官已令简约从之，哪里来的各路州府致贺，又从何谈起皇上要亲幸盛典？"

刺史微笑说："魏大人何须保密，莫不是怕本官有意巴结不成？此事外边都已盛传开来，魏大人又何言至此？"说着招呼随从道："来呀，把礼物拿上来。"

随着招呼，两名随从抬进一个硕大的礼盒，刺史起身把一个礼单送与魏徵，"魏大人请过目，小小心意，不成敬意，请魏大人笑纳。"

魏徵如堕五里雾中，看了一会儿刺史，忽然觉得有什么不对头的地方，说道："且慢，刺史大人心意我领了，这礼物本官万不能收。我且问你，你说的外边盛传之事可是当真？"

刺史见魏徵反复问及此事，再看他的神色，又确实不像装的，就把外边的事情说了一遍，紧接着又说："大家都知道魏大人为人清廉，所以都没敢直接送达于此，好多人都直接去了温大人处。本官只是觉得温大人处路途不便，所以才直接来见魏大人。"

魏徵脑袋轰地响了起来，急忙说："来得好，来得好，大人若是不来，魏某还被蒙在鼓里，谢谢大人光临。大人且听我一言，外面盛传之事子虚乌有，大人盛情魏徵感激不尽，请大人包涵，魏徵要立刻去查办此事！"

说罢，让家人送刺史出门，然后魏徵让家人立即备马，去见他的亲家温成化。温家大院里，一派喜气洋洋，看家的护院的，有的忙于接待客人，有的忙于置办嫁妆，左房里有喝酒划拳的声音，右房里又有吹打弹奏的乐班正在抓紧练习。魏徵没有到过温家，被人领着来到这里之后，家丁以为又是哪路的官人来致贺的，便问魏徵："大人通个姓名，好向我家主人禀告。"

魏徵看着这个热闹的场面，不觉气从中来，既不通报姓名也不答话，径直就往里边闯去。家人连忙阻止，跟随魏徵的役卒把温家的人推开，护着魏徵就往里走。家人大呼小叫，惊动了里边正在迎客的温成化。温成化走出门来叫："何人吵闹？"

那时魏徵已经来到了他的面前，说："温成化，你好大的胆子！"

温成化见是魏徵，慌忙施礼，魏徵也不理他，本想大声斥责一番，又觉得当着这么多人的面，毕竟不好看，便径直向屋内走去。

温成化不知哪里得罪了亲家，慌慌张张地跟进来，赶忙吩咐下人端茶送水，又要请亲家母出来见面。魏徵摆手制止道："你不要劳碌了，让别人都出去，我有话跟你说。"

温成化莫名其妙，只得把家人都打发出去，魏徵过去自己把门关好，回头严厉地看着温成化说："是你把婚典的事传出去的？是你说皇上要亲幸婚典的？是你要各路州府官人都来致贺的？你是多大的官人？你有多大的权力？你知不知道打着皇上的旗号为自己办事该当何罪？"

温成化被劈头盖脸地一顿训斥，终于明白了怎么回事。魏徵说："你在这里广为传播，人家把礼都送到我那儿去了，这事如果传到皇上那里，显然就是我借机敛财。你这哪里是为儿女着想，分明是置我于死地啊！"

温成化呆呆地怔在那里，眼见得汗珠一个劲儿地渗了出来，他结结巴巴地说："魏、魏大人，这、这可如何是好？"

魏徵不忍见他那种样子，口气缓和了一些说："我开始的时候就告诉过你，儿女之事一切从简，你怎么能想出这个主意？"

温成化冷静了一些，前思后想，越想越觉得此事后果可怕，眼泪就不觉流了下来。他把前些日子在京城怎么碰见的李神通，李神通又怎么为他出谋献策，然后又怎么跟着李神通到了王爷府取了银子之事，一一说了出来。

魏徵听后，禁不住出了一身冷汗，看温成化还战战兢兢地站在那里，摆摆手说："你坐下吧，看来此事也不能全怪你。"

175

魏徴语隶书

温成化小心翼翼地坐下，擦了一把眼泪说："魏大人，是下官做事不当，事已至此，你看怎样挽回呢？"

魏徴沉默不语。

温成化想了一下说："要不这样，下官这就派人把送来的礼物依次退回？"

"礼是一定不能收的。"魏徴淡淡地说了一句，没有理会温成化。魏徴从刚才温成化的讲述里，知道了这是李神通意欲整治他。李神通对他向来心存隔阂，这是他不愿意看到的。他当然不想在朝中树敌，但是他也不想在这些有意与他为敌的人前显出软弱。魏徴觉得自己一心为国，秉公办事，并没有丝毫授人以柄之事，所谓无私即无畏。如今，李神通公然向自己挑衅，如果依次把礼物送回去，当然敛财罪名不能成立。如果他要到皇上的面前把李神通的阴谋揭穿，皇上也不会怪罪。皇上不会怪罪于他，也不可能把李神通怎么样。李神通出于同僚之情为婚庆出谋献策，也在情理之中。闹得满城风雨，尽管谁也没怎么样，但还是让李神通戏弄了一番，这口气，魏徴觉得难以下咽。

亦有对策应陷阱

上次官考一事，李神通已经相当过分，这次又卷土重来，难道是由于他上次表现得过于软弱了吗？既然李神通有意整治自己，来而不往非礼也，他干脆就借此机会整治一下李神通。

想到这里，魏徴对温成化说："礼物不要再收了，已经收到的礼物

忠谏人生

魏徴

都要封好收存，丝毫不能出错，听我的处置。"

温成化哪里想到自己惹出这么大的祸事来，不但儿女婚事险些遇挫，倒连累得魏大人犯下欺君之罪，听完魏徵的吩咐，连说好好好，直到魏徵要走时，他还连声说："亲家，下官无知，给大人增添是非，还请亲家原谅。"

魏徵叹一口气说道："亲家啊，自古以来，朝中之事最为复杂，有道是伴君如伴虎。我等出身寒门之家，到如此地步全凭为国为民一颗诚心，依此博得圣上赏识和恩遇，如有半点非分之想，都会惹来杀身之祸。老夫身死不足为虑，惹得天下人耻笑，才误了我们的一生清名。望亲家深思再思，切不可疏忽大意。"温成化感激不已，痛哭流涕地表示："原来一直听说亲家为官清正不阿，今日一事，才让温某感同身受。小女有幸，嫁与如此人家，也是我温家祖上有德，小人敢不切记在心。"

言罢两人分手，魏徵回到家里，觉得儿子的婚礼一事再不可掉以轻心，便向夫人仔细询问了婚庆筹备一事，嘱咐一切照原来计划行事。

说话间就到了婚典的良辰吉日，这天一早，魏徵让家人把几间房子收拾妥当，院内也摆了几个简易方桌。家人早已套好马车去城外接温家小姐，这里各种仪式必需的设施也都已完备，小姐还没有接来，京内诸官已陆续前来致贺，魏徵一一热情接待，让家人前后照料。仔细看去，见李神通还没有来，心下有了估计，依旧招呼各位来宾入座。来宾们发现，在院子的一角，形式各异的礼盒堆如小山一般，甚觉有趣，都以为是魏徵在有意炫耀人缘广泛。

过了一会儿，迎新亲的马车接温小姐回来，司仪按照规矩开始婚典仪式。仪式毕，大家就要入席喝酒之时，魏徵出面说："各位大人官员，小儿婚庆，惊动各位大驾光临，魏徵深感荣幸。儿女成亲，本是一己私事，却因魏某不慎惊扰了各位，并因此让各位破费，各位的抬爱，魏徵这里谨表谢意。原本是想让各位把礼物收回，又怕冷却了各位一片诚心，还怕请不来各位来此一聚，所以，魏某决定在此将各位礼物一一如数奉还，务请各位赏脸。魏徵对各位的抬爱顿首百拜，水酒薄菜，不堪与山珍海味相比，却是魏某的一片真心，请大家入席，痛饮一醉！"

李神通此刻正在宫中对太宗奏本，他说："陛下还在宫中，外边发生了大事，陛下还不曾得知哪！"

李世民一怔，问道："皇叔何出此言？是藩王作乱，还是突厥又犯我边境？"

李神通说："陛下有所不知，今日是魏徵长子的婚庆大典，此前数日，魏徵向天下发布消息，要各路州府县令送礼致贺，此时，魏徵家中已累资数万，岂不是借机敛财？"

李世民笑着说："儿女婚事，朋友私情，送些礼物有何大惊小怪？这个魏徵，倒不告知朕一声，朕也可送一份心情嘛。"李神通说："万岁明鉴，那魏徵所以聚敛钱财，打的可是皇上的旗号，他说皇上要参加婚典，那些官宦才如此趋之若鹜的。"

李世民正色说："打着朕的旗号？"

"正是如此，他的亲家温成化四处张扬，说魏徵是皇上的幸臣，魏徵在皇上面前一言九鼎，参谁谁倒，捧谁谁红，言外之意，此婚庆之时，若不以礼相待，自然没有好下场。"

李世民怒道："大胆魏徵，如此放肆，前日公主婚庆他千方百计劝朕简约，今天他自己倒大发横财了。来人，把魏徵给我抓来问罪。"

李神通连忙阻止说："陛下息怒，容微臣一言。陛下若这么给他抓来，凭魏徵能言善辩之舌，一定又把事情解释开去，依微臣之见，不若去魏徵那里抓个正着，陛下可以当场看看，来的都是什么人，收的都是什么礼，至那时，魏徵再想抵赖也难以开脱罪责。"

李世民想了一下，说："也好，朕倒要看看这个魏徵究竟弄得个多大的场面。"

说着命侍卫军护驾亲往。将要启程时，封德彝急急赶过来，火上浇油地说要去给魏徵送礼。李世民一看心中更是恼火，便下旨让其一同前往，一行人便浩浩荡荡地向魏徵家走去。

忠谏人生

魏徵

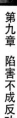

李神通看着自己导演的这出戏一切都按计划发展，心情怡然自得。皇上的队伍浩浩荡荡地来到魏徵的家门前，没进院门，侍卫们先把院子的前前后后围了个水泄不通。院内人听说皇上来了，赶忙集体跪倒山呼万岁，魏徵朝服整齐出来迎驾，跪在李世民的面前叩头不已，连声说道："臣魏徵叩见皇上，犬子婚事惊动皇上圣驾，臣实不敢。"

李世民看着满院子的人，果然像李神通说的那样，便生气地说："魏徵，你敛财有道啊，竟敢打着朕的旗号，下一步是不是要招兵买马啊？"

魏徵见李神通在一旁幸灾乐祸的样子，心中有数，说："臣不懂万岁话中之意。"

李世民说："不是你说朕要出席婚典吗？"

魏徵说："陛下怎么知道臣的言语？"

李世民回头看了一眼李神通说："淮安王在此，你还敢抵赖？"

魏徵诧异地说道："淮安王怎知臣的言语？"魏徵也看着李神通说："李大人，魏徵何时跟你说过犬子婚典一事？"

李神通没想到魏徵来这一手，一时张口结舌，说："你没跟我说过，你的亲家跟我说过。"

李世民被弄得不知所措，看着两人。

魏徵起身，回头叫出温成化，温成化过来叩拜过皇上后，魏徵怒问："亲家，你何时跟李王爷说起婚典一事，又是怎么说的，圣上在此，不可编造。"

温成化便把那天李神通怎样说要广告天下，又怎样说想请皇上亲幸婚典一事说了出来，说完之后，又把那包银子送到李神通面前，"王爷，小官不敢受此大礼，还请收回。"言罢，毕恭毕敬地站在一边。

李世民听罢，转头看着李神通，一脸的怒色，"皇叔，你如此作茧自缚，却是为何？"

李神通恼羞成怒说："魏徵，你不识抬举，本王为你着想，还不是希望你儿的婚事办得体面，再说本王说请皇上亲幸庆典，也并没有食言，现在皇上不是站在你的面前吗？你何必装腔作势，倒打一耙。"

此时，好多喝完酒的来宾纷纷走出来，一一跪在李世民的面前，说："万岁在上，下官本想随礼致贺，无奈魏大人只想邀其一聚，又把这些礼物原数奉还，臣等都知陛下信任魏徵，原来不知何故，今日一事，方知万岁英明绝伦，有如此明君，何愁官宦不忠，基业不固！"

李世民透过院门，看见那些大臣的随从们都捧着礼盒恭立一侧，终于明白了怎么回事，也被这些大臣恭维得心里舒坦，开颜一笑说："众卿平身，今日之事有些误会。不过误会得好，叔王今天也算是做了一件好事，如果不是他告诉朕，朕哪里赶得上这样热闹的场面。魏卿，请了这么多人喝酒，难道不请朕喝一杯？"

魏徵躬身施礼说："万岁亲幸婚典，微臣焉敢不从，只是微臣寡淡之家，菜不丰盛，酒不甘洌，还望陛下多多包涵。"魏徵手臂一摆，"请陛下入座，请王爷和诸位大人入座。"

李神通和封德彝相互看了一眼，两个都是一脸的苦瓜相。

李世民兴致满高地大步往院里走，封德彝、李神通和随行人员不得不跟着。魏徵走到李神通的身边悄声说道："李大人，多谢你的出谋献策，如果没有你，凭小官魏徵，是万万请不来圣上的。一会儿，我要多敬你一杯啊！"

李神通斜了一眼魏徵，分明看到了那双眼睛里充溢着的得胜之意。

魏徵传说之拒收寿礼

魏徵六十岁大寿那年，唐太宗说他德高望重，要给他做寿，魏徵一再上疏谢绝，但因李世民不依，只得遵命办理。可是，他吩咐儿子魏叔玉，一概不收寿礼；执意要送的，一定要说明理由，如果劝说不住，就去叫他来亲自处理。

　　寿辰的前几天，他的儿子魏叔玉亲自在相府门口拒礼。送寿礼的第一位是当今皇上，来人是皇后。这一下子可把魏叔玉难住了，万岁爷送来的礼，能不收吗？魏叔玉无奈，只好把爹爹的话说了，皇后听了当即在一张红纸上写了一首诗：

> 德高望重魏爱卿，治国安邦立大功。
>
> 今日皇室把礼送，拒礼门外理不通。

　　魏叔玉叫家人把这首诗拿进相府给爹爹展示。不一会儿，家人走了出来。魏叔玉接过一看，只见那四句诗下边又添了四句：

> 保唐扶李丹心忠，魏徵最怕念前功。
>
> 尽忠本是分内事，拒礼为开廉洁风。

　　魏叔玉看罢递给皇后，皇后无奈，只好带着礼物回宫去了。

　　皇后刚走，又来了一人。魏叔玉抬头一看，又把他难坏了，原来来的是爹爹的好友、结义弟兄程咬金。魏叔玉说了刚才拒皇后礼物的事，然后笑着说："程叔父，不是侄儿不收你的礼，侄儿实在为难……"

　　程咬金说："别人的礼不收，我不管，我老程送的礼，不收不行！贤侄，我知道你爹的脾气，也不为难你，来、来、来，拿过红纸，老程我也写上几句话，看你爹收我这份礼不收？"

　　魏叔玉递上红纸一张，程咬金提笔写了四句：

> 贾家楼中结弟兄，瓦岗山岭杀隋兵。
>
> 无话不谈心肝照，寿礼不收为何情？

　　魏叔玉接过红纸，叫家人拿进相府。不一会儿，家人出来了，程咬金接过，只见下面写道：

你我本是一家人，肝胆相照心相印。

寿日薄酒促膝叙，胜似送礼染俗尘。

程咬金看罢无话可说，只好哈哈一笑，带着礼物也回去了。

紧接着又来了一个送礼人，是兵马大元帅秦琼。这一下又难住了魏叔玉，元帅送礼敢不收吗？魏叔玉无奈，只好把爹爹的话说了出来，秦琼也在一张纸上写了一首诗：

魏徵宰相是恩公，针灸曾救我的命。

有恩不报非君子，寿辰送礼表心情！

魏叔玉叫家人把这几句诗，拿进相府让爹爹去看。不一会儿，家人又走了出来。魏叔玉接过红纸一看，只见那四句诗下边又写了四句：

秦公武艺样样通，辅保大唐立头功。

礼物应该我送您，祝您长寿保朝廷。

秦叔玉看后递给秦琼，秦琼没有办法，也带着礼物走了。

秦琼刚走，第四个送礼人来到，魏叔玉定睛一看，是军师徐茂公。魏叔玉先讲了刚才拒收唐太宗、程咬金、秦琼礼物的事，然后笑着说道："徐叔父，不是侄儿不收您的礼，爹爹的脾气你知道……"

徐茂公哈哈一笑，说："别人的礼物可以不收，我送礼物必须收。贤侄，你爹爹的为人，我是知道的，快、快、快，拿笔来，我写上几句话，看你爹收礼不收？"

魏叔玉递上毛笔，徐茂公挥毫写了几句：.

你我同是盟弟兄，一起布阵杀敌兵。

天长日久情意重，送礼祝寿为友情。

魏叔玉接过徐茂公写的诗句，让家人拿进相府。不一会儿，家人出来了。徐茂公接过一看，只见下面写着：

徐魏本为文殿臣，情长意深一条心。

良辰淡饭吟诗赋，通宵达旦论古今。

徐茂公看罢，没有话说，只好笑着也把礼物带了回去。

紧接着又来了一个送礼人，魏叔玉一看，是他爹爹的学生长安府尹张成，让随从抬着一箱礼物，来到了府门。张成笑着对魏叔玉说："恩师六十大寿，特来祝贺，请你把这份寿礼收下吧！"

魏叔玉回答："这我做不了主，你写上几句话，我告诉爹爹，他同意我就收。"张成拿起毛笔，在红纸上写道：

恩师生日学生来，多年栽培记心怀。

寿礼一件表谢意，拒之门外不应该。

魏叔玉吩咐家人把红纸带进相府。没有多大工夫，家人回来了。张成接过一看，只见下面写道：

学生心意师已领，魏徵品德你知情。

居官清廉为人正，何收寿礼坏名声？！

张成看后，只好叫随从抬着寿礼走了。

随后，又来了两个送礼人。魏叔玉抬头一看，只见两人身穿粗布袄，一人拎着一篮子大蜜桃，是两位乡下人。这两个人走到魏叔玉跟前，拱手施礼说："相爷六十大寿，俺俩大老远赶来祝寿，请您把这两份寿礼收下。"魏叔玉听后感到奇怪，开口道："请问二位尊姓大名，哪里人氏？"

那高个子说："我姓赵，他姓魏，是钜鹿下曲阳赵魏村人。"

魏叔玉一听故里乡亲们赶来祝寿，非常高兴，又说："咱家乡离京城路途遥远，怎好还劳你们大伙儿费心呢？"

那矮个子回答："相爷今年六十大寿，俺们一商量，都说相爷虽然做了高官，可不忘乡亲们。在大旱之年，他给送来了早熟谷种；在冰雹砸了庄稼的时候，他又给买来成熟期短的荞麦……办的好事就像天上的星星，数也数不清呀！"

高个子来人接着说："就因为这个，乡亲们摘了些咱家乡的特产赵魏大蜜桃，推选俺俩来京城，给相爷祝寿！"魏叔玉一听，知道了乡亲们的心意。有心收下吧，但没禀明爹爹，不敢做主，便微微一笑说："相爷有规矩，凡是送寿礼的人都得说个理由，是理的他收，不是理的他不收。"那高个子来人说："好好好，我说，你代笔，看相爷他收不收俺们的寿礼！"那高个子来人想了一会儿，说出了四句诗：

赵魏蜜桃送京城，前来祝寿礼太轻。
但愿相爷常健在，多为家乡争好名！

魏叔玉写完，叫家人再拿进相府，不一会儿，魏徵亲自出来了，双手接过那两篮大蜜桃，笑着也说了几句诗：

蜜桃虽小礼义重，父老期望记心中。
垂暮之年再奋蹄，不负乡亲一片情。

忠谏人生

魏徵

第 十 章

委派太师著朝典

　　魏徵在唐朝的政治上功不可没，修史博文，以古为镜，检讨和归纳身亡国灭的沉痛教训，太宗对魏徵非常信任，任命他为太师，授业太子。

修史博文，以古为镜

李世民靠金戈铁马打下了江山，也靠着这个坐住了江山。他用创业以武、守成以文的思想，在四海安宁之后，把治理国家方针政策摆在了第一位。而这些政策的制定，显然要参照以往历朝的成败得失。历朝历代都十分注意修史博文，以古为镜，以维护统治的长久。

李渊统治时期，本来已在几位文官的建议下，命封德彝、魏徵等人分别主持修《魏史》《周史》《隋史》《梁史》《齐史》及《陈史》等书，由于皇帝不够重视，措施不力，所以"谨历数载，竟不就而罢"。李世民即位之后，大力抓修史工作，于贞观三年在中书省特置秘书内省，专门负责修周、齐、梁、陈、隋五代的历史。当时的史馆仍沿袭隋朝旧制，隶属于秘书省的著作局。这年底，李世民下令移史馆于门下省之北，由宰相监修。后来大明宫建成，又移史馆于门下省之南。著作局修史任，史馆归于门下省，由宰相亲自支持修史，说明李世民对修史的重视远远超过了以往统治者。隋文帝虽然早已下令"禁绝"私人撰集国史，褒贬人物，但官修史书作为新生事物，是在贞观年间才真正完备起来。宰相监修的制度行之久远，对我国史学以后的发展有一定的影响。

早在平定郑、夏之初，李世民就在秦王府"开文学馆，广引文学之士"，对十八学士"给五品珍膳"，倍加优礼。他们不仅同李世民商略古今，而且也是日后整理经史典籍的基本队伍。李世民政治思想的核心是儒家的仁政与仁义，所以即位后立即改尊孔子为"先圣"，不久又封孔子裔孙孔德纶为"褒圣侯"，可见他留心古籍整理，侧重点是儒家的经书，其他典籍和史书只是旁及而已。

忠谏人生

魏徵

隋朝统治者"喜聚逸书",当时"简编最为博洽",但在隋朝末年天下纷扰中丧失很多。李世民平王世充后,唐朝命宋遵贵负责把东都的藏书监运长安,不幸溯河西上行经砥柱时发生翻船事故,所载典籍大多沉没,所存十不一二,好多书籍又被浸湿。李渊在位时期,令手下大臣"购募遗书,重加钱帛,增置楷书,令缮写",几年之间,已有了一定规模。玄武门之变后不久,唐朝于武德九年在宏文殿聚四部群书二十余万卷,并于殿侧置宏文馆,"精选天下贤良文学之士"以本官兼学士。但学士的主要任务是与皇帝讲论经史,商略政事,还没有对典籍进行整理。

李世民曾说:"朕虽然以武功定天下,必以文德治理国家,文武之道,各随其时。"

在这样的思想指导下,李世民即位之后,不但大兴庠序,而且"锐意经籍",大力组织人力,进行搜求经籍、修撰史书的工作。

我国古代史书,最主要的是所谓纪传体的正史,在《二十四史》中就有六部成书于贞观年间,它们是《晋书》《北齐书》《周书》《梁书》《陈书》和《隋书》。不仅如此,李世民曾亲自为《晋书》的《中宣帝纪》《武帝纪》和《陆机传》《王羲之传》撰写了专论,因而该书竟署以"唐太宗文皇帝御撰"。

在修周、齐、梁、陈、隋五代史书时,魏徵"受诏总加修撰,裁定去取,成资笔削,多所损益",并亲自为《隋书》写了序、论,为《梁书》《陈书》和《北齐书》写了总论。这些史论虽然是魏徵所撰,实际上也是反映了李世民的基本政治理论和历史观点,或者至少是李世民认可的。

或许是因为唐朝紧跟隋朝之后,又因为隋朝的二世而亡教训过于深刻,所以,李世民对隋朝的印象十分强烈,即位之后,时常与众臣议论隋亡原因。这些议论,成为魏徵主撰《隋书》的思想基础。

比如贞观元年,太宗对侍臣说:"隋炀帝广造宫室,以肆行幸,自西京至京都,离宫别馆,相望道次,乃至并州、涿郡,无不悉然。驰道皆广数百步，种树以饰其旁。人力不堪，相聚为贼。逮至末年，尺土一人，非复已有。以此观之，广宫室、好行幸，竟有何益？此皆朕耳所闻，目所见，深以自戒。故不敢轻用人力，惟令百姓安静，无有怨叛而已。"

"妇人幽闭深宫，情实可愍。隋氏末年，求采无已，至于离宫别馆，非幸御之所，多聚宫人。此皆竭人财力，朕所不取。"

"……高颖有经国大才，为隋文帝赞成霸业，知国政者二十余载，天下赖以安宁。文帝惟妇言是听，特令摈斥。及为炀帝所杀，行政由是衰坏。又隋太子勇抚军监国，凡二十年，固亦早有定分。杨素欺主罔上，贼害良善，使父子之道一朝灭于天性。逆乱之源，自此开矣。隋文帝既淆混嫡庶，竟祸及其身，社稷寻亦覆败。"

贞观二年，太宗对房玄龄说："朕比见隋代遗老，咸称高颖善为相者……炀帝无道，枉见诛夷，何尝不想见其人，废书嘘叹！"

太宗对黄门侍郎王圭说："隋开皇十四年大旱，人多饥乏。是时仓库盈溢，竟不许赈给，乃令百姓逐粮，隋文帝不怜百姓而惜仓库如此。比至末年，计天下储积，得供五六十年。炀帝恃此富实，所以奢华无道，遂致灭亡。炀帝失国，亦由其父。"

贞观三年，他又对侍臣说："至于隋炀帝暴虐，臣下钳口，卒令不闻其过，遂至灭亡，虞世基等寻亦诛死。前事不远，朕与卿等可得不慎？无为后所嗤。"

贞观四年，李世民与魏徵谈亡隋事，魏徵说："臣往在隋朝，曾闻有盗发，炀帝令于士澄捕逐。……有司以炀帝已令斩决，遂不执奏，并杀之。"

太宗李世民说："非是炀帝无道，臣下亦不尽心，须相匡谏，不避诛戮，岂得惟行谄佞，苟求悦誉？君臣如此，何能不败！"

他又说："隋炀帝岂无甲仗？适足以至灭亡，正由仁义不修，而群下怨叛故也。"

魏徵说："臣闻'以欲从人者昌，以人乐己者亡'。隋炀帝志在无

忠谏人生

魏徵

厌，惟好奢侈，所司每有供奉营造，小不称意，则有峻罚严刑。上之所好，下必有甚，竞为无限，遂至灭亡。"

李世民说："隋炀帝性好猜防，专信邪道，大忌胡人……终被宇文化及使令狐行达杀之。且君天下者，惟正身修德而已，此外虚事，不足在怀。"

李世民说："隋主亦必欲取高丽，频年劳役，人不胜怨，遂死于匹夫之手。"

贞观六年，李世民对侍臣说："隋文帝深爱祥瑞，实以为可笑。夫为人君，当须至公理天下，以得万国之欢心。昔尧舜在上，百姓敬之如天地，爱之如父母。动作兴事，人皆乐之；发号施令，人皆悦之，此是大祥瑞也。"

贞观七年，唐太宗出巡蒲州，刺史赵元偕诸父老服黄纱单衣，迎谒路左，盛饰厩宇，修营楼雉以求媚。又潜饲羊百余口，鱼数千头将馈贵戚。太宗知，召而数之曰："朕巡省河、洛，经历数州，凡有所须，皆资官物。卿为饲羊养鱼，雕饰院宇，此乃亡隋弊俗，今不可复行。当识朕心，改旧态也。"

贞观八年，唐太宗对侍臣说："言语者，君子之枢机，谈何容易！……隋炀帝初幸甘泉宫，泉石称意，而怪无萤火，敕云：'提取多少于宫中照夜。'所司遂遣数千人采拾，送五百舆于富侧。小事尚尔，况其大乎？"

魏徵回答说："人君居四海之尊，若有亏失，古人以为如日月之蚀，人皆见之，实如陛下所戒慎。"

太宗说："秦始皇平六国，隋炀帝富有四海，既骄且逸，一朝而败，吾亦何得自骄也？言念于此，不觉惕惕而震惧。"魏徵进言说："臣闻自古帝王未有无灾变者，但能修德，灾变自消。"

贞观十一年，魏徵上疏说："……且我之所代，实在有隋，隋氏乱亡之源，圣明之所临照。以隋氏之府藏比今日之资储，以隋氏之甲兵况当今之士马，以隋氏之户口校今时之百姓，度长比大，曾何等级？然隋氏以富强而丧败，动之也；我以贫穷而安宁，静之也。……夫鉴形之美恶，必就于止水；鉴国之安危，必取于亡国。……臣愿当今之动静，必思隋氏以为殷鉴，则存亡治乱，可得而知。”

太宗幸洛阳宫，泛舟于积翠池，顾谓侍臣曰：“此宫苑台诏是炀帝所为，驱役生人，穷此雕丽，复不能守此一都，以万人为虑。好行幸不息，人所不堪。……遂使天下怨叛，身死国灭，今其宫苑尽为我有。”

贞观十三年，太宗对魏徵等人说：“隋炀帝承文帝余业，海内殷阜，若能常处关中，岂有倾败？遂不顾百姓，行幸无期，径往江都，不纳董纯、崔象谏争，身戮国灭，为天下笑。虽复帝祚长短，委以玄天，而福善祸淫，亦由人事。朕每思之，若欲君臣长久，国无危败，君有危失，臣须极言。朕闻卿等规谏，纵不能当时即从，再三思审，必择善而用。”魏徵借受命亲自主编《隋书》的大好机会，对隋朝历史进行了一番系统而深入的探索和研究，从而全面而深入地总结出了隋朝盛衰兴亡的原因和过程，成为贞观君臣在讨论隋朝问题上的理论集成和纲领性文件。据史家考证，《隋书》的主纂为魏徵，该史的纪传部分由他负责。虽然撰写者还有颜师古、孔颖达、许敬宗等人，但各纪、传的绪论和结尾的“史臣曰”等评论文字，都出于魏徵之手，从这些地方可以看到魏徵所具有的深厚史学功底和修养，更可从中了解魏徵非凡的历史见识和政治眼光，其中对隋朝兴亡成败的总结，是其一生政治思想文献中最光彩夺目之处，集中体现在《隋书·高祖纪》和《炀帝纪》等史论中。兹录之如下，以供读者参照。

《高祖纪》下“史臣曰”：高祖龙德在田，奇表见异，晦明藏用，故知我者希。始以外戚之尊，受托孤之任，与能之议，未为当时所许，是以周室旧臣，咸怀愤惋。既而王谦固三蜀之阻，不逾期月，尉迥举全齐之众，一战而亡，斯乃非止人谋，抑亦天之所赞也。乘兹机运，遂迁周鼎。于时蛮夷猾童，荆、扬未一，劬劳日仄，经营四方。楼船南迈则金陵失险，骠骑北指则单于款塞。《职方》所裁，并入疆理，《禹贡》所图，咸受正朔。虽晋武之克平吴会，汉宣之推亡固存，比义论功，不能尚也。七德既敷，九歌已洽，要荒成暨，尉侯无警。于是躬节俭，平谣赋，仓廪实，法令行，君子成乐其生，小人各安其业，强无凌弱，众不暴寡，人物殷阜，朝野欢娱。二十年间，天下无事，区宇之内晏如也。考之前王，足以参踪盛烈。但素无术学，不能尽下，无宽仁之度，有刻薄之资，暨乎暮年，此风愈扇。又雅好符瑞，暗于大道，建彼维城，权侔京室、皆同帝制，靡所适从。听哲妇之言，惑邪臣之说，溺宠废嫡，托付失所。灭父子之道，开昆弟之隙，纵其寻斧，剪伐本枝。坟土未干，子孙继踵屠戮；松槚才列，天下已非隋有。惜哉！迹其衰怠之源，稽其乱亡之兆，起自高祖，成于炀帝，所由来远矣，非一朝一夕。其不祀忽诸，未为不幸也。

这是对隋文帝的历史总结。首先介绍了他发迹和建国的经过，接着重点叙述他的功与过，得与失。既歌颂了他统一中国的伟大功绩，肯定了他执政期间开创了和平安宁、经济繁荣、国力强盛、国库富足、节俭不奢、平均徭赋、法令施行、社会秩序较好等局面的事实，又指出了他少学术，猜忌臣下，为人不仁惠大度，施政刻薄残酷有余，加之喜好祥瑞符应，大兴土木建造新京城，听信皇后的忌妒之言，不信任高颖等经国大臣，错误废掉太子，另立杨广，等等，这些过失和错误，不但使自己晚年的统治每况愈下，而且为隋炀帝亡国埋下了最早的祸根。

史臣曰：炀帝爰在弱龄，早有令闻，南平吴会，北却匈奴，昆弟之中，独著声绩。于是矫情饰貌，肆厥奸回。故得献后钟心，文皇革虑。天方肇乱，遂登两储，践峻极之崇基，承丕显之休命。地广三代，威振八纮，单于顿颡，越裳重译。赤仄之泉，流溢于都内，红腐之众，委积于塞下。负其富强之资，思逞无厌之欲，狭殷、周之制度，尚秦、汉之规模。恃才矜己，傲狠明德，内怀险躁，外示凝简，盛冠服以饰其奸，除谏官以掩其过。荒淫无度，法令滋章，教绝四维，刑参五虐，锄诛骨肉，屠剿忠良，受赏者莫见其功，为戮者不知其罪。骄怒之兵屡动，土木之功不息，频出朔方，三驾辽左，旌旗万里。征税百端，猾吏侵渔，人不堪命。乃急令暴条以扰之，严刑峻法以临之，甲兵威武以董之，自是海内骚然，无聊生矣。俄而玄感肇黎阳之乱，匈奴有雁门之围，天子方弃中土，远之扬、越。奸宄乘隙，强弱相陵，关梁闭而不通，皇往而不返。加之以师旅，因之以饥馑，流离道路，转死沟壑，十八九焉。于是相聚萑蒲，猬毛而起，大则跨州连郡，称帝称王；小则千百为群，攻城剥邑。血流成川泽，死人如乱麻，炊者不及析骸，食者不遑易子。茫茫九土，并为麋鹿之场，慷慷黔黎，俱充蛇豕之饵。四方万里，简书相续，犹谓鼠窃狗盗，不足为虞，上下相蒙，莫肯念乱，振蜉蝣之羽，穷长夜之乐。土崩鱼烂，贯盈恶稔，普天之下，莫非仇雠；左右之人，皆为敌国。终然不悟，同彼望夷，遂以万乘之尊，死于一夫之手。亿兆靡感恩之士，九牧无勤王之师。子弟同就诛夷，骸骨弃而莫掩。社稷颠陨，本枝殄绝，自肇有书契以迄于兹，宇宙崩离，生灵涂炭，丧身灭国，未有若斯之甚也。《书》曰："天作孽，犹可违；自作孽，不可逭。"《传》曰："吉凶由人，袄不妄作。"又曰："兵犹火也，不戢将自焚。"

检讨和归纳身亡国灭的沉痛教训

　　魏徵对隋朝历史的着眼点，在于探讨其灭亡之因，重点放在对隋炀帝的研究上，将其统治期间的全部举措一一检讨，归纳出一系列"身亡国灭"的沉痛教训：第一，依恃富强的国力，野心膨胀，好大喜功，丢掉了"无为而治"的根本；第二，为人自以为是，骄傲自满，听不进他人的意见，一意孤行；第三，穷奢极欲，荒淫无度，纵情享乐，忘掉朴素节俭的作风，导致全国风气的败坏；第四，不行仁政，而推广法治，不施德政，而重刑罚；第五，赏罚极为不公，升降极为不当；第六，不断发动侵略战争，从而加重人民的徭役租赋负担，导致天下骚动，人不

忠谏人生

魏徵

魏徵故居

堪命；第七，君臣相蒙，上下相欺，导致政治机器运转失灵，国家政务陷入瘫痪；第八，不重民，不爱民，而把人民当犬马，当敌人，最后导致人民的不满和反抗；第九，行幸无度，放弃关中战略要地，远游扬州，最后死于叛军之手；第十，崇佛道，轻教化之风、矫情饰诈之风、请托贿赂之风、投机营利之风、任情滥赏之风、大兴土木工程之风、奢侈逸乐之风、靡乱无耻之风盛行，道德沦丧，风气败坏，引发了严重的社会问题，最终成为瓦解其政治经济的定时炸弹。

以亡隋为鉴，目的是认真地吸取历史教训，避免使自己重蹈覆辙。魏徵的这种"从历史教训中去寻找维护自己统治的办法"之主张，被唐太宗全盘采纳，并且贯彻实施得极为出色。贞观二年，李世民即位不久就对大臣们说："朕今临御天下，子养生民，思弘君道，以安百姓。卿等岂不见隋主为君，不恤民事，君臣失道，民叛国亡，公卿贵臣，暴骸原野，毒流百姓，祸及其身？朕每念及于斯，未尝不忘寝辍食，所以师古作法，不敢任情……"以此为出发点，贞观君臣们在放眼整个往古历史时，也同样是主要从破家亡国的惨痛史实中"以古为镜"的。与隋朝最相似的莫过于秦朝，两者都是二世而亡的短命王朝，因而他们一再将秦隋相提并论，用以警惕自己。另外，对各代亡国的历史也进行了探讨和总结，指出"末代亡国之主，为恶多相类也"，其共同点是"深好奢侈，横征暴敛"，从而上升到了一种历史规律性的概括，达到了铭心刻骨的程度。

大唐之所以强盛，延续那么多年，应该说和李世民奠定的基础有重大关系，而李世民之所以开了这么好的头，与他信任和重用魏徵有很大关系。

对太子由喜爱转为厌恶

对于唐皇来说，魏徵是非常值得他信任的人，有些重要的事都会交给魏徵全权代理。其中太师这一职位，李世民觉得只有魏徵才能胜任。唐太宗共有十四个儿子，长孙皇后亲生的有长子承乾、四子魏王泰、九子晋王治。承乾二年生子承乾殿，所以取名"承乾"，年幼时"性聪敏"，太宗十分喜爱。武德九年十月，立为太子，年仅8岁。

稍长，太宗开始让他学习处理朝政，有时"庶政皆令听断"。李承乾在处理政事时，"颇识大体"。后来太宗离开京师出巡其他地区时，"常令居守监国"，说明政治上对他是信任的，大臣们也"皆以为明"。但是，后来李承乾染上了许多坏习气，喜好声色，漫游无度。每临朝，虽口言忠孝之遂，退朝后，便于群小。负责教育他的大臣有规谏的，他总是装作"危坐敛容，引咎自责"。由于他机灵滑头，善于文过饰非，瞒过了许多人的耳目，但这一切都没有躲过太宗的眼睛。加上李承乾患过足疾，行走不便，因此到了贞观十年唐太宗开始厌恶他，产生了换嗣的念头。

从表面上看，太宗之欲更换太子是因为李承乾"不争气"，实际上有着政治上难言的隐衷。他广任贤良，谦恭纳士，满朝文武皆天下英雄俊杰，以"天下英雄皆为我所用"自得。但又怕大臣位重，导致君权旁落，不能不有所提防。因为"臣过于君，国必乱"，两晋南北朝的走马灯式的政变，隋炀帝亡于亲近大臣叛乱之类的教训太深刻了。

忠谏人生

魏徵

太宗即位以后，曾以弑君之罚处罚过隋炀帝的几位叛臣，这似乎很矛盾，因为李渊、李世民就是以倒隋而起的。平时，唐太宗侍臣以礼，纳谏如流，但同时又轻信"小人"，以牵制大臣，这种矛盾的心理状态，是任何封建君主都不可免的。再加上太宗朝中的大臣，来历复杂，有秦王府旧属也有旧日政敌，有关中、山东世族也有各地黎庶，有开国勋臣也有晚起之辈。他们由于出身、经历和见解的精明强干，能及时深入了解各种情况，善于处理各种复杂关系的问题，因此，在贞观时期，君臣之间的矛盾以及大臣间彼此的矛盾相对是缓和的，基本上没有发生过危及皇位或影响王朝安全的情况。但是，他的后继者将来能否继续维持这种局面呢？贞观朝的贤哲良臣，将来能否仍然忠于李唐皇室呢？经验告诉他，只有选择一个像他一样精明能干的后继者，方能树立起控制局势的威望。这是唐太宗长期以来忧虑的心事，尤其是到了贞观中期，太宗年近五十，又身患气疾，未老"已觉衰怠"，而"诸弟及庶子数将四十"，故太宗为此"心常忧虑"，更换太子的心情就更加迫切。魏王李泰，小李承乾一岁，武德三年出生后，封为宜都王。因其叔李元霸早夭，次年李泰晋封为卫王，贞观二年改封越王，授扬州大都督。贞观五年，兼领左武侯、大都督。八年，除雍州牧，左武侯大将军。因李泰"聪敏绝伦"，"文辞美丽"，又相貌英俊，"甚有美誉"，所以被太宗看中，认为他是合适的皇位继承者。可是，换宗易嗣毕竟事关重大，太子非有重大过失，不能任意废除，太宗自己由夺嫡而登帝位，对此他有切身的体会。因此，为达到立李泰为太子的目的，太宗不敢与大臣商量，只是自己悄悄地进行安排。

贞观十年，太宗招授诸王都督，分遣各州，封李泰为魏王，遥领相州都督，仍留居京师，并不就任。李泰腰腹庞大，趋拜不便，太宗特令准其乘小舆上朝，给以特殊的待遇。又以泰"好士爱文学，特令就府别置文学馆，任自引召学士"。谁都知道，太宗在秦王任时，就是利用文学馆招贤纳士培植私党的。现在让魏王李泰别置文学馆，不正是要他重演故技吗？

贞观十四年，太宗亲至魏王泰居住的延康坊宅，特下令赦免雍州及长安大辟罪以下囚犯，免延康坊百姓当年租赋，并赏赐魏王府官僚。十五年，李泰仿效古代名王多引宾客著书的办法，也奏引著作郎肖德言等人编撰《括地志》，当年书成，太宗令付秘阁大加褒奖。此外，太宗每月给魏王泰的"赏赐"，比皇太子还多。武德殿地处皇宫大内，在东宫西首，原为齐王李元吉的住所。太宗为了往来方便，遂令他移居武德殿。太宗对魏王泰如此宠爱，目的就在逐步树立魏王泰的威望，以为他取代太子的地位准备条件。

　　唐太宗的这些做法，明眼人一看便知。许多大臣都从维护封建礼仪出发，反对太宗的轻率做法。如贞观十一年魏王泰"宠冠诸王，盛修第宅"，岑文本以为奢侈之风不可长，上疏言泰"宜有抑损"。侍御史马周也以曹操宠遇陈留王曹植过厚，反而造成痛苦为例，上疏规谏。

　　魏王泰恃宠骄横，目空一切，对三品以上的大臣非礼相待，连他的师傅王圭都看不顺眼。贞观十二年，王圭向太宗奏言："三品以上遇亲王于途，皆降乘，违法申敬，有乖仪准。"太宗听后很不高兴，回答说："卿辈皆自崇贵，卑我儿子乎？"魏徵在旁进言说："自古迄兹，亲王班次三公之下。今三品皆曰天子列卿及八座之长，为王降乘，非王所宜当也。"

　　太宗辩解说："国家所以立太子者，拟以为君也。然则人之修短，不在老少，设无太子，则母弟次立，安得轻我子耶？"魏徵也不相让，说："殷家尚质，有兄终弟及之义；自周以降，立嫡必长，所以绝庶孽之觊觎，塞祸乱之源本，有国者之所深慎。"太宗明知理亏，也就不语了。

　　贞观十六年，太宗问大臣："当今国家何事最急？"褚遂良直言不讳地说："太子、诸王须有定分，陛下宜为万代法以遗子孙，此最当今日之急。"

　　魏徵、褚遂良等人反对宠异魏王李泰是最激烈的。褚遂良主张按照传统的嫡长子继承制，由太子承乾嗣位，不赞成夺嫡换宗，所以对魏王

忠谏人生

魏徵

泰物料超过太子的做法很不赞成，认为"昔圣人制礼，尊嫡卑庶，谓之储君"，只有坚持这一原则，才能"塞嫌疑之渐，除祸乱之源"，否则就会招致"佞巧之奸，乘机而动，私恩害公，惑志乱国"的恶果。

对太宗让魏王泰移居武德殿一事，魏徵也对此表示异议，认为不应让李泰"处嫌疑之地"。大致唐初的元老宿臣多主张维持原状，不必进行废立，以免在宫中引起不测风波。

委任太师，重任难辞

一些侥幸冒进的人和轻浮的功臣子弟，则怀着各种各样的目的，想利用夺嗣改立的机会，从中捞点儿好处。在这政局动荡之际，"内外庶僚，并有疑义"。李世民"默闻而恶之"，而他又比较尊重元老重臣的意见，所以于贞观十六年决定，拜魏徵为太子太师，"遣傅皇太子，用绝天下之望"。

李世民对魏徵说："魏卿，朕有一事，请卿相助。"

"圣上有何事，需要臣办，只管讲明，微臣敢不尽力！"魏徵说。

"皇儿多有不规，卿亦有所见。朕欲聘任卿为太子太师，以便对其严加管教，不知爱卿可愿受领？"

魏徵毫无思想准备，一时语塞难言。

李世民有些尴尬，他想继承皇位之人，事关重大，教育李承乾成器者，非魏徵莫属。可见，魏徵对担当此任，有些犹豫。

他又思索了一会儿，对魏徵说："魏卿，管教太子之事，乃关系国之兴衰大计，朕考虑再三，只有卿堪称此任，请卿务必不要推辞。"

魏徵听李世民所言情真意切，他也深知王位继承人的重要性，从心底里是愿意担当这一重任的。可是，当他想到李承乾的所作所为时，心中又有些担忧，只怕是这位太子不听管教，长不了才干，将来要误国害民呀！想到这些，魏徵郑重地对太宗说："启奏陛下，太子乃未来的皇位继承人，太师之责十分重大，老朽怕是难以胜任，不如另选他人为好！"

"另选何人？"太宗反问魏徵，"卿认为何人可当此任？"

"这……"魏徵难以回答。

魏徵被太宗问得有些发慌。

"魏卿，刚才朕已向您讲明，朝野上下，只有卿堪称此任，他人不可，卿就不要再推辞了。"

魏徵见太宗主意已定，没有任何商量的余地，只好答应下来。不过，他对管教李承乾成才仍旧信心不足，既然圣上充分信任自己，当然应该尽力而为，可是仅靠自己一人，毕竟精力有限，不如再找几个助手，共同来完成教诲太子的任务更好。于是他对太宗说："陛下既然看中微臣，微臣当尽力而为。不过，微臣认为，为了更加有利于太子成长，还是多请几位大臣来担任太子太师为好，不知陛下意下如何？"

太宗问魏徵："依卿之见，请哪几位大臣为宜呀？"

"这……"魏徵一时又回答不出来了。

"魏卿，依朕之见，这项重任就由卿一个人来承担吧，卿就不要再推辞了。朕把太子托付给卿，比给谁都放心。望卿能把他视作自己的子弟一样，严格管教，多方引导，促其成器，以保社稷永泰，长治久安！"太宗怀着无限的希望对魏徵说。"谢陛下！老朽当不遗余力担负此任，请陛下放心。不过，太子近日已染上了某些不规行为，老朽在管教之时，恐有不详，还望陛下能够明察鉴谅。"魏徵直言不讳地向太宗说。

魏徵当然太了解李承乾了，知道他非常难管，如果不与太宗事先点明，等出了事情，双方都不光彩，因此，魏徵也就直截了当挑明了此事。

太宗听魏徵所言，知他还有些顾虑，就爽朗地对魏徵说："魏卿，不必担心。只要是该管教之事，卿只管认真去管。承乾若有不规之处，不听管教之行为，朕授予卿自行处置之权，事后告朕知晓便可，朕决不护短，也不干预，更不指责！"

"如此甚好。"魏徵表示满意地说，"可是，臣想，只陛下和微臣知道，还不行，一定要让太子明白，还要求他认真去做，同时，也应该让朝廷内外的臣僚都知道陛下的旨意，这样，对于承乾的学业，对于微臣的履职，都有好处，请陛下圣裁！"

"魏卿所言极是。"李世民大为赞赏说，"明日早朝，朕要当着满朝文武和承乾的面，正式聘任卿为太子太师，并向承乾面谕圣训三则，令其恪守，卿看如何？"

"如此更好。"魏徵高兴地说。

君臣二人把这件大事最后定下来之后，太宗了却了一件心事，心情颇为欣慰，而魏徵却又增添了一层忧虑，心中甚为不安。他想：怎样才能把太子教育成合格的皇位继承人，以完成李世民交给自己的这项重大使命呢？魏徵考虑，要教育好李承乾，不能只是从学识上下功夫，更重要的是应该让他懂得治国安邦的大政，懂得"民为邦本，本固国宁"的道理，克己自强，励精图新才行。他想到这些，觉得要达到这个目的，仅靠平时他一个人的说教，恐怕不能完全奏效，还要采用其他的教育手段，于是他又想到了编史，从历史上的历代诸朝的成功经验和失败教训中，让太子和其他王公大臣吸取有益的借鉴，这样，可能效果会更好。

经过反复思考，魏徵决定编写一本名叫《历代侯王善恶录》的书，作为太子和诸王公子弟的教材。他想好之后，就对李世民说："陛下，微臣想编一本名叫《历代侯王善恶录》的书，作为太子和诸王公子弟的教材，不知可否？"

"《历代侯王善恶录》，这个书名起得好，起得好，朕十分赞同，您就编写吧。"太宗高兴地说。

"有陛下的支持，微臣就放心了。"魏徵也大为振奋。

"魏卿，不过朕要劝一句，卿千万不可再操劳过度。"李世民深为关切地提醒魏徵说。

"陛下，"魏徵心情十分激动，拜谢在地，说，"为了大唐基业日臻鼎盛，微臣鞠躬尽瘁死而后已。"

太宗见状，离座上前搀扶，紧紧拉着魏徵抖动的双手，久久不忍松开。

第二天早朝，李世民把李承乾宣至大殿之上，当着满朝文武的面，公布任命魏徵为太子太师的圣旨，并且让李承乾在大殿之上向魏徵行了拜师大礼，还给李承乾规定了三项守则：一是必须尊师重教，对魏徵所提出的各项要求保证逐项做到；二是在犯有错误和发生过失之后，必须心甘情愿地接受魏徵的教导处罚，不得有任何抵制、抗拒的表示；三是学以致用，说到做到，在诸王公大臣的子弟中成为楷模。

然而，李承乾对他的父皇选中魏徵做他的老师，是一百个不愿意。对于他父皇给他定的三点规矩，更是如同颈上的枷锁一样难受，他觉得这样下去，自己就被魏徵管得寸步难行了，他非常不痛快，可是有父皇的面谕，又当着文武大臣，又不敢不应，就只好强捏着鼻子，事事照办，句句都听。

拜了师，太宗满意地对魏徵说："魏徵，太子愿拜卿为太师，又能保证做到三则规矩，卿就放心大胆地管教他好了！"其实太子的不满意，魏徵能有所察觉，虽然太子掩饰得很好，但在朝廷之上，也不便多言，只能以观后效了，所以，他也就顺水推舟向太宗表示："陛下，保证全力以赴，扶植太子，不负圣望，以报皇恩！"

魏徵虽然接受了教育李承乾的任务，但是如何教育太子，却是个难题。其实，太宗也为难，他虽然把这个难题推给了魏徵，自己也还是担心，应该说知子莫如父，太宗毕竟知道自己儿子很难雕琢。

一天散朝后，太宗指着魏徵的背影，对身边的侍臣说："此羊鼻公不知道何好而能动其情？"侍臣说："魏徵嗜醋芹，每食之欣然称快，此见其真态也。"第二天，李世民召见魏徵，请他吃大菜，菜中有三盘醋芹，魏徵一看就乐了，大吃起来，饭还没吃完，醋芹就没了。

太宗笑道："卿谓无所好，今朕见之矣。"

魏徵一拜说："君无为，故无所好，臣执作从事，独癖此物。"

李世民沉默许久，感叹了一番后，叫太子每日和魏徵一起生活。魏徵生活过于俭朴，几天过去，太子叫苦不迭。

让李承乾更受不了的是每日撰写历代帝王的过失，而且每写一处，魏徵就叫他谈谈感想。李承乾哪有什么感想，常常想办法糊弄魏徵，当时魏徵已是身心疲惫，眼睛又有了毛病，虽然对李承乾要求甚严，无奈太子陋习难改，冥顽不化，魏徵也无可奈何。

魏徵传说之紫城村

在河北省晋县城西南有两个村庄：西边的叫西紫城，东边的叫东紫城。虽说这两个村庄名字叫"城"，可是村子中并没有官府，周围也没有城墙和城门。那么，这两个村庄为什么叫紫城呢？据说这件事也是跟唐朝的名相魏徵有关。

贞观年间，魏徵协助唐太宗李世民修订了《唐律》，惩办了一批贪官污吏，这些坏人有的依法罢了官，有的判了罪，有的就被杀了。其中有一个名叫赵成的贪官，对魏徵判他做三个月的苦役，十分不满，怀恨在心，就千方百计地寻找魏徵的过错，进行报复。

这天，魏徵奉命出使山东，没在京城。赵成见机会来了，就来到金殿，向唐太宗施礼后，说："陛下，我有一本要奏，宰相魏徵正纠集一些人，谋反篡位。"

皇上大吃一惊，但他想到魏徵平时的作为，就说："魏爱卿十几年忠诚无二，不会有这种事的！"

"我有真凭实据。"

"有何凭证？快快讲来！"

"他去年回乡省亲，大动土木，修了紫金城。"

"呵！魏徵修了紫金城？！"

"他不仅修了紫金城，而且建得十分雄伟壮观。咱皇宫之外只有一个长安城，而魏徵却修了东西两座！"

"真有此事？"

"臣不敢胡言，今有他家乡流传的一首民谣可以作证，请陛下过目。"

李世民接过一看，只见上边写道：

魏徵回乡大庆功，动土修了紫金城，

此城东西分两座，胜过长安皇帝宫。

皇上看后，气得胡子乱颤，说："这还了得！我定要严惩魏徵！"

赵成听罢，欢欢喜喜地下殿去了。

皇上听了赵成的奏言之后，闷闷不乐地回到内宫，皇后见他脸色不好，忙问："陛下，你有什么心事这样不高兴？"

"赵成奏本，说魏徵谋反，在家乡修了紫金城，要拿他问罪！"

文德皇后非常了解魏徵平时的为人，就劝说道："不可轻信谎言，误拿魏徵治罪。俗话说：'耳听是为虚'，你何不到下曲阳私访一趟，亲自去看一看，真有此事，再惩办他也不迟呀！"

李世民听文德皇后说得很有道理，就改扮成一个算命先生，带上贴身太监齐平，到钜鹿下曲阳私访。

半个月后，皇上和齐平来到了下曲阳境内，见到一个茶馆，主仆二人就走了进去，坐在一张茶桌旁。老板娘见来了稀客，急忙沏了好茶，端了上来。

李世民见私访的机会来了，就一边品茶，一边问道："老板娘，听说你们这里出了个宰相大官，有这事吗？"

老板娘给皇上倒了一杯水后，回答说："不错！俺县赵魏村的魏大人在京城里做了宰相。"

"听说去年他回乡时，在家乡修了两座紫金城，这是真的吗？"

忠谏人生

魏徵

"对！他是修过紫金城。"

"听说百姓们为此还编了个民谣呢，是吗？"

"我这里来往的人很多，我是听不少人念过，说是'魏徵回乡大庆功，动土修了紫金城，此城东西分两座，胜过长安皇帝宫'。"

皇上见老板娘说得有板有眼，与赵成的奏本一字不错，就和齐平商议，返回京城，捉拿魏徵归案。

齐平听后，赶紧拦阻，说："万岁爷，慢着！咱们既然已经到了下曲阳，何不亲自去看看那两座紫金城呢？"

皇上听齐平的话说得有理，主仆二人就离开茶馆，打听着朝紫金城的方向走去，没走三里地，见有两个村庄，被一道土墙圈住，两人止住了脚步。这时，正好有一位老农下地路经这里，李世民忙上前问话："老伯，这是什么村庄？为什么有道大土墙围村？"

老农打量了一下皇上和齐平，见李世民拿着算命的幌子，知道是位算卦的先生和他的随从，就回答说："先生！这两个村庄是下曲阳的东西紫城村，这道墙是用来防洪的大土堤。"

两人来到了东西紫城村，站在高处一看，一没有用砖砌的城墙，二没有用木制的城门。李世民心想：这怎么与赵成奏本上所说的紫金城不一样呢？就又上前问那老农："老伯，听说去年宰相魏徵回乡，修了紫金城，怎么我们看不到呢？"

"先生，你有所不知，魏相爷出钱是修过这条大堤，从未修过什么紫金城！"老农回答。

"那他出钱修这大堤有何用处呀？"太宗继续追问。

"说来话长。"老农紧靠李世民坐下，慢搭板地讲了起来，"我们这两个村庄地势低洼，紧靠滹沱河，一有大雨，河水泛滥，大水就进了村，淹死的人和牲口太多了。去年，魏相爷回家省亲时，来到俺们这两个村边，一看地势，就知道村庄经常遭水淹，就把乡亲们请在一起，商量要修一条大堤，当时还从他的私蓄中，拿出了一千两银子。众乡亲见相爷出钱修堤，都纷纷动手干了起来。在大堤合龙的那一天，乡亲们都很高兴，他们把魏相爷请来，一起喝了场庆贺酒。其中一位老农因为高兴得喝酒过了量，就胡乱编了首歌谣，在大堤上唱了起来：

> 魏徵回乡大庆功，动土修了紫金城，
> 此城东西分两座，胜过长安皇帝宫。

以后，这首歌谣越传越远，四乡的百姓都知道了。我们这两个村庄从此也有了新名字，东边的叫东紫城，西边的叫西紫城。"

　　李世民听完老农的讲述，才明白了紫金城的来历，对魏徵一心为百姓办事的精神十分佩服，同时，对赵成诬告魏徵的行为非常痛恨。

　　齐平见私访之事已清，也十分高兴，竟忘了自己的身份，说："万岁爷，此事已清，咱们该返回京城了。"

　　那位老农一听算命先生是皇上，急忙跪倒，说："小民不知万岁爷到此，说话多有冒犯……"

　　李世民见身份已经暴露，忙扶起老农，说："平身，我不怪你。"

　　"万岁爷不在京城，来到我们这穷乡僻村有何贵干？"

　　皇上把赵成奏本诬告，他改扮私访的情况向老农说了。

　　老农听完，又向李世民磕头施礼说："万岁爷，赵成诬告魏相爷，罪过不小，你可要降旨把他治罪呀！"

　　"这个自然，你放心就是。"李世民说完，就笑着走了。

忠
谏
人
生

魏徵

第十一章
以民为本执政事

魏徵在整个从政过程中，一直把治理民众、安定民生，视为君主政治的首要任务。他主张帝王要重民、畏民，阐发了"国以民为本"的传统思想，并付诸政治领域。

"民本" 始源

魏徵在整个从政过程中，一直把治理民众、安定民生，视为君主政治的首要任务，主张帝王要重民、畏民，阐发了"国以民为本"的传统思想，并付诸政治领域。而"民"之所以成为魏徵及贞观君臣们论政的核心命题之一，归根到底是由于隋末人民反抗斗争这一波澜壮阔的起义场面深深地震撼了每一个统治者的心灵，也再一次显示和表明了人民在社会政治生活中的重要作用。隋王朝既富且强，政治体系内部基本上没有威胁皇权的棘手的政治难题，但是，这个盛极一时的强大帝国在普通民众自发的集团式的反抗洪流冲击下，迅速土崩瓦解了。对隋亡教训的反思和唐政权现实政治的需要，迫使魏徵这样清醒明智的政治家把目光投向君主政治的安危点——对民的态度和政策。在政治上君与民究竟是什么关系，如何处理好君民关系以实现大唐帝国的长治久安，这是摆在他们面前的一道最迫切的政治课题，并由此清醒地认识到"国以民为本"，魏徵可谓这一观点的首席发言人。

206

"民为邦本"的思想，先秦就有。"民本"的内涵是什么？人们的看法颇有分歧。魏徵的所谓"民本"主要含义是：民的问题直接关系到封建国家的兴衰存亡，是君主政治的根本大计。这可以从两个角度去考察：一是对民在君主政治中重要地位的认识，二是当时官方学术中对"民为邦本"的训诂，可以辅助地说明当时的思想潮流。总之，对"民本"的理解就是把安定民生作为政本，即：治天下者，以人为本。所以，民本思想说到底，并不是民主思想，而只是重民思想。重民的主体是君主和官僚，实践了重民思想的则被称为明君、清官（或称循吏），认为君为民之父母，君主理应以重民为己任。以父子关系模式规范君民

忠谏人生

魏徵

关系是传统政治思维的一大特点，"君为民父母"说，既是重民论的出发点，又是其总结点，其主旨是以父慈子孝式的宗法伦理确定君和民的行为规范，阐明君民关系的绝对性和相对性，这一点可以从四个含义展现出来：一是君主像父母养育儿女一样，"抚育黎元，陶均庶类"，即养育百姓，造就民众，这里又与民养君论有矛盾之处。二是君主教化民众，君犹器也，人犹水也，方圆在于器，不在于水。君与民就像父与子一样，是监护人和被监护人的关系。三是君主既然"子育黔黎"，那么他就不能只是行威，还要施惠，像父母疼爱子女一样"慈厚怀民"，履行仁政。四是父母支配子女，君父同样支配臣民，子民对君父要恭行忠孝之道。总之，"人君于天所子，布德惠之教，为民之父母，以是之故为天下所归"（《尚书正义·洪范》）。魏徵以民本思想为主旨分析了客观存在的君民之间互相制约关系，确定了"安人理国"的治国方略及其基本政策原则：君主无为论、因民心论、不竭民力论、及时修政论、以农为本论、君主调节官民关系论等。这些原则在当下仍有重要的指导意义。

论民心民力

因民心论实际上是从民心向背决定政治盛衰的角度提出了一个重要的君主行为规范。它既是一种政治策略，又在理论上具有制约君主的因素。它强调统治者要敬顺民意，照顾民性，乐民之乐，忧民之忧，"彼炀帝岂恶天下之治安，不欲社稷之长久，故行桀虐，以就灭亡哉？"隋炀帝同样希望隋帝国长治久安，自己享国长久，但是他的作为却不得民心，"驱天下以从欲，罄万物以自奉，采域中之女子，求远方之奇异。宫苑是饰，台榭是崇，徭役无时，干戈不戢"，最终导致"民不堪命，率土分崩"的下场。不因民之心，则必然失掉民心，失民心则导致民怨民愤，即所谓"人怨神怒"，而"人怨神怒，则灾害必生，灾害既生，则祸乱必作，祸乱既作，而能以身名全者鲜矣"（《贞观政要·君道》）。

不竭民力论的核心内容是节制劳役征发，"悦以使人，不竭其力"（《旧唐书·魏徵传》）。封建国家横征暴敛，特别是直接向民众征发力役，是最有可能在全国范围内破坏社会生产力的人为因素。因此，力役征发无度或过滥，常常是引发人民群众的力量介入政治的导火索。戴胄曾说："一人就役，举家便废。入军者督其戎仗，以役者责其糇粮，尽室经营，多不能济。"（《旧唐书·戴胄传》）过度的劳役对于小农经济的破坏是致命性的。魏徵深知其中利害，把此现象视为"危乱之源"，唐太宗也引起高度重视，"为君之道，必须先存百姓，若损百姓以奉其身，如割胫以自啖，腹饱而身毙"（《魏郑公谏录·对为君之道先存百姓》）。

论及时修政

"及时修政论"就施政时机问题提出了两个重要原因。一是创业君主要"广施德化，使恩有余地，为子孙万代基"，"顺天革命之后，将隆七百之祚，贻厥身谋，传之万叶"（《贞观政要·君道》）。贞观君臣发现历代王朝的寿命与开创者的政绩密切相关，例如有"小魏徵"之誉的名臣马周就说过："自夏、殷及汉氏之有天下，传祚相继，多者八百余年，少者犹四五百年，皆为积德累业，恩结于人心。岂无僻王，赖前哲以免。自魏晋以还，降及周隋，多者不过六十年，少者才二三十年而亡，良由创业之君不务广恩化，当时仅能自守，后无遗德可施。故传嗣之主政教少衰，一夫大呼而天下土崩矣。洲自古明王圣主虽因人设教，宽猛随时，而大要唯以节俭于身、恩加于人二者为务。故其下爱之如日月，畏之如雷霆，此其所以卜祚遐长而祸乱不作也。"（《旧唐书·马周传》）况且，大乱之后，人心思定，"乱后易教，犹饥人易食也"，"若圣哲施化，上下同心，人应如响，不疾而速"（《贞观政要·政体》），正是君主施德固基的大好时机。二是守成君主要及时地调整政策，防患于未然。往代以来成败之事使马周懂得，"若人既劳矣，而用之不息，倘中国被水旱之灾，边方有风尘之警，狂狡因之窃发，则有不测之事，非徒圣躬旰食晏寝而已。""但有黎庶怨叛，聚为盗贼，其国无不即灭。人主虽欲改悔，未能重能安全者。凡修政教，当修之于可修之时；若事变一起，而后悔之，则无益也。"（《贞观政要·奢纵》）创业施德与及时改弦更张之说增强了君主政治的应变能力和自我调节的主动性。

以文德治国

魏徵是贞观时期推行"王道"，施行"仁政"，以"文德"治国的大政方针的提出者和奠基人。唐太宗曾经明确地指出魏徵这一方面的伟大贡献，"贞观初，人皆异论，云当今必不可行帝道、王道，惟魏徵劝我。既从其言，不过数载，遂得华夏安宁，远戎宾服。突厥自古以来，常为中国勍敌，今酋长并带刀宿卫，部落皆袭衣冠，使我遂致于此，皆魏徵之力。"还亲自对魏徵说："劳公约朕以仁义，弘朕以道德，使朕功业至此，公亦足为良工尔。"（《贞观政要·政体》）至于魏徵的一些有关文德治国的论述和提倡仁政的文字，我们在探讨他的儒家人生观和道德观的章节里已有过不少的介绍，魏徵在政治思想及实践中，一如既往地坚持了仁政和德治的理论观点和原则立场，并把它落实到"任贤使人"和"弘扬德教"等政治措置的诸方面。

君臣关系理论

在理论上分析和探讨，建立了一套较完整的君主如何识别人、使用人的政见，是魏徵对中国古代政治思想史的又一重大贡献。唐太宗一生有几个显著的政治优点，一是虚怀纳谏，从善如流；二是明于知人，善于任使；三是以古为镜，以明兴替；四是务在宽简，轻徭薄赋。这四大优点几乎都是与魏徵的提倡和督促密切相关的。其中，魏徵对君王如何看待君臣关系，君臣如何相处，为臣僚者应恪守怎样的"臣道"，判别臣下的标准和方法是什么，都提出了一系列卓越的见解，对唐太宗在贞观年间"明于知人，善于任使"的统治政绩的取得，做出了重大的贡献。

关于建立一种什么样的君臣关系问题，魏徵在吸收了儒道两家政治哲学的基础上，又参综了法家的国家管理方法，尤其是韩非的法术思想，提出了一套系统而完整的主张。首先强调儒家的一贯立场，即君尊臣卑的前提，这一前提是君臣关系的最根本的基础，是绝不允许动摇和怀疑的。在绝对"忠君"的基础上，君王对待臣下也应尽之以"礼"和"仁"。这就是中国古代渊源长久的"君道"和"臣道"，用一句话即可概括："臣事君以忠，君待臣以礼。"可是这里面的"忠"和"礼"，其含义可就复杂了，历代政治家各有不同的诠释。魏徵的解释既有对前贤往哲们观点的继承，又有自己独到的创新和发挥。他理想中的君臣关系应该是君礼而臣忠，"上下同心，君臣交泰"，君是明君，臣为贤臣，皆能避恶而向善，止恶而兴善，同心同德，仁义礼智信五常兼备，朝中尽君子，举国无小人，君比迹于尧、舜，臣追踪于稷、契，则国家可达到君臣欢洽，天下无事的喜人局面。

忠谏人生

魏徵的君臣关系理论对君臣这一对矛盾体中的"君"强调得多一些，认为君臣对国家之治乱、社会之兴衰，尽管都有关系，但君的责任无疑要大些，君的作用相应也大些，因此对君的行为规范之要求也就应严一些。并且认为，臣对君尽忠，天下之臣民对君主的敬畏是很自然的事，故而臣事君以忠就比较容易做到。而君王一旦坐上宝座，拥有君临天下、口衔天宪、手操生杀予夺的大权之后，就很容易因贵生骄，因威生恶，因富生欲，因而自然难以较好地待臣下以礼，如骄傲自满，拒谏塞听，文过饰非；错喜而滥赏，过怒而谬罚；轻信谗邪，重用小人；怀猜忌之心，不信任大臣，抱刻薄之态，严防将相；更有甚者，以天下为私物，视臣民为牛马，任意驱使，随便折磨，稍不高兴就杀，偶有不快便打，把臣下的起码人性和生存保障都抹煞了，结果臣子"伴君如伴虎"，随时有被吞噬之虞，怎么可能使君臣关系达到形同一体，成为鱼水的境界呢？可见，君与臣的关系处理得好坏与否，主要取决于君主这一方，而且在封建君主专制制度里，君的权威大得无以复加，如果在他这一方不加以约束，则臣这一方就难以正常发挥作用，君臣关系也就势必难以保持正常。魏徵在许多表疏中都强调君王应自加约束，千万不能滥用权威，并与此相应地一再呼吁大臣的基本权利应得到保障，他们的地位也应改善和加强。贞观十六年，太宗谓侍臣曰："或君乱于上，臣治于下；或臣乱于下，君治于上。二者苟逢，何者为甚？"魏徵对曰："君心治，则照见下非，诛一劝百，谁敢不畏威尽力？若昏暴于上，忠谏不从，虽百里奚、伍子胥之在虞、吴，不救其祸，败亡亦继。"太宗曰："必如此，齐文宣昏暴，杨遵彦以正道扶之得治，何也？"征曰："遵彦弥缝暴主，救治苍生，才得免乱，亦甚危苦。与人主严明，臣下畏法，直言正谏，皆见信用，不可同年而语也。"（《贞观政要·政体》）这则君臣问答的文献记载是体现魏徵的关于对国家治乱与否的影响和作用上，"君重臣轻论"的典型史实证据。唐太宗提出了一个带假设性的问题：有的是国君在上昏乱，臣子在下治理；有的是臣子在下作乱，国君在上治理，两种情况假如都出现了，那么哪一种严重？魏徵以古代史实为例回答是君王昏乱、臣下治理这种"君恶臣善"的情况要可怕些。唐太宗不服气，也举齐文宣帝之史实来辩驳。魏徵又纠正了唐太宗的以偏概全的认识错误，进一步申明了臣下对国家的治与乱的作用远远不能与君王的作用相比，二者"不可同年而语也"。正因为如此，魏徵一生都把注意力放在帝王身上，深知帝王的一言一行、一举一动都与国家的盛衰成败干系重大，不可不谨慎小心。帝王容易犯种种错误，根本原因就在于他是最高统治者，拥有至高无上的权力，这种过于广大而集中的权威稍一疏忽，就会使封建政权的运行机制因失衡而出现故障，甚至会停止运转。要适度地控制和调节帝王的权力机制，使君权过重而臣位太轻的状况得到改善，君与臣的位置恰如其分地安排，适得其所地发挥效能，使之各自如头脑与四肢一样健康地、正常地、按比例地、协调地生长活动，来组成一个完整无疾的人体，而不是让人体的哪一部位无限制地太过于发达和硕大，而另一些部位则过于瘦弱、短小，甚至萎缩、坏死，否则这个人体势必是病态的、畸形的、失比例的、失调的，从而绝无力量可言，更谈不上会健康长寿。魏徵经常看到的是一种头部硕大而四肢短小瘦弱的封建社会特有的畸形儿，因而认为诊治这一畸形病的最直接做法就是要使其头部不再疯长，而让其四肢健壮发达一些，

忠谏人生

魏徵碑帖

这样才使之逐渐接近协调正常。于是，他在各种场合都在为尊重臣下、重视臣下、善用臣下而不懈地大声疾呼，有时甚至是抗辩力争。

不仅如此，魏徵还在此基础上进一步要求君王在处理君臣关系上应负主要责任，包括君王应明辨臣下的忠与奸、贤与愚、良与劣、长与短等人品才智，应首先向臣下表明公正和诚信，慈惠和礼敬，才能换取臣下的忠心和拥戴、勤劳和智慧。反之，臣下就不会也不应去忠君、拥君，不必去付出辛劳和智慧替君王服务。

君何以待臣

贞观十四年，魏徵上了一长篇论疏，向唐太宗进呈了君王如何对待臣下，以及如何识人和用人的一系列重要问题的政见，集中地体现了魏徵对君臣关系的系统理论。兹先录原文（《贞观政要·君臣鉴戒》）如下，然后逐段加以评析。

臣闻君为元首，臣作股肱，齐契同心，合而成体，体或不备，未有成人。然则首虽尊高，必资手足以成体，君虽明哲，必借股肱以致治。《礼》云："民以君为心，君以民为体，心庄则体舒，心肃则容敬。"《书》云："元首明哉，股肱良哉，庶事康哉。""元首丛脞哉，股肱惰哉，万事堕哉。"然则委弃股肱，独任胸臆，具体成理，非所闻也。

夫君臣相遇，自古为难。以石投水，千载一合，以水投石，无时不有。其能开至公之道，申天下之用，内尽心膂，外竭股肱，和若盐梅，固同金石者，非惟高位厚秩，在于礼之而已。昔周文王游于凤凰之墟，袜系解，顾左右莫可使者，乃自结之。岂周文之朝尽为俊乂，圣明之代独无君子哉？但知与不知，礼与不礼耳。是以伊尹，有莘之媵臣；韩信，项氏之亡命。殷场至礼，定王业于南巢；汉祖登坛，成帝功于垓下。若夏桀不弃于伊尹，项羽垂恩于韩信，宁肯败已成之国为灭亡之虏乎？又微子，骨肉也，受茅土于宋；箕子，良臣也，陈《洪范》于周，仲尼称其仁，莫有非之者。《礼记》称："鲁穆公问于子思曰：'为旧君反服，古欤？'子思曰：'古之君子，进人以礼，退人以礼，故有旧君反服之礼也。今之君子，进人若将加诸膝，退人若将坠诸泉，无为戎首，不亦善乎？又何反服之有？'"齐景公问于晏子曰："忠臣之事君如之何？"晏子对曰："有难不死，出亡不送。"公曰："裂地以封之，疏爵以待之，有难不死，出亡不送，何也？"晏子曰："言而见用，终身无难，臣何死焉？谏而见纳，终身不亡，臣何送焉？若言不见用，有难而死，是妄死也；谏不见纳，出亡而送，是诈忠也。"《春秋左氏传》曰："崔杼杀齐庄公，晏子立于崔氏之门外，其人曰：'死乎？'曰：'独吾君也乎哉？吾死也？'曰：'行乎？'曰：'吾罪也乎哉！吾亡也？故君为社稷死，则死之，为社稷亡，则亡之。若为己死，为己亡，非其亲昵，谁敢任之？'门启而入，枕尸股而哭，兴，三踊而出。"孟子曰："君视臣如手足，臣视君如腹心；君视臣如犬马，臣视君如国人；君视臣如粪土，臣视君如寇仇。"虽臣之事君无有二志，至于去就之节，当缘恩之厚薄，然则为人主者，安可无礼于下哉。

臣观在朝群臣，当主枢机之寄者，或地邻秦、晋，或业预经纶，并立事立功，皆一时之选，处之衡轴，为任重矣。任之虽重，信之未笃；信之未笃，则人或自疑；人或自疑，则心怀苟且；心怀苟且，则节义不立，节义不立，则名教不兴；名教不兴，而可与固太平之基，保七百之祚，未之有也。又闻国家重惜功臣，不念旧恶，方之前圣，一无所间。然但宽于大事，急于小罪，临时责怒，未免爱憎之心，不可以为政。君严其禁，臣或犯之，况上启其源，下必有甚，川壅而溃，其伤必多，欲使凡百黎元，何所措其手足？此则君开一源，下生百端之变，无不乱者也。《礼记》曰："爱而知其恶，憎而知其善。一若憎而不知其善，则为善者必惧；爱而不知其恶，则为恶者实繁。"《诗》曰："君子如怒，乱庶遄沮。"然则古人之震怒，将以惩恶，当今之威罚，所以

214

忠谏人生

魏徵

长奸，此非尧、舜之心也，非禹、汤之事也。《书》曰："抚我则后，虐我则仇。"荀卿子曰："君，舟也；民，水也。水所以载舟，亦以覆舟。"孔子曰："鱼失水则死，水失鱼犹为水也。"故尧、舜战战栗栗，日慎一日。安可不深思之乎？安可不熟虑之乎？

夫委大臣以大体，责小臣以小事，为国之常也，为治之道也。今委之以职，则重大臣而轻小臣；至于有事，则信小臣而疑大臣。信其所轻，疑其所重，将求致治，岂可得乎？又政贵有恒，不求屡易。今或责小臣以大体，或责大臣以小事，小臣乘非所据，大臣失其所守；大臣或以小过获罪，小臣或以大体受罚。职非其位，罚非其辜，欲其无私，求其尽力，不亦难乎？小臣不可委以大事，大臣不可责以小罪。任以大官，求其细过，刀笔之吏，顺旨承风，舞文弄法，曲成其罪。自陈也，则以为心不伏辜；不吉也，则以为所犯皆实。进退为咎，莫能自明，则苟求免祸。大臣苟免，则谲诈萌生；谲诈萌生，则矫伪成俗；矫伪成俗，则不可以臻至理矣！

又委任大臣，欲其尽力，每官有所避忌不言，则为不尽。若举得其人，何嫌于旧故。若举非其任，何贵于疏远。待之不尽诚信，何以责其忠恕哉！臣虽或有失之。君亦未为得也。夫上之不信于下，必以为下无可信矣。若必下无可信，则上亦有可疑矣，《礼》曰："上人疑，则百姓惑。下难知，则君长劳。"上下相疑，则不可以言至理矣。当今群臣之内，远在一方，流言三至而不投杼者，臣窃思度，未见其人。夫以四海之广，士庶之众，岂无一二可信者哉？盖信之则无不可信，疑之则无可信者，岂独臣之过乎？且以一介庸夫，结为交友，以身相许，死且不渝，况君臣契合，寄同鱼水。若君为尧舜，臣为稷契，岂有遇小事则变志，见小利则易心哉！此虽下之立忠未能明著，亦由上怀不信，待之过薄之所至也。岂君使臣以礼，臣事君以恩乎？以陛下之圣明，以当今之功业，诚能博求时俊，上下同心，则三皇可追而四，五帝可俯而六矣。夏、殷、周、汉，夫何足数！

奏疏把君臣比作人体的头脑和四肢，认为君是头，臣是股肱，头固然比四肢尊贵和重要，但仅有头而无四肢，同样不能算完整的人体。君臣关系要想处理得团结一心，和谐一体，前提是君主必须待大臣以礼。文章列举了大量史实和儒家经典，论证君王礼敬臣下，使国家达到由弱变强、由衰为兴的效果，君主若轻视臣下，则臣下便由亲朋变为仇敌，国家也由强变弱，由兴转衰，直至灭亡。由此得出结论，臣对君忠不忠，要看君对臣礼不礼。君是因，臣是果。由此而言，作为一个君王，怎么能够对自己的臣民无礼呢？

总结六正和六邪作为用人标准

魏徵对唐太宗的诸多进谏和奏对中，识别人、判断人，亦是一重要内容，并提出了一整套理论和主张，乃至判断官员的标准原则，其中许多亦被唐太宗当作至宝而欣然采纳，于是使之成为贞观年间乃至整个唐代和封建社会中后期帝王择官用人的准则和法式，即使对后世亦有相当的借鉴作用。他的这套主张集中在贞观十四年的一篇上疏文章中：

臣闻知臣莫若君，知子莫若父。父不能知其子，则无以睦一家；君不能知其臣，则无以齐万国。万国咸宁，一人有庆，必藉忠良作弼，俊乂在官，则庶绩其凝，无为而化矣。故尧、舜、文、武见称前载，咸以知人则哲，多士盈朝，元、凯翼巍巍之功，周、召光焕乎之美。然则四岳、九官、五臣、十乱，岂惟生之于曩代，而独无于当今者哉？在乎求与不求、好与不好耳。何以言之？夫美玉明珠，孔翠犀象，大宛之马，西旅之獒，或无足也，或无情也，生于八荒之表，途遥万里之外，重译入贡，道路不绝者，何哉？盖由乎中国之所好也。况从仕者怀君之荣，

忠谏人生

魏徵

食君之禄，率之以义，将何往而不至哉？臣以为与之为孝，则可使同乎曾参、子骞矣。与之为忠，则可使同乎龙逢、比干矣。与之为信，则可使同乎尾生、展禽矣。与之为廉，则可使同乎伯夷、叔齐矣。

文章开头的这一段，论述了君王识别人臣和择而用之的必要性，有了忠良之臣，则国家才可望治理，天下可以指望太平。但选拔任用贤良大臣，并不是件只有尧舜文武等圣王才能做到的事，当今的皇上只要真心去追求，而且虔诚地盼望贤才，同样也有贤良之臣大量涌现出来。那些珍禽异兽、奇巧宝物，有的不能动，有的不会说话，都可以从遥远的异域、迢迢的海外陆续收集到京城皇宫里来，就是因为君主喜爱，便可实现献纳身边的愿望。何况作为吃君王的利禄，沾君王的荣光的帝国臣民，他们有人性，有起码的道义良知，只要皇上真的求贤访哲，用忠良为辅弼，拔孝廉为股肱，那么全国不知有多少个既孝且忠、既信且廉的优秀栋梁之臣。文章开头的这一部分简明扼要，但说理极充分，令人不多辩而自膺服。接下来魏徵就要具体而全面地叙述他的中心议题，即详细准确地托出其择官用人的标准了：

然而今之群臣，罕能贞白卓异者，盖求之不切，励之未精故也。若勖之以公忠，期之以远大，各有职分，得行其道。贵则观其所举，富则观其所养，居则观其所好，习则观其所言，穷则观其所不受，贱则观其所不为。因其材以取之，审其能以任之，用其所长，掩其所短。进之以六正，戒之以六邪，则不严而自励，不劝而自勉矣。

故《说苑》曰：人臣之行，有六正六邪。行六正则荣，犯六邪则辱。何谓六正？一曰，萌芽未动，形兆未见，昭然独见存亡之机，得失之要，预禁乎未然之前，使主超然立乎显然之处，如此者，圣臣也。二曰，虚心尽意，日进善道，勉主以礼义，谕主以长策，将顺其美，匡救其恶，如此者，良臣也。三曰，夙兴夜寐，进贤不懈，数称往古行事，以厉主意，如此者，忠臣也。四曰，明察成败，早防而救之，塞其间，绝其源，转祸以为福，使君终以无忧，如此者，智臣也。五曰，守文奉法，任官职事，不受赠遗，辞禄让赐，饮食节俭，如此者，贞臣也。六曰，家国昏乱，所为不谀，敢犯主之严颜，面言主之过失，如此者，直臣也。

是谓六正。

何谓六邪？一曰，安官贪禄，不务公事，与世浮沉，左右观望，如此者，具臣也。二曰，主所言皆曰善，主所言皆曰可，隐而求主之所好而进之，以快主之耳目，偷合苟容，与主为乐，不顾其后害，如此者，谀臣也。三曰，内实险诐，外貌小谨，巧言令色，妒善嫉贤，所欲进，则明其美，隐其恶；所欲退，则明其过，匿其美，使主赏罚不当，号令不行，如此者，奸臣也。四曰，智足以饰非，辩足以行说，内离骨肉之亲，外构朝廷之乱，如此者，谗臣也。五曰，专权擅势，以轻为重，私门成党，以富其家，擅矫主命，以自贵显，如此者，贼臣也。六曰，谄主以佞邪，陷主于不义，朋党比周，以蔽主明，使自黑无别，是非无间，使主恶布于境内，闻于四邻，如此者，亡国之臣也。

是谓六邪。

贤臣处六正之道，不行六邪之术，故上安而下治。生则见荣，死则见忠，此人臣之术也。《礼记》曰："权衡诚悬，不可欺以轻重；绳墨诚陈，不可欺以曲直；规矩诚设，不可欺以方圆；君子审礼，不可诬以奸诈。然则臣之情伪，知之不难矣。又设礼以待之，执法以御之，为善者蒙赏，为恶者受罚，安敢不企及乎？安敢不尽力乎？

魏徵援引了西汉时期的《说苑》中总结的"六正""六邪"来作为唐代选拔官吏的用人标准，明显地强调为臣的品德是最重要的参考因素。例如"六正"中，良臣、忠臣、贞臣、直臣都是就其德行而言的，只有智臣是就才能而言，而圣臣则德才兼有之。在"六邪"中，没有一种是由于无才，全部是由于无德。因此，可以看出，魏徵的用人主张是坚持"举行能之人"，要求官吏才行兼备，但实际上是把德行置于才能

忠谏人生

魏徵

之上，即首先看一个人在政治上是否正派，至于工作能力，则属于第二位。关于这一点，魏徵说得更清楚："知人之事，自古为难，故考绩黜陟，察其善恶。今若求人，必须审访其行。若知其善，然后用之。设令此人不能济事，只是才力不及，不为大害。误用恶人，假令强干，为害极多。但乱世惟求其才，不顾其行。太平之时，必须才行具兼，始可任用。"（《贞观政要·择官》）在实践中，唐太宗正是按魏徵所主张的这些原则来选拔任命官员的，如他曾称赞虞世南是"博闻、德行、书翰、词藻、忠直，一人而已，兼是五善"（《隋唐嘉话》中）的全面人才，擢拔卢祖尚是由于他"才兼文武，廉乎正直"（《旧唐书》卷69）。有一次唐太宗问侍臣："梁、陈名臣，有谁可称？复有子弟堪引进否？"岑文本回答说："顷日隋师入陈，百司奔散，莫有留者，唯袁宪独坐，在后主之旁。王世充将受禅，群僚劝进，宪子承家托疾，独不署名。此之父子，足称忠烈。承家弟承序，清贞雅操，实继兄风。"唐太宗于是拜袁系序为晋王友记（《大唐新语·举贤》）。在黜退贬降官吏方面，也是按"正""邪"标准行事的。隋末江都之变时，裴虔通曾亲擒隋炀帝，进行犯上作乱。即使是炀帝这样的暴君，唐太宗认为臣下也不应该这样对待他，因为违背了忠君的政治原则，于是下令免去了他辰州刺史的职务，并流放到骧州。魏徵提出了"六正""六邪"标准后，接着说："国家思欲进忠良，退不肖，十有余载矣，徒闻其语，不见其人，何哉？盖言之是也，行之非也。言之是，则出乎公道；行之非，则涉乎邪径。是非相乱，好恶相攻。所爱虽有罪，不及于刑；所恶虽无辜，不免于罚。此所谓爱之欲其生，恶之欲其死者也。或以小恶弃大善，或以小过忘大功。此所谓君子赏不可以无功求，君子罚不可以有罪免者也。赏不以劝善，罚不以惩恶，而望邪正不惑，其可得乎？若赏不遗疏远，罚不阿亲贵，以公平为规矩，以仁义为准绳，考事以正其名，循名以求其实，则邪正莫隐，善恶自分。然后取其实，不尚其华，处其厚，不居其薄，则不言而化，期月而可知矣！若徒爱美锦，而不为民择官；有至公之言，无至公之实，爱而不知其恶，憎而遂忘其善；徇私情以近邪佞，背公道而远忠良，则虽夙夜不怠，劳神苦思，将求至治，不可得也。"（《贞观政要·择官》）

　　文章的最后这一段尖锐地批评了当时唐太宗虽然知道了用人的标准和识别官吏的原则，可在实际吏治中并没有真正做到。口头上表示采纳这一正确主张，行动上却迟迟看不到具体措置。相反，在识人用人方面，倒是出现许多令人遗憾的过失和偏差。魏徵在这里反复强调当政者一定要把识别官吏和选用官吏的工作按正确路线真正落到实处，千万不可口是心非。为了进一步地提醒唐太宗及全体贞观当政者高度重视用人的问题，严格把握统治人才的甄别挑选，并进行官吏队伍的清理和整顿，提高封建统治集团的治理效能，巩固封建君主政权的统治，魏徵还特地向皇上进了一篇疏论，针对唐太宗中期以后的执政过失，给予反省和批评，并对判断君子小人、识别忠奸善恶等大是大非问题提供了极精辟的看法。他毫不留情地指出当时政治风气中有一些极不正常的、有害的现象，"謇谔之辈，稍避龙鳞；便佞之徒，肆其巧辩。谓同心者为擅权，谓忠谠者为诽谤。谓之为朋党，虽忠信而可疑；谓之为至公，虽矫伪而无咎。强直者畏擅权之议，忠谠者虑诽谤之尤。正臣不得尽其言，大臣莫能与之争。萤惑视听，抑于大道，妨政损德，其在此乎？"（《贞观政要·诚信》）然后论述君子与小人之区别以及各自的根本特点及表现，"且君子小人，貌同心异，君子掩人之恶，扬人之善，临难无苟免，杀身以成仁。小人不耻不仁，不畏不义，唯利之所在，危人自安。夫苟在危人，则何所不至？"（《贞观政要·诚信》）最后又回到他一贯坚持的君臣关系的高度上来，概括这种关系的根本点及根本保证，"夫君能尽礼，臣得竭忠，必在于内外无私，上下相信。上不信，则无以使下，下不信，则无以事上，信之为道大矣。"又说："若欲令君子小人是非不杂，必怀之以德，待之以信，厉之以义，节之以礼，然后善善而恶恶，审罚而明赏。则小人绝其私佞，君子自强不息，无为之治，何远之有？善善而不能进，恶恶而不能去，罚不及于有罪，赏不加

魏徵

于有功，则危亡之期，或未可保，永锡祚胤，将何望哉！" （《贞观政要·诚信》）

应该承认，经过魏徵如此三番数次的叮嘱和强调，给唐太宗留下了难以磨灭的印象，在他的统治生涯中，用人问题、辨别忠奸善恶问题，始终是这位头脑冷静的皇帝倍加小心谨慎的方面。他曾有感触地说："用人之道，尤为未易。己之所谓贤，未必尽善；众之所谓毁，未必全恶。" （《全唐文·太宗金镜》） "至于用人，则善恶难别，故知人极为不易。" （《魏郑公谏录·对读书善事》）自己有了这样清醒的头脑和深刻的认识，所以对魏徵的"教诲"就领会得特别的好。综其一生，在明辨贤佞忠奸方面，唐太宗可以说是封建皇帝中做得最好的人之一，这一方面是他本人的英明，更由于他幸遇上"忠良智直"四美兼具的好臣魏徵的指点迷津，才会出现整个贞观时期君子多而小人少、忠良得道而奸佞不得势的美好政治局面。

为政务在宽简，明德慎罚

即使是有限度地吸收法家的刑罚主张，魏徵也对其赏善罚恶的功能在实践中的操作性大加怀疑，揭示了在封建专制主义时代，所谓依法办事、秉公断案之类很难做到，不但会流为一句空话，甚至使法律刑罚的副作用滋生出来，变成危害国家、残暴人民的一种恶行，成为君子受害、小人得志的一种武器。他揭露了当时的执法者"遇喜则矜其情于法中，逢怒则求其罪于事外。所好则钻皮出其羽毛，所恶则洗垢求其瘢痕。瘢痕可求，则刑斯滥矣；毛羽可出，则赏因谬矣。刑滥，则小人道长，赏谬，则君子道消。小人之恶不惩，君子之善不劝，而望治安刑措，非所闻也" （《魏郑公谏录·对读书善事》）。由于看透了封建君主时代"法治"的虚伪性和空幻性，故而魏徵认为这样的法治越多对社会危害越大，还是少一些为好。所以他奉劝唐太宗少依赖刑罚，少指望法治，而应该多行德教，以仁义道德为急务，以清静无为为旨归。对贞观时期存在着的法禁刑条逐渐繁滥的趋势大为不满，"顷者责罚稍多，威怒微厉，或以供帐不赡，或以营作差违，或以物不称心，或以人不从命，皆非致治之所急，实恐骄奢之攸渐"（《魏郑公谏录·对读书善事》）。对贞观中期以后在刑法界存在的严重黑幕进行了无情的揭露和攻击："贞观之初，志存公道，人有所犯，一一于法。纵临时处断或有轻重，但见臣下执论，无不忻然受纳。民知罪之无私，故甘心而不怨；臣下见言无忤，故尽力以效忠。顷年以来，意渐深刻，虽开三面之网，而察见渊中之鱼，取舍在于爱憎，轻重由乎喜怒。爱之者，罪虽重而强为之辞；恶之者，过虽小向深探其意。法无定科，任情以轻重；人有执论，疑之以何伪。故受罚者无所控告，当官者莫敢正言。不服其心，但穷其口，欲加之罪，其无辞乎？又五品以上有犯，悉令曹司闻奏。本欲察其情状，有所哀矜；今乃曲求小节，或重其罪，使人攻击惟恨不深。事无重条，求之法外所加，十有六七，故顷年犯者惧上闻，得付法司，以为多幸。告讦无已，穷理不惠，君私于上，吏奸于下，求细过而忘大体，行一罚而起众奸，此乃背公平之道，乖泣辜之意，欲其人和讼息，不可得也。"（《魏郑公谏录·公平》）

可见魏徵要求省刑减罚，宽简为政，一方面是缘于其儒道兼综的政治思想，另一方面也是针对现实的刑法政策的不公正、不准确、不客观、不能真正依律贯彻的现状而发出的改革救弊的呼吁。有些史家在评价唐太宗的贞观之治时，错把局部美好当成全局美好，把贞观初年的"刑措不用，断死者才二十余人"的情况误以为是整个贞观年间的司法界的写照，甚至以此为出发点，对唐太宗与执法的处理大加称赞，标榜他是"务在宽简，严格执法"（胡如雷《李世民传》第126页），这种看法是失之偏颇的。退一步而言，即使唐太宗在执法方面做了一些既严格执法又旨在宽简的事情，也是在魏徵的不断劝谏，包括其他许多大臣如戴胄、张蕴古等人的抗争下，才有一个较公允的结案的。总之，魏

忠谏人生

222

徵的所有政治主张中，唯有去刑省法的政见被唐太宗采纳得最少，而且一直没有悔悟之意，这是魏徵最不能满意的一个领域。即使是魏徵不断谏止唐太宗不要穷兵黩武，发动侵略战争，也不被唐太宗采纳，但唐太宗征高丽失败之后，却深自悔悟，恨当初不听魏徵之言。可见，魏徵的"为政务在宽简，明德慎罚"的主张，并没有形成占主流的政治实践，更谈不上是"贞观之治"的主要内容之一。

魏徵传说之灭蝗虫

贞观年间，有一年山东一带闹了旱灾，从春到秋没掉一滴雨，毒辣的太阳烤得大地滚烫，连草根都晒干了，穷苦的老百姓都急了眼。幸好第二年春季有雨，人们靠挖野菜、啃树皮过日子，又千方百计想法把地种上。后来青苗虽然长得不错，可是当时离收秋还早着，魏徵奉旨来到山东放粮，赈济灾民，老百姓总算有了希望。

魏徵进入山东地面后，眼见那些饥饿的百姓，个个骨瘦如柴，心里真是火烧火燎的难受。再看地里，虽然长着一地好青苗，但对饥民来说，远水解不了近渴呀！他不顾一路的劳累，立即传令开仓放粮。可是谁也没有想到，百姓们刚刚得到一点儿救命粮，就又出现了新灾情。

原来在一夜的工夫，不知道从什么地方飞来满天蝗虫。蝗虫一落地，真像撸树叶一样，唰唰地，很快就把青苗的叶子吃光了。百姓们看到饿着肚皮、拼着命种出的青苗，很快变成了光秃秃的"竹竿"，都急得哭天喊地。魏徵见了这情景，虽说心急如焚，却一时也想不出对付的办法来。当时，很多老百姓都认为这是神虫，他们跑到田间烧香叩头，求天神发慈悲保佑，把神虫收回去。可是，这一套根本不顶半点儿用，蝗虫照样不住劲地吃。

魏徵看到蝗虫危害严重，忙召集各方官员商量捕杀的办法。有一官员说：“蝗虫是神虫，要叫老百姓去捕杀，恐怕不合天理！”魏徵听了很严肃地说：“我看很合天理，旱灾、水灾、虫灾都是灾害，遇灾抗灾救百姓就合乎天理，古代大禹治水就是先例。难道让蝗虫吃尽青苗，饿死百姓，才合天理吗？”众人听了觉得是这么个理儿，可是又有人说：“捕杀是对的，现在蝗虫多得满地都是，眼看青苗就会被蝗虫吃光了，要捕杀，也要速杀！”可是话虽这么说，却谁也说不出速杀的办法来。

这时，魏徵心中在想办法，他猛一抬头，看见墙上挂的红纱灯，灵机一动，想起了“飞蛾投火，自寻死路”这句谚语，就立刻想出了办法，设想用毛柴点火，诱杀蝗虫，并把这个方法说给了大家。

当天晚上，他就带领一些官员、百姓到地里，亲自点火，又动手驱赶蝗虫起飞投火，这样一试，果然烧死了很多蝗虫。于是，魏徵立刻传令各州县官员都亲自组织百姓晚上去扑杀蝗虫，这事往下一传，百姓听说当朝宰相亲自动手灭蝗虫，胆子都大了，这正是虫口夺粮的好时机，他们到了晚上纷纷点火，四处驱赶，迫使蝗虫飞向火光，结果只用了两个晚上，大批的蝗虫就被捕杀了，而且那些饥民还意外地发现，被烧焦的蝗虫还可以充饥呢！

魏徵点火灭蝗虫的办法，救了一方百姓，受到了万民的赞扬，所以，后面人们就当作佳话传颂开了。

忠谏人生

第十二章
死后遭唾怜碑文

　　魏徵临死前还不忘太宗，太宗甚是感动。魏徵死后，太宗甚是难过。可是就在魏徵死后不久，太子的造反和大臣们的搬弄是非，引起了太宗对魏徵的恨意，于是，太宗下令推倒魏徵的墓碑，并且磨掉了碑文。

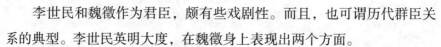

病重辞掉宰相一职

实际上魏徵在接受李世民的太子太师职务时，就已经重病在身，并以此为由婉拒这个职务。太宗觉得非魏徵而不能胜任，没有答应他的请求，并允许他可以不上朝，太子可以到他那里去当聆教，魏徵才不得不接受下来。

李世民和魏徵作为君臣，颇有些戏剧性。而且，也可谓历代群臣关系的典型。李世民英明大度，在魏徵身上表现出两个方面。

魏徵在辅佐他之前，曾效忠过好几个主子，李世民以其伟大的度量，给予器重、信任，不计前嫌。

魏徵好像总是盯着李世民的脚后跟挑毛病，反而备受重用。

可能就是以上两个方面的作用，使魏徵拿出鞠躬尽瘁死而后已的精神面貌，辅佐李世民，挑李世民的毛病。魏徵力争辞去宰相职务的过程，也可以说是表现他们君臣之间的友谊最动人的一幕。

贞观十七年（643），魏徵病重，李世民前来探望，魏徵听说皇帝亲自来看他，急忙让家人帮助他穿好朝服，从病床上爬起来继续行君臣大礼，李世民很是感动。二人坐定，魏徵又提出了辞去宰相职务的请求。

李世民对这方面没有心理准备，而且对魏徵为什么突然提出辞职的原因也摸不透，但有一点可以肯定的是，李世民离不开魏徵。

李世民从来没想过让魏徵辞职，这样，李世民倒有些着急，连连摇手说："爱卿不要多虑，只管安安心心地把病先养好就是了。如果有什么重要的事情，朕自然会来问卿。"魏徵看出皇上的一片诚意，非常感动，就说："说心里话，微臣也不是十分情愿地要离开陛下，只是微臣这身体一天不如一天，精力也显得不足，还有眼病，实在是怕误了朝

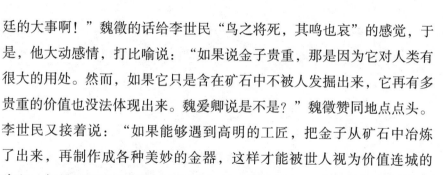

廷的大事啊！"魏徵的话给李世民"鸟之将死，其鸣也哀"的感觉，于是，他大动感情，打比喻说："如果说金子贵重，那是因为它对人类有很大的用处。然而，如果它只是含在矿石中不被人发掘出来，它再有多贵重的价值也没法体现出来。魏爱卿说是不是？"魏徵赞同地点点头。李世民又接着说："如果能够遇到高明的工匠，把金子从矿石中冶炼了出来，再制作成各种美妙的金器，这样才能被世人视为价值连城的珍宝。如果没有这高明的工匠，它也只能是块石头。魏爱卿你说是不是？"魏徵听出来皇上是把自己比喻成金矿石，把魏徵比喻成高明的工匠，他觉得这样比喻是太抬高自己了，他说："皇上所言极是。当然，金子再好，如果没有高明的工匠去冶炼、制作，是断然变不成稀世之宝的。不过，还有另一面的道理，那就是如果没有金子，再高明的工匠，恐怕也是难以把石头铸造成金子。说到根本，首先还是因为有金子，是金子，圣上说是吗？"李世民说："是呀，魏爱卿说得非常有道理。朕也是常常这么想，假如朕还能算得上是一块金子的话，那么魏爱卿您就不愧为一名高明的工匠。金子离开了良匠，成不了珍器，朕离开了魏爱卿的辅佐，则大业难成啊！所以，辞去宰相的事，朕想请魏爱卿再好好地考虑考虑。"

魏徵说："微臣已经考虑再三，才和皇上说的。"

李世民沉思了一会儿说："那么魏爱卿为什么非要辞职不可呢？"

魏徵说："皇上，微臣一再上表辞官，并没有别的想法，确确实实就是因为身体。没有别的意思。皇上不必思虑过多……"魏徵说话有些吃力，他还想往下解释，李世民用手示意，不让他再说下去。李世民有些激动，他说："爱卿，你把改完的《隋书》和其他诸史呈报朝廷上以后，举国上下一片颂扬之声。魏爱卿七年的心血，可垂千古，益今启后，功勋卓显，朕十分赞赏，也特别兴奋，当即加封卿为左光禄大夫、郑国公。朕想了想，觉得对魏爱卿好像并没有什么怠慢的地方，魏爱卿为什么从那个时候开始，一次再次上表请求退职？朕意再加封卿为二品，您看怎么样？"

这时的魏徵不仅心情激动，甚至有些诚惶诚恐。如果不是当时不便，他会给皇上跪下的，他急忙申明说："皇上，微臣本来只是一介村夫，从小饱受苦难，历尽人间忧患，所幸得到皇上的信任，备受圣上恩眷，位高爵显，微臣这心里唯一想的是不能报效皇上知遇之恩，哪里还敢以退职为理由，要求皇上再加封为二品呢？微臣实在是因为身体有病，先前是眼病，近年又加外疹，体质更是一天不如一天。只要天气稍有阴晦，数步之外，就难以看清人。皇上让微臣承担千斤重担，微臣甘愿拼了老命报效皇上。可惜年老多病，力不从心，只怕耽误了国家大事，所以才要求退职，皇上千万别往别处想。"

　　李世民说："自贞观以来，卿帮助朕兴国安邦，功高勋著，哪有误国的道理呢？朕对卿十分了解。假若卿是以此为理由要求辞职，朕也是断然不能答应的。即使魏爱卿双目失明，朕可以天天把卿抬到大殿之上，诚询朝政。"

228

　　李世民这一段话已经把他对魏徵的器重和信任，还有留恋之情说到家了。

　　魏徵一听，内心感激之余，将内心想法进一步阐述出来，他说："皇上，微臣请求辞职，绝对不只是想隐居山野，而是认为当今天下已经安定，经济兴盛，人民富庶。这种繁荣富强的景象，必将导致人才辈出，英雄如林。像微臣这样老朽多病的人，已经难以担当重任，又何必老是占据这个重要职位呢？应该自觉地退让给年富力强的人才对。微臣请求皇上免去微臣的侍中职务，授予微臣一个虚衔，微臣将一如既往地追随皇上。只要遇到难办的大事，微臣仍然无保留地发表拙见，以协助皇上建功立业，这是微臣的唯一心愿。"

　　李世民这时才明白魏徵辞职是让贤，因而真的激动了，"卿如是说，朕倍感欣慰！"

　　魏徵仍求说："望皇上恩准。"

　　李世民思索片刻，最后下了决心，说："既然魏爱卿这么恳求，朕也不好违背爱卿。明天上朝，朕就拜卿为'特进'，朝廷大事及门下省事务，魏爱卿仍然指点。爱卿府中的侍从、守卫已受俸禄，都一切不变，魏爱卿看怎么样？"

魏徵跪拜，"谢主隆恩！"

可是，魏徵辞职的事情并没有至此结束，李世民还是舍不得他。

最后一次训斥儿子

魏徵一生节俭，不谋私利，不置产业，自己的家甚至连个正规的客厅和卧室都没有。在他弥留之际，唐太宗知道魏徵快不行了，就采取了几条措施，一是赐了一批白色的布被和褥子，以尊重他一生节俭和对白色的喜爱；二是派遣中郎将住在魏徵家里值班，随时向他汇报魏徵的病况；三是派人送给魏徵大量的御用药品和食物，并不断派专使前往慰问；四是取消宫中一些小殿的营建，将这批材料转批给魏徵家里做个像样的房屋，以备日后办丧事之用；五是亲自到魏徵家里探望病情，君臣二人单独在病榻前会晤面谈了一天，并且在几天后又一次带着皇太子亲往魏家看望。

贞观十七年（643）春节前的一天，京都过年的气氛越来越浓厚的时候，魏徵简陋的院子里，却只有院丁和几个下人在默默地护理着魏徵。裴夫人在病床前轻轻地唠着京都几个儿子的事情，突然家人进来报告："老爷、夫人，三位少爷回府了！"

魏徵觉得奇怪，就问妻子："是不是你叫他们回来的？"裴夫人说："不是。"说话时，三个儿子叔玉、叔璘、叔瑜已经进了屋，扑通一下跪下叩头，给父亲请安，接着又跪拜了母亲，已经病重的魏徵见三个儿子回来心中十分欣慰。

弟兄三个坐下以后，魏徵高兴地看着他们。这三个儿子都很成器，一个是光禄少卿，一个是礼部侍郎，还有一个是豫州刺史。这是魏徵走到人生尽头时，回头看一看，最为满意、最为欣喜的事情。可是三个儿子刚探亲回去上任不久，怎么又回来了呢？而且还是一起回来的，他们怎么会到一起的呢？是不是听说他已经病得不行了？一问才知道，原来他们是奉皇上的旨意，让他们经常回府探望父亲的病情。

听了孩子们的回答，魏徵怔了好一阵子没有说话。皇上对他如此关心爱护，使身在病榻上的老丞相心里酸楚。他感到圣恩越大，自己心中越是不安。皇上越是关心他，他越是感到难报皇上知遇之恩。

丫鬟献上茶来以后，大儿子叔玉给父亲也倒了一杯，小心翼翼地问："最近这些日子父亲感到怎样？"

魏徵说："我这病没什么，年纪大了而已。"

叔玉说："孩儿们都离父亲这么远，不能在身旁伺候，心里很是不安。"

魏徵说："先人都说忠孝不能两全。我现在对国家已经没大用了，可你们却正是好时候。忠于职守，建功立业，辅佐皇上治理好国家是大事，忠就是孝。你们回来看看我很高兴，但都各有各的工作，还是应该把为国家做事放在首位才对。你们在家坐一会儿，我也看见你们了，抓紧时间都回去吧。"

叔玉说："孩儿按父亲的吩咐去办就是了。不过孩儿们听说父亲想请辞，皇上又不肯恩准父亲请辞，那么父亲就遵照圣上的旨意暂时别请辞了吧？"

魏徵这才明白皇上叫他的三个儿子回来不只是让孩子们回来看看他，还想让他的孩子劝他不要辞职。

叔玉说完了以后，叔璘也说："父亲如若不遵照皇上的意见办，岂不是辜负了圣上的一片好心？"

魏徵叹了一口气，说："你们不知道，我比你们更想多为国家效劳，多为黎民百姓造福。只是如今年老多病，力不从心，尤其是这眼睛，经常犯病，都看不清公文了，再不请辞，就不是为国效劳、为民造福，而是贻误国家的大事了！从黎民社稷长久考虑，还是尽早请辞才

忠谏人生

魏徵

对。这样，才能给那些年富力强、德才兼具的官员倒出位置，让他们上来协助圣上把国家治理得更好。这些意思，皇上来看我的时候，我已经禀报过了，皇上也答应了，怎么又让你们回来劝我？"

父亲的话，自然是有道理。可是哥儿仨还有自己的想法，尤其是老三叔瑜，他觉得大哥、二哥都在京城里做官，很需要父亲帮助。自己远在豫州任地方官，更希望早日升迁，更需要父亲的关照！如果父亲不在朝当丞相了，他就没有了依靠。老三沉不住气，把这个想法说出来。魏徵听他的小儿子的话，心中大为不快，他严肃地反问叔瑜说：

"你们三个人的官职，是靠你们自己的才学考取的呢，还是仗着我的权势徇私得来的呢？"

叔瑜说："当然是靠自己的本事考取的啦！"

魏徵进一步追问："那么，今后你们每个人的发展，是靠自己进取呢，还是靠为父的权势呢？"

叔玉、叔璘默不作声。

叔瑜说："父亲，谁都知道'朝里有人好做官'，人走茶凉啊！"

魏徵生气，大声训斥："胡说八道！"

叔瑜吓一哆嗦。

裴夫人赶忙替叔瑜说情，弟兄三个急忙跪拜，请父亲息怒。

魏徵深情地注视着跪在他面前的这三个儿子，心情无比激动地问他们："你们难道不知为父的官职是怎样来的吗？"

三兄弟一齐回答："孩儿知道。"

魏徵说："为父不过是一介村夫，为搭救黎民出水火，上瓦岗，佐夏王，辅建成，是当今圣上英明大度，不计前嫌，从他的政敌之中把我选拔出来，而且，从谏议大夫逐步升任为当朝的宰相。你们说，我是靠你们的祖父身居高位的吗？"

三个儿子连声说不是。

魏徵看着儿子们，觉得他们已经认识了自己的错误，心里的气消了些，他说："咱魏家世世代代有不少人做过官，靠的都是学识才干，不是靠门第、权势和后台。你们一定要记住不要有任何的懈怠，败坏了咱魏氏的家风。”

三个儿子发誓一定按父亲说的做。

裴夫人见三个孩子刚回家就跪这么长时间，就提醒魏徵，说孩子们都认识自己的错误了，快叫他们起来吧。

魏徵看着他的这三个当官的儿子，感慨地说：“为父的这一生中，大体上做了两件事：一是辅佐圣上治国安邦，初步实现了‘贞观’盛世；二是在从政之余撰写了一些书稿，主要是几部史书。你们现在虽然还谈不上建功，青史上也会留下你们的美名，但一定要记住，为官之道，不在职位高低，而在为民办事，有所作为！”

弟兄三人再次跪拜，说：“孩儿一定尽忠奉国，建功立业！”

“好！”魏徵说，“你们都快起来，赶紧上任去吧。”

这是魏徵最后一次教育自己的儿子，也可以说，这些话是他的遗训。从他对儿子的要求中我们看到一个封建时代的官吏尚且有这么高的境界，可见中华民族的传统美德源远流长。

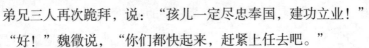

临终前不忘皇上和江山社稷

贞观十七年（643）正月初九的早晨，满天阴霾，北风如刀。已经上了年纪的李世民一边呲呲哈哈地吐着冷气，一面批阅奏章。广寒宫里的炭火不足以取暖，袅袅浮动的炭烟倒呛得他直咳嗽。

内侍捧表进来，说：“启奏陛下，魏徵长子魏叔玉有表呈上。”

李世民一边咳嗽，一边接过折子，心里有些疑惑，魏徵久病不愈，是不是又重了？他这样想着，急忙打开表章，草草一看，果然是魏徵病危！

李世民急忙带着太子、公主等人，由徐茂公、程咬金陪同，直奔魏徵家。

裴夫人率叔玉、叔璘、叔瑜跪迎皇上。李世民急问："魏爱卿病势如何？"裴夫人一边流泪一边说："已经非常危险了。"李世民请裴夫人带他到魏徵床前。裴夫人还要告诉魏徵皇上来了，好在床头迎驾。李世民摇手说没必要了，别惊动他，于是他悄悄地进去了。

李世民、徐茂公、程咬金及众太子、公主等在裴夫人的带领下，走进魏徵的房间。叔玉、叔璘、叔瑜跟在后边进入室内，站立在一旁。

李世民站在床前，欠着身子看着躺在床上的老丞相。这时的魏徵已经瘦骨嶙峋，几乎只剩下一把骨头了，人也处在昏迷状态。李世民看了一阵后心里一酸，不觉潸然泪下。

徐茂公、程咬金作为结拜兄弟，心中更是悲痛难言。

裴夫人请李世民于案头就座，徐茂公、程咬金坐于下首，家人献上茶来。

这时，床上的魏徵呻吟了一声。

裴夫人急走至床头，李世民等人也轻轻地走上前去。

魏徵紧闭双目，话声断续地叫了一声："夫……人……"

魏徵喘息片刻，问："我的情况，奏知皇上没有？"

裴夫人刚想答话，李世民向裴氏摇手，不叫她说，于是裴夫人只好说："还没奏知皇上。"

魏徵说："好，好，……皇上日理万机，十分辛劳……若是知我病重，又会使……皇上……不安。"

这时，李世民再也控制不住自己，竟然哭出声来。程咬金更加难以控制自己，放声大哭，叫道："大哥！"魏徵听出是程咬金的声音，问："程贤弟，是你呀？"

程咬金大声说："圣上也在这里！"

魏徵用力睁开眼睛，挣扎着想坐起来，可是力不从心，只好含糊地说："万……岁……"

李世民握住魏徵的手，说："魏爱卿，你别动，好好养病！"

魏徵气若游丝，十分艰难地对李世民说："臣……与陛下恐怕只此……一面了。"说完，紧闭双目。

李世民见状，急呼："魏爱卿！"徐茂公、程咬金惊叫"大哥"！叔玉等喊"爹爹"！

过了一会儿，魏徵又微微睁开眼睛，看着李世民，唐太宗悲伤不已，痛哭流涕。他紧紧地握住魏徵的手，含着热泪问："魏爱卿有什么要求？还有什么话要向朕交代的？"魏徵使出了全部力气，终于说出了一句话："嫠不恤纬，而忧宗周之亡！"

李世民听了这句话，大动感情，两行热泪滴在床上，全屋子的人都失声大哭起来。李世民由于过于感动，当场决定要把自己的女儿衡山公主许配给魏徵的长子魏叔玉。李世民要以与魏徵结成儿女亲家的方式，来报答他对自己鞠躬尽瘁死而后已的忠诚。当时衡山公主也随父前来看望魏老丞相，李世民当即把女儿叫到魏徵的床边，对魏徵喊道："魏爱卿，你睁开眼看看你的儿媳妇吧！"

魏徵公园

但是魏徵的眼睛始终没有睁开，只是气若游丝地嚅动着嘴唇，似乎在叩谢皇上的恩泽。

这件事说来也奇巧，魏徵没有睁开眼睛看衡山公主，没看自己未来的儿媳妇。事实上，后来李世民听信谗言，又改变主意，没把衡山公主嫁给魏叔玉。魏徵临终没睁眼睛看，冥冥中似乎也有天意。

这一天的夜晚，唐太宗梦见魏徵病好了，音容举止笑貌与平时一

忠谏人生

魏徵

样。李世民醒来煞是高兴，觉得这是个好兆头。

天亮后传来噩耗，魏徵病故。

生前死后落差大

这位伟大的政治家、忠诚卓越的大臣与世长辞了。

唐太宗亲临哭丧，恸哭不已，为悼念他，宣布罢朝五天。

太子在西华堂主持致哀大会，满朝文武百官全部参加吊丧活动。

诏曰：赠司空、相州都督，定谥号为"文贞"，陪葬昭陵。其葬礼为一品官员的级别，异常隆重。

魏徵妻子裴氏请求，说丈夫一生勤俭节约，现在葬礼的场面过于盛大，这不是丈夫平生所愿的。为了尊重裴夫人的意见，丧事才从简而行。唐太宗"登苑西楼，望哭尽哀"，为魏徵行目送礼。祭仪由晋王主持，墓碑之文由唐太宗亲自撰写和手书，这一切都表达了以李世民为首的大唐统治集团对魏徵的崇高敬意。

唐太宗在后来临朝时，对群臣说过："以铜为镜，可正衣冠；以古为镜，可知兴替；以人为镜，可明得失。朕常保此三镜，以防己过。今魏徵殂逝，遂亡一镜矣。"后来唐太宗还因为思念魏徵不已，"登凌烟阁观画像，赋诗悼痛"。

魏徵和李世民的君臣故事，至此结束。接着是魏徵死后，李世民和魏徵的故事。

魏徵生前，忠实于李氏一生，李世民也信任魏徵一生。魏徵死后，因为一件事情，李世民突然对魏徵翻脸成仇。

宫廷斗争历来复杂，父子相残、兄弟相争屡见不鲜。魏徵死后不久，太子李承乾举行兵变，造老子的反，抢班夺权。当初，李世民就是这么干的，现在他的儿子又走了他的老路。这次兵变看起来突然，实际上由来已久。前面已经交代过，太子李承乾还小时，李太宗非常喜欢他，后来立为太子。可是这个李承乾渐渐地暴露了一些使太宗不能容忍的毛病，让太宗非常失望，逐渐产生另立太子的想法。这些想法在很长一段时间里暗地实施，后来竟然有些公开。以魏徵为首的一些大臣，极力反对另立太子。太宗无奈，才采取挽救李承乾的办法。这种想法集中表现在太宗让魏徵当李承乾的太师。也就是说，把李承乾交给了他最信赖的魏徵，希望由他把太子改造和教育成合格的接班人。魏徵也深知圣上的意图，竭力为大唐江山社稷培养教育好李承乾。无奈，身体不支，于是才推荐了杜正伦和侯君集。却不知，李承乾也早已看透父亲要另立太子的想法。他看到自己太子地位越来越不稳，越来越受威胁，心里急躁，居然发动了反叛李世民的兵变。

这次兵变被李世民镇压下去了。

李承乾太子的身份随即被废。

跟随李承乾的杜正伦和侯君集一个被贬，一个被杀。

宫廷里一些和魏徵不对付的臣子以魏徵原来是李承乾的太师，杜正伦和侯君集又都是魏徵推荐的为由，向李世民一再奏本，说魏徵早有反心，是李承乾的同党。

另外，还有一件事帮了这些人的忙。

魏徵生前曾把自己历次劝谏唐太宗的谏言，私下整理了一份名目——"前后谏诤言词往复"，他曾经把这份东西拿给史官褚遂良看。魏徵死后，有人将此事报告给李世民，说魏徵是想把这些谏言写入史中，以贬低李世民，抬高自己，为自己树名。

李承乾兵变之后，李世民精神高度紧张，难免草木皆兵，竟然相信了这些奸臣的话，亲自下诏，首先废除了衡山公主与魏徵儿子的婚约，然后命人把亲笔御书的墓碑推倒砸碎。

这是这对君臣生前好了一辈子，死后翻脸成仇的悲剧故事。

然而，事情又有了反复。

兵变过去不久，李世民逐渐冷静下来。冷静下来之后，李世民这么

忠谏人生

魏徵

想，那么想，翻来覆去地想，越想越觉得不对劲儿，对魏徵的事非常后悔。这一后悔使他突然苍老了，当然，也许是儿子的兵变打击了他。

无论如何，他是苍老了。

李世民感到对不起魏徵，于是，他又对魏徵的妻子大加恩赐，并且又让人在魏徵的墓前修建祠堂，重新立碑，加以悼念。

李世民和魏徵的君臣友谊就这样给我们留下了这么一个别有滋味的尾声。

大唐的魏徵，中国人的魏徵，就在李世民的陪同下从古代走到今天，以一代净臣的光辉形象，灿烂在中国的历史书简上。

魏徵在中国廉吏中占有非同凡响的一页。

魏徵最大的特点是敢于直言劝谏，究其根源是魏徵的人民性。他忠君是为了忠于人民，他不怕丢官不怕掉脑袋地劝谏，是为了人民，他的心中永远揣着人民是因为他来自于人民，这正是他总爱说的"我魏徵本是一介村夫"。

魏徵作为唐初的一代名相，我国封建社会中少有的杰出政治家、卓越思想家、优秀文学家和著名史学家，为我们中华民族所创建的历史伟绩，留下了一份宝贵的文化遗产。

魏徵传说之无字碑

在陕西省礼泉县东北的九宗山中，有座高大的山峰，这里是唐太宗的陵墓，叫昭陵。在昭陵西侧有一座小一点的山峰，是宰相魏徵的陵墓，墓地上横躺着一通巨大的无字石碑，当地人们都叫它"好人碑"。

魏徵墓前的石碑高一丈二尺多，奇怪的是横躺在山丘上，整个碑身一个字都没有。这是怎么回事呢？说起来，话就长了。

魏徵做宰相时，一心为大唐办事儿，对贪官污吏敢除治，对奸臣谗言敢顶撞，就连朝廷说的糊涂话他也敢说不是，朝中的贪官、坏官、糊涂官人人怕他。可是魏徵一死,这些家伙就像雨后的狗尿苔,一下子都冒出来了。他们编造瞎话儿,添油加醋,在唐太宗面前说魏徵坏话。唐太宗一时糊涂耳根软,听了奸臣的话,一想魏徵活着的时候经常顶撞他,心中一怒,就下圣旨,让人们把魏徵的墓碑拉倒,把碑文磨掉。徐茂公、程咬金这些忠臣听说了,连忙上金殿保本,唐太宗不听。那些狗奸臣,见到了唐太宗的圣旨,急忙叫民夫将墓碑拉倒,又派工匠赶快磨掉碑文,还不断到魏徵墓前去查看。

　　磨碑文的工匠们都知道魏徵是个好人,自从魏徵做了宰相,一心想着国家的富强,还净给老百姓办好事,朝廷要选美女,他敢阻拦;朝廷要征兵打仗,他又去说服皇上停止征兵;有恶人欺负老百姓了,他给做主伸冤;遇到灾荒年,到灾区向难民们舍衣舍粮又给钱。在京城,一位大官家的公子哥儿,仗着自己的权势调戏民女,没人敢斗,没人敢管,魏徵听说这件事后,就穿上民服上街微访。有一次那个公子哥儿又调戏民女,被魏徵撞见,就把那个公子哥儿捉拿查办了。魏徵为民做了太多好事,大家都明白,在人民心中魏徵是个好人、好官、好宰相。工匠们和大忠臣都不愿意把他的碑文很快磨掉,可是监工的奸臣常来查看,一个姓赵的工头,很想把魏徵的碑文多留几天,就想出了一个办法,趁一天晚上刮风的时候,在魏徵的坟上扔了很多酸枣树枝。后来那个监工来查看时,枣葛针又拌腿、又扎脚,还没走上山顶就回去了。这样,那些工匠就慢慢地磨起来,一直磨了七七四十九天才把碑文磨平了。监工们见磨平了碑文,便又叫磨碑头上的蟠桃花纹。工匠们想:魏徵为国为民操劳了一辈子,记载魏徵功绩的碑文都磨掉了,这王母娘娘的蟠桃花纹总得想办法保留下来呀!可是,他们想来想去,谁也想不出来好的办法。正在这时,开国军师徐茂公来到魏徵的坟上,原来他听说磨掉了碑文,现在又要磨碑头上的蟠桃花纹,心中想出了一条妙计,便对监工的人说:"碑文磨掉了,只剩下这碑头上的花纹,你就不用管了,上朝交旨由我去办。你们待一阵子,就……"接着徐茂公授给工匠们一条妙计。

238

忠谏人生

魏徵

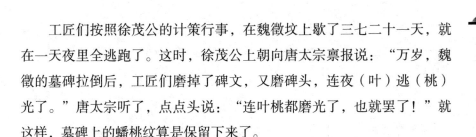

工匠们按照徐茂公的计策行事，在魏徵坟上歇了三七二十一天，就在一天夜里全逃跑了。这时，徐茂公上朝向唐太宗禀报说："万岁，魏徵的墓碑拉倒后，工匠们磨掉了碑文，又磨碑头，连夜（叶）逃（桃）光了。"唐太宗听了，点点头说："连叶桃都磨光了，也就罢了！"就这样，墓碑上的蟠桃纹算是保留下来了。

关于魏徵的墓地还有这么一种传说：唐太宗李世民当上皇上后，把自己日后的安陵地，选在了礼泉县东北的九宗山上，在这里开始修建昭陵。

九宗山是块风水宝地，朝中的文武大臣都想死后在昭陵为皇上陪葬。昭陵西南边的山坡是处凤凰穴，魏徵和徐茂公都看中了这块宝地。

有一天，晴空万里，风和日丽，魏徵奏本，要陪唐王李世民去看昭陵的修建情况，徐茂公一见魏徵的奏本，就猜透了魏徵的心思，也请求陪同唐王前往。

他们二人陪同唐王李世民来到九宗山，山前山后一转，都要求陪葬在昭陵西南边山坡的凤凰穴。唐王听了，心想：这二人都是开国功臣，这里只能埋一个人，该赐给谁呢？唐王心里想赐给徐茂公，但又怕魏徵不高兴，伤了他的心，于是灵机一动，想出了个主意，让他们二人比射箭，谁胜了，谁就占有这个地方。

徐茂公看出唐王心里向着自己，十分高兴，便答应了。魏徵知道自己的武功不如徐茂公，可他心眼一转，也满口答应了。唐王见自己的主意二人都同意，便高兴地让他俩开始比射箭。这时魏徵说："万岁，既然比赛射箭定墓地，就请万岁在我的箭上写上'魏徵墓'三个字，以免箭射出去弄错了。"太宗听后心想，魏徵你肯定是输，写就写吧，就在魏徵的箭上写了字，说："你们比试吧！"

比赛开始了，两个人都站在山头上。徐茂公首先拉弓，运足了力气，"飕"的一声，箭飞出百步远才落了地。魏徵拿起弓箭后，微微一笑，轻拉弓慢放箭，箭头落在眼前的山坡上。侍卫们把箭捡回来一报结果，还没等唐王说话，魏徵急忙上前叩头谢恩。唐王奇怪地问："魏爱卿，你射得近，没有得胜，谢什么恩呀？"魏徵指着那写有"魏徵墓"的箭说："自古君无戏言，皇上金口玉言封的，还亲手写了'魏徵墓'，我怎么能不谢恩呢？"唐王一听，知道上了魏徵的当了，却无话可说。

这时徐茂公不让，当场与魏徵争了起来。唐王怕这两个大臣为这件事伤了和气，只好将墓地赐给魏徵，又对徐茂公说："徐爱卿，不要为了一席之地争了。等到你百年之后，寡人给你按功修墓。"徐茂公见生米煮成了熟饭，没有别的办法，只好叩头谢恩。

魏徵死后，就葬在这里，他相中的是凤凰穴，所以后来这里就叫作凤凰山，传至今日。徐茂公死后，唐王按他生前有带头投唐、打败窦建德和刘黑闼、灭突厥三大功劳，在他的墓地上并排修建了三个大墓。从此，徐茂公独有的一墓三冢便流传了下来，至今仍保留在昭陵博物馆的院址内。

忠谏人生

魏徵